高等职业学校"双高计划"新形态一体化教材

消费者行为分析

- 主 编 张恩广 赵 琳
- 副主编 宋丽丽 陈现军 周 华

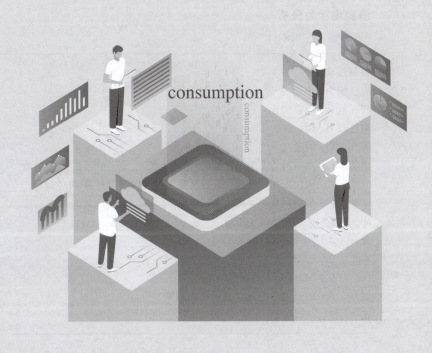

华中科技大学出版社
http://press.hust.edu.cn
中国·武汉

内 容 简 介

本书共包括七个项目：项目一为认识消费者，项目二为消费者的个性特征分析，项目三为消费者的需要和动机，项目四为消费者的心理活动过程，项目五为消费者的群体心理及行为，项目六为消费者的购买行为和购买决策，项目七为影响消费者行为的环境因素，项目八为消费者行为与市场营销策略。通过项目任务的学习，使学生了解消费者心理活动的过程和影响因素，分析消费者的消费行为心理特征，并运用消费者心理学的分析思路和方法，对实践中的消费现象进行调查和分析，根据消费者心理和行为过程对营销的影响，制定合适的营销策略。

本书可作为高职院校财经商贸大类相关专业课程教材，也可作为管理、销售等相关工作从业人员的参考书。

图书在版编目(CIP)数据

消费者行为分析/张恩广,赵琳主编. —武汉:华中科技大学出版社,2023.6
ISBN 978-7-5680-4648-0

Ⅰ. ①消… Ⅱ. ①张… ②赵… Ⅲ. ①消费者行为论-高等职业教育-教材 Ⅳ. ①F713.55

中国国家版本馆 CIP 数据核字(2023)第 109523 号

消费者行为分析　　　　　　　　　　　　　　　　　　　张恩广　赵　琳　主编
Xiaofeizhe Xingwei Fenxi

策划编辑：张　玲
责任编辑：朱建丽
封面设计：原色设计
责任校对：谢　源
责任监印：周治超
出版发行：华中科技大学出版社(中国·武汉)　　　电话：(027)81321913
　　　　　武汉市东湖新技术开发区华工科技园　　　邮编：430223
录　　排：华中科技大学惠友文印中心
印　　刷：武汉市籍缘印刷厂
开　　本：787mm×1092mm　1/16
印　　张：13.5
字　　数：346 千字
版　　次：2023 年 6 月第 1 版第 1 次印刷
定　　价：49.00 元

本书若有印装质量问题，请向出版社营销中心调换
全国免费服务热线：400-6679-118　　竭诚为您服务
版权所有　侵权必究

编写委员会

主　编：张恩广（重庆三峡职业学院）

　　　　赵　琳（重庆三峡职业学院）

副主编：宋丽丽（重庆三峡职业学院）

　　　　陈现军（重庆三峡职业学院）

　　　　周　华（阿里巴巴（中国）教育科技有限公司）

参　编：骆雪峰（重庆三峡职业学院）

　　　　卢文凤（重庆三峡职业学院）

　　　　刘晓亮（重庆三峡职业学院）

　　　　朱思宇（重庆三峡职业学院）

　　　　赵香妹（重庆三峡职业学院）

　　　　张全胜（重庆三峡职业学院）

　　　　李旭东（重庆三峡职业学院）

　　　　乐发明（重庆市梁平职业教育中心）

　　　　李　艳（重庆和庆服装有限公司）

　　　　朱纪伟（浙江省区块链技术应用协会）

　　　　江杰杰（浙江通邦供应链有限公司）

Preface 前 言

数字经济时代,消费者的购买心理和消费行为越来越受到外部环境的影响,为充分满足消费者个性化需求的市场营销,必须深入了解消费者心理和行为,以及新商科教学发展的新要求,进一步提升高职院校消费者行为分析课程的教学水平,满足新时代高职学生对消费者行为分析课程的需求。

《消费者行为分析》编写团队自2019年开始筹备该教材编写工作,已完成了教材的编写,教材编写遵循理论够用,难度适中,能够符合高职学生的学习、认知习惯和规律的原则,采用项目化任务教学,使学生了解消费者的心理活动过程和影响因素,并能够分析消费者心理和行为过程对营销的影响,分析消费者心理和行为特征,能够运用消费者心理学的分析思路和方法,对实践中的消费现象进行调查和分析;并将思政元素润物细无声地融入教材的项目任务,在教学中强化专业课教师立德树人意识,结合消费者行为分析课程培养目标和专业能力素质要求,使学生具有良好的思想道德品质,遵纪守法,在知识学习中融入理想信念层面的精神指引,以利于学生传承红色基因、坚定对中国特色社会主义的理论自信、道路自信、制度自信和文化自信。

本书由张恩广、赵琳担任主编,宋丽丽、陈现军、周华担任副主编。具体编写工作如下:刘晓亮、朱纪伟编写项目一认识消费者,赵香妹、江杰杰编写项目二消费者的个性特征分析,宋丽丽、李艳编写项目三消费者的需要和动机,张恩广、赵琳编写项目四消费者的心理活动过程,陈现军、张全胜编写项目五消费者的群体心理及行为,朱思宇、李旭东编写项目六消费者的购买行为和购买决策,骆雪峰、乐发明编写项目七影响消费者行为的环境因素,卢文凤、周华编写项目八消费者行为与市场营销策略。赵琳、张恩广、宋丽丽负责本书框架设计、统稿和定稿工作。本书在编写过程中,参阅了消费行为分析相关资料和案例，参考了许多学者的研究成果，在此表示诚挚的感谢！

由于编者时间和水平有限，书中难免存在疏漏之处，殷切希望广大师生和读者批评指正，以便今后修改完善。

编者

2022 年 12 月

目 录
Contents

项目一 认识消费者

任务一　消费者是谁　　　　　　　　　　　　/2
任务二　消费者心理与消费行为　　　　　　　/6
任务三　消费者的身份和自尊　　　　　　　　/12

项目二 消费者的个性特征分析

任务一　消费者的个性特征　　　　　　　　　/19
任务二　消费者的气质、性格和能力　　　　　/24
任务三　消费者的自我概念　　　　　　　　　/30
任务四　消费者的生活方式　　　　　　　　　/44

项目三 消费者的需要和动机

任务一　消费者的需要　　　　　　　　　　　/52
任务二　消费者的真实需要　　　　　　　　　/60
任务三　消费者的购买动机　　　　　　　　　/65
任务四　消费者的目标　　　　　　　　　　　/72

项目四 消费者的心理活动过程

任务一　消费者的注意、感觉和知觉　　　　　/79
任务二　消费者的记忆、想象和思维　　　　　/87
任务三　消费者的情绪、情感和意志　　　　　/91

项目五 消费者的群体心理及行为

　　任务一　参照群体对消费者行为的影响及
　　　　　　影响方式　　　　　　　　　　　　/97
　　任务二　不同社会阶层的消费者行为　　　　/102
　　任务三　家庭生命周期和家庭购买决策　　　/109
　　任务四　消费习俗和消费流行　　　　　　　/116

项目六 消费者的购买行为和购买决策

　　任务一　消费者的购买行为模式　　　　　　/125
　　任务二　消费者的购买决策过程　　　　　　/130
　　任务三　消费者满意　　　　　　　　　　　/137
　　任务四　消费者重复购买与品牌忠诚　　　　/143

项目七 影响消费者行为的环境因素

　　任务一　经济文化环境与消费者行为　　　　/152
　　任务二　社会环境与消费者行为　　　　　　/157
　　任务三　消费情境与消费者行为　　　　　　/160
　　任务四　商店环境与消费者行为　　　　　　/164

项目八 消费者行为与市场营销策略

　　任务一　产品策略与消费者行为　　　　　　/170
　　任务二　价格策略与消费者行为　　　　　　/181
　　任务三　渠道策略与消费者行为　　　　　　/191
　　任务四　促销策略与消费者行为　　　　　　/200

参考文献　　　　　　　　　　　　　　　　　/208

项目一　认识消费者

  教学目标

知识目标:(1)掌握消费和消费者的基本概念和内涵。
　　　　(2)掌握消费者心理和行为的定义和特点。
　　　　(3)掌握消费者的行为和自尊的特点。
能力目标:(1)能够根据企业的营销实际,分析消费者的购买行为,以及影响消费者自尊的因素。
　　　　(2)能够有效进行消费者自我价值的评估,从而更加清晰地销售产品。
素质目标:(1)具有专业精神和职业情感。
　　　　(2)真正懂得消费者自尊和身份重要性,养成自觉遵守法律法规的意识和习惯。

  项目描述

　　本项目包含3个任务,即认知消费者是谁、消费心理与行为、认知消费者的身份和自尊,目的是培养学习者对消费概念的理解,消费自我价值评估的重要性,为今后从事产品营销和策划工作奠定坚实的理论基础。

  思维导图

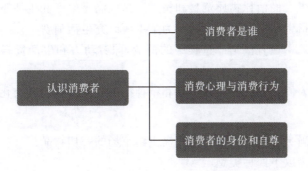

任务一　消费者是谁

任务目标

掌握消费和消费行为的基本概念，培养学习者树立正确的消费观念和意识，养成良好的学习习惯。

必学理论

消费者行为学以消费者在消费活动中的心理和行为现象作为研究对象，是研究消费者在消费活动中的心理与行为特点及其规律，以便适应、引导、改善和优化消费行为的一门现代经营管理学科。

对企业来说，市场细分、产品定位、新产品开发、产品定价、渠道选择、促销策略等，都需要通过研究消费者行为来探析消费者心理，以满足消费者需要。研究消费者行为，有助于制定市场营销战略。对政府来说，建立在消费者行为分析基础之上的法律和政策措施，才能够更加有效地实现保护消费者权益的目的。研究消费者的行为，有助于制定保护消费者权益的政策。对消费者来说，识别影响自身消费行为的因素，采取更加明智和有效的购买行为，可以不被企业开展的各种促销活动过度操纵，避免落入各种消费陷阱。研究消费者行为，有助于采取理性而成熟的消费行为。

那么，我们先来认识一下消费者。我们的消费者到底是谁？消费者喜欢什么，讨厌什么，偏好什么？从消费行为中认识自我，评估消费者自我价值。

一、消费和消费品

1. 消费

消费是人们为满足自身需要而对各种物质生活资料、劳务和精神产品的消耗。

广义的消费是指人们消耗物质资料和精神产品以满足生产和生活需要的过程。

狭义的消费专指生活消费。消费者行为学主要研究生活消费。

生产消费是指发生在直接生产过程中的消费，即劳动力和生产资料在生产过程中的使用和消耗。

生活消费是指人们消耗吸收物质资料和精神产品以满足物质和文化生活需要的过程。

2. 消费品

消费品是指为满足某种欲望和需要而提供给市场的一切物品。

消费品可以分为以下四种类型。

便利品：消费者不需要花费力气就能买到价格便宜的商品。

选购品：比便利品的价格高而且销售商店也要少的商品。同质选购品质量相似，但价格却明显不同；异质选购品质量不同。

特殊品：当消费者广泛地寻求某一特殊商品而不愿意为此接受替代品时，这种商品就是特殊品。

非寻求品：一项产品不为其潜在的消费者所了解或虽然了解也不积极问津的产品，这个产品就是非寻求品。

二、消费和消费者

消费是我们生活中的日常行为，每天都在发生。人们消耗物质资料和精神产品以满足物质和文化生活需要的过程，我们称之为生活消费。发生在直接生产过程中的消费，即劳动力和生产资料在生产过程中的使用和消耗，我们称之为生产消费。广义的消费包括生活消费和生产消费。在这里，消费行为学主要研究的是狭义的消费，即专指生活消费。

消费者行为学以消费者在消费活动中的心理和行为现象为研究对象，是研究消费者在消费活动中的心理和行为的特点及其规律，以便适应、引导、改善和优化消费行为的一门现代经营管理学科。

要分析消费者的心理和行为，首先要理解消费者是谁？

奶奶发现宝宝的奶粉没了，告诉了妈妈，妈妈让爸爸去超市买了一罐奶粉。谁是消费者？

小明今天去桂香园蛋糕店买了一块奶油面包，他是消费者吗？跟小明一起去的小红，看到新品恐龙乐园生日蛋糕，马上就说她明年生日要妈妈买这款生日蛋糕，她是消费者吗？小红的妈妈是消费者吗？

说起消费者，我们都会想到购买者和使用者。

那么，消费者＝购买者？消费者＝使用者？

一般情况下，广义的消费者是指从事生产消费或生活消费活动的主体，如组织、个人；狭义的消费者是指从事生活消费行为活动的主体，仅指个人或家庭。消费者行为学关注的也是狭义的消费者，即从事生活消费行为活动的个人或家庭。

个人或家庭在购买行为中扮演什么样的角色呢？如表1-1所示。

表1-1 不同类型的购买行为角色

角色类型	角色描述
倡议者	首先提出或有意购买某一产品或服务的人
影响者	其看法或建议对最终购买决策具有一定影响的人
决策者	在是否买、为何买、如何买、哪里买等方面做出部分或全部决定的人
购买者	实际购买产品或服务的人
使用者	实际消费或使用产品、服务的人

前文奶粉的消费、蛋糕的消费中，你认为消费者是谁呢？

其实，参与购买过程的人是消费者，参与使用过程的人也是消费者。现实购买商品和服务的活动主体是现实消费者，现在不购买但是未来可能会购买和使用某种商品和服务的活动主体是潜在消费者。也就是说，消费者不仅包括购买和使用商品的现实消费者，还包括当前尚未购买和使用，但未来可能对其产生需求并付诸购买及使用的潜在消费者。

你对消费者有了自己的理解和认识吗？

你能和小伙伴们谈谈你身边的消费者，以及他们的消费心理和行为表现吗？

消费者心理:特指消费者在消费过程中发生的心理活动,即消费者根据自身需要与偏好,选择和评价消费对象的心理活动。

消费者行为:特指消费者在消费过程中发生的外显活动,即消费者为获取、使用、处置消费品所采取的各种行动。

任务设计

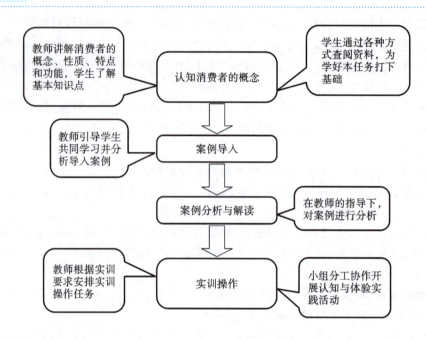

任务实施

◆导入案例

某制鞋厂老板在制鞋行业市场化程度很高、竞争异常激烈的背景下,为了扩大自己的市场份额,公司从上到下,想了不少营销办法,可总是收效甚微。正当老板一筹莫展之际,公司营销经理李经理向老板请婚假。老板犹豫再三还是批准了李经理的请假要求,并下达了思考鞋子销售策略的任务。

不久,李经理携妻子来到了旅游海岛。在陪妻子旅游之余,李经理牢记着老板的嘱托,四处打听海岛鞋业市场的情况。奇怪的是,在他所到的旅游区内竟然没有一家卖鞋的商铺,更看不到修鞋的地方。咨询了当地居民海岛鞋业市场在哪儿,当地居民都是一脸茫然,不知道海岛有哪个地方卖鞋。更令人惊讶的是,李经理观察到当地居民基本上不穿鞋,极少数穿鞋的,那鞋也只是一种自编的绑在脚上的草垫而已。于是,认真负责的李经理立马通过越洋电话向老板汇报说:"这里连个买鞋的地方都找不到,根本就不存在鞋业市场,看样子公司发展得另辟蹊径了。"

老板听了李经理的汇报似乎不能相信现在还有这样的地方,心里犯嘀咕:"是不是李经理想偷懒呢?"

为了公司的进一步发展,也为了慎重起见,以免错失发展机会,老板找来两名长期在市场一线上负责的销售者。其中,销售者甲老成持重,办事让人放心;销售者乙则开放活泼,富有创新精神。老板给这两名销售者指定的一个新任务就是:去海岛考察当地的鞋业市场,评估公司鞋业出口的可能性。老板希望用销售者对市场的敏感来更准确地把握海岛鞋业市场。鉴于李经理只是在旅游区内观察了解,老板特意安排这两位销售者在海岛分头行动,尽量多看一些地方,分头向他汇报。

销售者甲和乙明确了老板的指示后便迅速行动起来,前往海岛分头调研。大约过了一个星期,两人几乎同时通过越洋电话向老板汇报,但汇报的内容却大相径庭。销售者甲汇报说,他几乎走遍了海岛,发现这里的人几乎都不穿鞋子,海岛居民没有穿鞋的需求,自然也就没有市场。与甲汇报的沮丧结果相反,销售者乙十分兴奋地汇报说,他也走遍了海岛,发现这里的人几乎都没有鞋,海岛鞋业市场很大。机会难得,公司应马上寄出一批鞋子让销售者乙和销售者甲留在这里销售。

听完两位销售者的不同汇报,老板更加不知所措,在重大的经营决策问题上,老板一向慎重。在公司的营销决策方面,老板对营销总监总是言听计从,因此,老板又派他最信任的营销总监出马,希望营销总监通过实地考察后能够拿出一个具体的决策方案。

一个月后,营销总监拿出了一个具体的海岛鞋业营销策划方案。方案基本认同销售者乙的看法,认为公司在海岛发展业务是一次难得的营销机会;不过对营销的可行性及如何营销,其认识大有不同。方案首先调研了海岛居民不穿鞋的原因:长期以来,由于海岛自然条件较好,到处都是沙地或草地,而且一年四季都比较暖和,岛内居民就养成了打赤脚、不穿鞋的习惯。

但是通过调研发现,岛内居民由于长期打赤脚,脚部缺乏保护,大部分人都有脚疾,穿鞋对他们有好处;也由于遗传特征或长期的生活习惯不同,海岛居民的脚部特征和内陆居民有很大不同,所以在海岛卖鞋必须根据海岛居民的脚部特征重新设计、生产适合海岛居民的鞋,而不能简单地将公司已有的鞋搬过来卖;公司还应开展大量的海岛公益活动、宣传活动,以培养海岛居民的穿鞋习惯。另外,方案还提到一个制约公司海岛鞋业营销成败的关键因素:海岛经济比较落后,当地居民都比较穷,这也可能是他们都不穿鞋的一个重要原因。

不过,方案接着提出了解决办法:海岛盛产一种中国内陆没有的水果,预计这种水果在中国的销售前景相当好,这样可以通过公共关系手段,与海岛政府协商取得该种水果在中国的独家代理权,以补偿低价在海岛售鞋或做公益事业推广穿鞋习惯的损失。

◆案例分析

通过该案例得到的启示:即便在没有消费者的前提下,也要创造条件将本不需要产品的人发展成潜在客户。

◆专项实训

线下调研购买王老吉和加多宝消费者的特性,了解消费者对产品的需求要素,消费者购买产品的心理行为变化过程。

1. 实训目标

认知消费的概念,消费者的概念。掌握正确的消费观念,树立良好的学习习惯。

2. 实训内容

通过案例让学生体验王老吉产品的促销行为,假扮消费者在购买过程中关注产品的什么特性?如何销售产品,如何进行产品的营销策划?

3. 实训步骤

(1)调研学生所关注的消费产品的类型。

(2)被关注的产品是什么特性吸引了消费者的关注。

(3)小组讨论分析,这些产品的优缺点,提交分享成果。

4. 实训要求

(1)学生角色分配要合理真实,不能伪造销售额度。

(2)分组认知产品的特性、成分、特点、用途,最终看小组的GMV(商品交易总额)。

(3)销售产品可以通过地推,也可以通过各个媒体平台进行推送。

(4)推送过程中不能虚假宣传产品,要形成产品销售良性竞争。

(5)撰写产品销售计划书。

5. 实训考核

(1)最终完成产品GMV统计(20分)。

(2)地推过程中,观察学生介绍产品时,对产品特性、特点的掌握程度(30分)。

(3)每组在没有提前进行前期广告铺垫的基础上,了解产品舆论导向的作用(50分)。

◆ **知识链接**

观看CCTV的《舌尖上的美食——新年篇》。掌握消费者对美食的追求和向往。

消费者心理与消费行为

任务二　消费者心理与消费行为

任务目标

掌握消费者心理行为的相关概念,了解消费者心理行为的研究对象,能通过案例拥有理解消费心理理论的能力,明确学习消费心理行为的意义。

必学理论

一、消费者心理与行为

消费者行为是指消费者为获取、使用、处置消费品或服务所采取的各种行动,包括先于且决定这些行动的决策过程。消费者行为是与产品或服务的交换密切联系在一起的。

在现代市场经济条件下,企业研究消费者行为是着眼于与消费者建立和发展长期的交换关系。为此,不仅需要了解消费者是如何获取产品与服务的,而且也需要了解消费者是如何消费产品,以及产品在用完之后是如何被处置的。因为消费者的消费体验,消费者处置旧产品的方式和感受均会影响消费者的下一轮购买,也就是说,会对企业和消费者之间的长期交换关系产生直接的作用。传统上,对消费者行为的研究,一直将重点放在产品、服务的获取上,关于产品的消费与处置方面的研究则相对地被忽视。随着对消费者行为研究的深化,人们越来越深刻地意识到,消费者行为是一个整体,是一个过程,获取或者购买只是这一过程的一个阶段。

因此,研究消费者行为,既应调查、了解消费者在获取产品、服务之前的评价与选择活动,也应重视在产品获取后对产品的使用、处置等活动。只有这样,对消费者行为的理解才会趋于完整。

消费者心理与行为特点如下。

复杂性/多样性:不同消费者不同行为;同一消费者不同行为;动机与行为的偏离与重合。

可诱导性:合适产品刺激需求,广告等营销行为诱导消费。

二、研究消费者心理与行为的内容

消费者心理及消费行为示意图如图1-1所示。

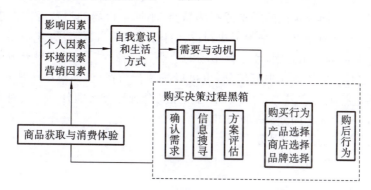

图1-1 消费者心理及消费行为示意图

三、研究消费者行为的意义

1. 研究消费者心理行为有利于企业赢得消费者

(1)从企业的角度来看,有助于制定市场营销战略。企业的目标市场选择和细分、产品定位、新产品开发、产品定价、渠道选择、促销策略等,要通过消费者行为分析来最终确定。

(2)从政府的角度来看,有助于制定保护消费者权益的政策。建立在消费者行为分析基础之上的法律和政策措施能够更加有效地实现保护消费者权益的目的。

(3)从消费者自身来看,有助于采取理性而成熟的消费行为。识别影响自身消费行为的因素,消费者才能采取更加明智和有效的购买行为,避免落入各种消费陷阱之中。

2. 为消费者权益保护和有关消费政策制定提供依据

随着经济的发展和各种损害消费者权益的商业行为不断增多,消费者权益保护正成为全社会关注的话题。消费者作为社会的一员,拥有自由选择产品与服务、获得安全的产品、获得正确的信息等一系列权利。消费者的这些权利,也是构成市场经济的基础。政府有责任和义务禁止欺诈、垄断、不守信用等损害消费者权益的行为,也有责任通过宣传、教育等手段提高消费者自我保护的意识和能力。

政府应当制定什么样的法律,采取何种手段来保护消费者权益,政府法律和保护措施在实施过程中能否达到预期目的,很大程度上可以借助于消费者行为研究所提供的信息来了解。例如,在消费者保护过程中,很多国家规定,食品供应商应在产品标签上标注各种成分和营养方面的数据,以便消费者做出更明智的选择。这类规定是否真正达到了目的,首先取决于消费者在选择时是否依赖于这类信息。

3. 消费者行为研究是营销决策和制定营销策略的基础

从以下几个方面可以看出,消费者行为研究决定了营销策略的制定。

1) 市场机会分析

从营销角度看,市场机会就是未被满足的消费者需要。了解消费者有哪些需要没有被满足或没有完全被满足,通常涉及对市场条件和市场趋势的分析。比如,通过分析消费者的生活方式或消费者收入水平的变化,可以揭示消费者有哪些新的需要未被满足。在此基础上,企业可以针对性地开发新产品。

2) 市场细分

市场细分是制定大多数营销策略的基础,其实质是将整体市场分为若干子市场,每个子市场的消费者具有相同或相似的需求或行为特点,不同子市场的消费者在需求和行为上存在较大的差异。企业细分市场,是为了找到适合自己进入的目标市场,并根据目标市场的需求特点,制定针对性的营销方案,使目标市场的消费者的独特需要得到更充分的满足。市场可以按照人口、个性、生活方式进行细分,也可以按照行为特点,如对小量使用者、中量使用者、大量使用者进行细分。另外,也可以根据使用场合进行市场细分,比如,将手表按照正式场合、运动场合、一般场合细分成不同的市场。

市场细分的原则如图1-2所示。

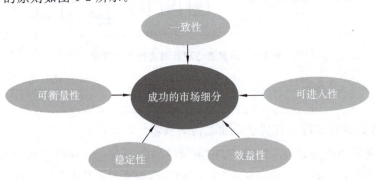

图1-2　市场细分原则

3) 产品与店铺定位

营销者只有了解产品在目标消费者心目中的位置,了解其品牌或商店是如何被消费者所认知的,才能发展有效的营销策略。科玛特(K-Mart)是美国影响很大的连锁商店,它由20世纪60年代的廉价品商店发展到七八十年代的折扣商店。进入20世纪90年代后,随着经营环境的变化,科玛特的决策层感到有必要对商店进行重新定位,使之成为一个品位更高的商店,同时,又不致使原有顾客产生被离弃的感觉。为达到这一目标,科玛特首先需要了解它现在的市场位置,并与竞争者的位置进行比较。为此,通过消费者调查,它获得了被目标消费者视为非常重要的一系列商店特征。经由消费者在这些特征上对科玛特和其竞争者的比较,科玛特获得了对以下问题的了解:哪些店铺特征被顾客视为最关键特征;在关键特征上,科玛特与竞争者相比较处于何种位置;不同细分市场的消费者对科玛特和竞争者的市场位置,以及对各种商店特征的重要程度是否持有同样的看法。在掌握这些信息,并对它们进行分析的基础上,科玛特制定了非常具有针对性且切实可行的定位策略,结果,原有形象得到改变,定位获得了成功。

4) 市场营销组合

新产品开发:通过了解消费者的需求与欲望,了解消费者对各种产品属性的评价,企业可以据此开发新产品。可以说,消费者调查既是新产品构思的重要来源,也是检验新产品能否被接受和应在哪些方面得到进一步完善的重要途径。通用电气公司设计出了节省空间的微波炉和其他厨房用品,在市场上获得了巨大成功,其产品构思就是直接源于消费者对原有产品占用空间太多而产生的抱怨。

产品定价:如果与消费者的承受能力或与消费者对产品价值的感知脱节,再好的产品也难以打开市场。例如,一次性尿布在试销过程中定价为10美分一块,预计销售4亿块。但试销的结果只及预计销售量的一半,这很不理想。后经过进一步分析发现,在整个试销过程中,没有把价格这一环节与消费者连接起来。虽然消费者肯定这种产品价值,但10美分一块的尿布太贵了,很多家庭只有带孩子旅游或参加宴会的时候才舍得使用该尿布。公司通过成本分析,找到了节约单位产品成本的途径,后将售价由每块10美分降到6美分,产品再度投放市场时,需求量剧增。很快,美国一半以上的婴儿用上了这种名为"贝贝"的一次性尿布。由此可见,产品定价也离不开对消费者的分析和了解。

分销渠道的选择:消费者喜欢到哪些地方购物,以及如何购买本企业的产品,也可以通过对消费者的研究进行了解。以购买服装为例,有的消费者喜欢到专卖店购买,有的喜欢到大型商场或大型百货店购买,还有的则喜欢通过邮寄方式购买。多大比例,以及哪些类型或具有哪些特点的消费者主要通过上述哪些渠道购买服装,这是服装生产企业十分关心的问题。这是因为,只有了解目标消费者在购物方式和购物地点上的偏好和形成这种偏好的原因,企业在分销渠道选择上的风险才有可能得到最大限度地降低。

广告和促销策略的制定:对消费者行为的透彻了解,也是制定广告和促销策略的基础。美国糖业联合会试图将食糖定位于安全、味美、提供人体所需能量的必需食品的位置上,并强调适合每一个人尤其是适合爱好运动的人食用。然而,调查表明,很多消费者对食糖形成了一种负面印象。很显然,糖业联合会要获得理想的产品形象,必须做大量的宣传工作。这些宣传活动成功与否,很大程度上取决于糖业联合会对消费者如何获取和处理信息的理解,对消费者学习原理的理解。一句话,只有在了解消费者行为的基础上,糖业联合会在广告、促销方面的努力才有可能获得成功。

四、消费者心理行为研究的历史

(一)萌芽时期(19世纪末—20世纪20年代)

始于19世纪末20世纪初,美社会学家凡勃伦《有闲阶级论》(Theory of the Leisure Class)(1899)提出了炫耀性消费及其社会含义。

1901年12月,心理学家斯科特(W. D. Scott)在美国西北大学做报告时指出,心理学可以在销售和广告中发挥重要作用。

科普兰(M. T. Copeland)于1923年提出将消费品分为便利品、选购品和专门品的分类方法部分建立在对这三个方面的消费者行为的分析之上。

(二)应用时期(1930—1960年)

20世纪四五十年代,研究消费者行为态度和动机。研究方法发展,1950年,梅森海尔主持速溶咖啡的研究。

美国学者盖斯特和布朗于20世纪50年代初开始研究消费者对品牌的忠诚问题,以便找到促使消费者重复选择某一品牌的有效途径。

谢里夫、凯利和谢把托尼等人开展了对参照群体的研究(勒温的动物内脏的态度改变研究)。

(三)快步成长及成熟阶段(20世纪60年代至今)

1960年,美国心理学会中成立了消费者心理学分会,这是消费者心理行为学开始确立其学科地位的前奏。

1968年,第一部消费者行为学教材——《消费者行为学》由俄亥俄州立大学的恩格尔科拉特和布莱克维尔合作出版。

1969年,美国的消费者研究协会正式成立。

1974年,《消费者研究杂志》创刊。

大量学者开展了消费者心理和行为的研究:罗杰斯关于创新采用与扩散的研究;拉维吉和斯坦勒关于广告效果的研究;费希本等人关于组织行为的研究;谢恩等人关于组织购买行为的研究和关于消费者权益保护问题的研究;科克斯和罗斯留斯等人关于如何应对知觉风险的研究。

消费者心理与行为研究的范围从原来的消费者本身扩展到对消费的生态环境、社会文化、相关法律法规等更大范围的研究。涉及的学科也由原来的心理学、经济学、社会学延伸到管理学、人类文化学、法学等相关领域。

(四)消费者心理与行为的研究发展趋向

研究角度趋向多元化:从宏观经济、自然资源保护、消费者利益、生活方式等多角度进行研究。

研究参数趋向多样化:心理因素、社会心理因素、文化、历史、地域、民族、传统观念、价值观、信息化程度等一系列变量。

研究方法趋向于定量化:运用统计分析技术、信息处理技术及运筹学、动态分析等现代科学方法和技术手段,揭示各变量之间的联系。

研究国界的突破:全球化。

任务设计

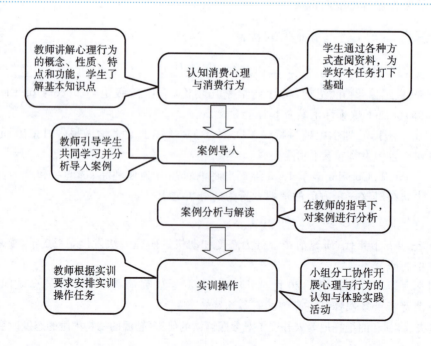

任务实施

◆导入案例

2003年4月初,奇瑞公司开始对奇瑞QQ的上市做预热。在这个阶段,通过软性宣传,传播奇瑞公司的新产品信息,引发媒体对奇瑞QQ的关注。由于这款车型具有显著个性特征和最优的性价比,媒体自发掀起第一轮炒作,这吸引了消费者的广泛关注。

2003年4月中下旬,蜚声海内外的上海国际车展开幕,也是通过媒体,告知奇瑞QQ将亮相于上海国际车展,与消费者见面,从而引起消费者的更进一步关注。就在消费者争相去上海国际车展关注奇瑞QQ的时候,奇瑞QQ以未做好生产准备的理由没有在车展上亮相,只是以宣传资料的形式与媒体和消费者见面,极大地激发了媒体和消费者的好奇心,引发了媒体第二轮颇有想象力的炒作。在这个阶段,奇瑞公司提供大量精美的图片资料供媒体炒作,引导消费者对奇瑞QQ的关注度走向高潮。

2003年5月,就在媒体和消费者对奇瑞QQ充满好奇时,奇瑞公司适时推出奇瑞QQ的网络价格竞猜活动,在更进一步引发消费者对产品关注的同时,让消费者给出自己心目中奇瑞QQ的理想价格预期。网络价格竞猜活动,有20多万人参与。当时普遍认为奇瑞QQ的价格应该为6~9万元。

2003年5月底,媒体、奇瑞QQ的价格被揭晓了——4.98万元,比消费者期望的价格更吸引人。这个价格与同等规格的微型客车差不多,但是从外观到内饰都是与国际同步的轿车配置。此时媒体和消费者沸腾了,媒体开始了第三轮自发的奇瑞QQ现象讨论,在消费者中也产生了奇瑞QQ购买热。

◆案例分析

奇瑞QQ是如何抓住消费的心理特点的?如何把奇瑞QQ打造成一款爆款?

◆专项实训

小王同学购买一批次宜简苏打水,迟迟卖不出去,同学们如何帮小王同学把苏打水卖出去。

1. 实训目标

通过实训让学生掌握消费者的消费心理行为学。

2. 实训内容

以小组为单位把各自的产品卖出去,掌握消费者的心理特征。

3. 实训步骤

(1)以小组为单位分配任务。

(2)同学们熟练掌握产品的性能、特点、功效、价格等基本要素。

(3)通过传单、走访的形式了解消费者对该产品的熟悉程度。

(4)总结调研成果,有目的地针对问题,解决有需求的客户。

4. 实训要求

(1)以小组为单位撰写消费者分析的调研报告。

(2)在课堂上进行小组分享。

5. 实训考核

(1)个人表现评分项目:专业知识储备(10分)、知识运用能力(10分)、语言表达能力(10

分)、整体职业素养(10分)、团队合作意识(10分)。

(2)个人表现评分项目：

每个环节内容完成的认真程度(30分)、小组整体课堂表现(20分)。

◆知识链接

(1)掌握了解消费心理学的意义①。

(2)观看"消费心理学"课程视频②。

任务三　消费者的身份和自尊

任务目标

了解消费者的身份及自尊从注意到知觉的变化,掌握身份及自尊的核心概念和内涵,熟悉营销消费者购买行为从注意到感觉最后到直觉的变化。培养学习者树立正确的消费观念和意识,如何认清消费者的地位,养成良好的学习习惯。

必学理论

了解消费者的身份,消费者在消费的过程中如何被尊重？掌握消费者购买行为的分析,消费市场的特征等。

一、消费者的身份及自尊的概念

身份：法律意义上的"消费者"是指为个人的目的购买或使用商品和接受服务的社会成员。

自尊：即消费者在特定的消费场所,以自己独特的审美视角、价值取向、购买行为、生活方式和时尚追求等,通过部分具有一定象征意义的商品和服务的消费,使消费者的虚荣心、自信心和自尊心等得到满足。

二、理想自我及镜中自我的概念

理想自我：是指个体对希望自己是一个什么样的人的自我看法。研究内容：理想自我包括人们渴望拥有的那些品质,它们通常是积极的。

镜中自我：是指消费者从他人关于自己的看法和评价中认识的自我,由于他人的看法因人而异,他人的学识、年龄、社会地位不同,对自我的看法和评价也会不同,所以镜中自我与他人看法之间是一种互动的关系。

---

① 资料来源：https://haokan.baidu.com/v？pd=wisenatural&vid=1690871229366442846。

② 资料来源：https://www.icve.com.cn/portal_new/courseinfo/courseinfo.html？courseid=kul4ah-kc4dird-anklg。

三、消费者注意、感觉和知觉的变化

(一)注意的含义和功能

1. 注意的含义

人的心理活动表现为对外界一定事物的指向与集中。

消费者的购买活动一般以注意为开端,在心理过程开始后,注意伴随着心理过程,维持心理过程的指向性和集中性。

2. 注意的功能

注意的功能包括选择功能、保持功能、调节监控功能。

3. 注意的外部表现

1)适应性运动

把耳朵转向声源的方向,即侧耳倾听;

睁大眼睛盯着某对象,表现为注目凝视;

思考问题时,眉头紧锁,双手托腮,全神贯注等,都是注意的适应性运动。

2)无关运动的停止

比如,儿童在看精彩的动画片时,张着嘴,瞪着眼,目不转睛地盯着电视机,其他无关运动都停止了。

4. 呼吸运动的变化

人在注意集中于某一对象时,呼吸往往变得轻而慢;在紧张注意时,甚至发生屏息现象。

5. 注意的分类

1)无意注意

事先没有预定目的,也不需要意志努力的注意。

2)有意注意

事先有预定目的,必要时还需要做一定意志努力的注意。

3)有意后注意

事先有预定的目的,不需要意志努力的注意。

在有意注意的基础上发展起来,经过一段时间熟悉后,就可以不需要意志努力就可以保持注意。

6. 注意的特点

1)注意的稳定性

在较长的时间内,注意可以一直保持在某一对象或活动上。

2)注意的广度

在同一有限时间内,能清晰地把握注意对象的数量。

3)注意的分配

在同一时间内,把注意指向两种或几种不同的对象或活动上。

4)注意的转移

根据新的任务,主动地把注意从一个对象转移到另一个对象上。

7. 注意在营销活动中的作用

(1)利用有意注意和无意注意的关系，创造更多销售机会。

(2)发挥注意的心理功能，引发新的消费需求。

(二)感觉及其产生

1. 感觉的含义

人脑对直接作用于感觉器官的客观事物的个别属性的反映。

感觉不仅反映外界事物的个别属性，也反映人体本身的活动。

2. 感觉的分类

1)外部感觉

接受外部刺激、反映外界事物个别属性的感觉。

外部感觉具体包括视觉、听觉、味觉、嗅觉、肤觉。

2)内部感觉

接受人体本身的刺激，反映机体的位置、运动和内部器官不同状态的感觉。

内部感觉具体包括位置觉(平衡感)、运动觉和机体觉。

3. 感受性与感觉阈限

1)感受性的含义

感受性是指感觉器官对刺激物的主观感受能力。

2)感觉阈限

感觉阈限是指能够引起感觉并持续一定时间的刺激量。

感受性的大小主要取决于感觉阈限的高低。

感觉阈限越低，感受性就越大，两者成反比关系。

4. 感觉的变化

(1)感觉适应性：随着刺激物持续作用时间的延长，导致感受性发生变化。

(2)感觉对比性：感受器因同时有两种刺激或先后相继的两种刺激，引起感受性发生变化的现象。

(3)感觉联觉性：一种感觉器官接受刺激产生感觉后，对其他感觉器官的感受性发生影响。

5. 感觉在营销活动中的作用

(1)感觉使消费者获得对商品的第一印象。

(2)感觉特性为营销工作者提供了制定营销策略的依据。

(3)感觉在一定程度上引发消费者的情绪。

(4)感觉可以实现商品的使用价值。

(三)知觉及其产生

1. 知觉

知觉是人对客观事物整体性的反映。

感觉是知觉的基础，知觉以感觉为前提。

2.知觉的产生

知觉的产生借助于人的知识和经验的帮助。

3.知觉的分类

(1)根据知觉反映的事物特征划分:空间知觉、时间知觉、运动知觉。

(2)根据某个感觉器官在反映活动中所引起的优势作用划分:视知觉、听知觉、触知觉、嗅知觉。

4.知觉的基本特性

1)知觉的选择性

人对外来信息有选择地进行加工的能力。

引起消费者知觉选择性的主要原因有:消费者自身的感觉阈限和大脑信息加工能力的限制;消费者自身的需要、欲望态度、偏好、价值观、情绪和个性特征的影响;消费者的防御心理。

知觉选择性的表现形式有:选择性注意、选择性曲解。

2)知觉的整体性

知觉的整体性也称为知觉的组织性,是指人们根据自己的知识经验把直接作用于感官的不完备的刺激整合成完备而统一的整体,以便全面、整体地把握该事物。

知觉整体性的主要定律如下。

(1)接近律:人们往往倾向于把在空间和时间上接近的物体知觉成一个整体。

(2)相似律:人们往往会把形状、颜色、大小、亮度等物理特性相似的物体知觉为一个整体。

(3)连续律:人们往往会把具有连续性或共同运动方向等特点的个体知觉为一个整体。

(4)闭合律:针对不完整的客体刺激,人们往往运用自己的主观经验为之增加(或减少)某些因素,以便获得有意义或符合逻辑的整体知觉。

3)知觉的理解性

人们在识别事物的过程中,不仅知觉到对象的某些外部特征,还可以用自己的知识经验对知觉的对象按自己的意图做出解释。

4)知觉的恒常性

知觉在一定范围内发生了变化,被感知对象的仍然能保持相对不变的特性。

5.知觉特性与营销策略的制定

(1)知觉的选择性影响着消费者确定自己的购买目标。

(2)利用知觉的理解性和整体性,可以提高广告宣传的效果。

(3)利用知觉的恒常性,可以促进产品销售。

6.消费者知觉风险

(1)消费者知觉风险的含义为:消费者对消费行为的后果无法做出确定的判断。

(2)消费者知觉风险的原因有:消费者个体付出的成本大小;消费者对风险的心理承受能力。

7.降低消费者知觉风险的策略

(1)尽可能多地收集产品的相关信息。

(2)尽量购买自己熟悉的或使用效果好的产品。

(3)建立对品牌的依赖或通过购买名牌来减少风险。
(4)通过有信誉的销售渠道购买商品。
(5)购买价格较高的商品。
(6)寻求安全保证。

四、影响消费者消费的行为分析

消费者购买的对象是多种多样的,主要有以下类型。

1. 按消费者的购买习惯进行划分

便利品是指频繁购买,购买方便,只需要花最少精力与最少时间去比较品牌、价格的消费品,如食用油、盐、酱、洗涤品。消费者对这类消费品一般比较熟悉,具有一定商品知识,在购买时不大愿意或者觉得没要花费很多时间比较价格和质量。

选购品是指消费者往往要花费较多的时间对购买对象的质量、价格、样式、适应性、厂商等进行比较后才会做出购买决策的产品。

特殊性:具有独特的品质、风格、造型工艺等特性或者对消费者具有特殊偏好并愿意花费较多时间选择购买的商品(如古玩字画等)的属性。

2. 按产品的耐用性和是否有形进行划分

按这一标准可以将产品划分为非耐用品、耐用品和服务产品三类。

(1)非耐用品:使用次数较少、寿命较短、消费者购买频繁的产品,如洗涤用品、食盐、饮料等。

(2)耐用品:多次使用寿命较长、消费者购买频率较低的产品,如电视机、小轿车、住房等。经营耐用品的商家,要求企业资金雄厚,能够提供更多的销售服务和质量保证。

(3)服务产品:是指非物质实体产品,是出售无形的活动,如餐饮、保险、娱乐、教育、咨询等。服务产品的生产与消费不可分割、不易储存。消费者比较注重服务产品的质量。

> **任务设计**

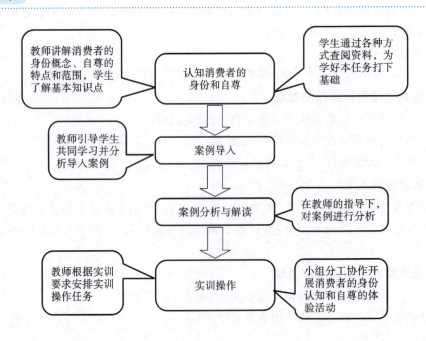

任务实施

◆ **导入案例**

某知名女演员自述当天自己一个人前去一家奢侈品店购物,在她进入该店后,一位店员为她端来一杯水,该演员客气地表示不要,还连连摆手,但接下来让人意外的是,店员并没有将水拿走,而是上下打量着她,说出挑衅之言:"喝吧,哎哟!不买东西喝个水饱也行。"

不少人有过这种经历。一些店员本身没有素质和涵养,对进店的顾客以貌取人,这样的店员也是非常浅薄的。消费者颜值高,衣着时尚光鲜,就得到高看;随意着装的消费者,却受到歧视。这就是典型的侵犯消费者自尊。

◆ **案例分析**

(1)如何使消费者的身份受到重视?

(2)如何维护消费者的合法地位?

(3)消费者被歧视,如何申诉?

◆ **专项实训**

消费者的自尊如何得到尊重?

1. 实训目标

掌握消费者自尊的概念,在购物的过程中如何维护自己的尊严?

2. 实训内容

以小组为单位,列举在消费过程中如何不被尊重(用语言或者行为侵犯消费者利益)?

3. 实训步骤

(1)分析您的消费清单中的不被尊重的事件。

(2)分析这些不被尊重的消费属于哪种类型。

(3)与小组成员一起讨论分析,在购物的过程中如何得到尊重?

(4)以小组为单位,在班级中分享小组成果。

4. 实训要求

(1)个人独立完成自己的消费清单。

(2)小组共同讨论分析,并将结果在班级中分享。

5. 实训考核

(1)个人表现评分项目:专业知识储备(10分)、知识运用能力(10分)、语言表达能力(10分)、整体职业素养(10分)、团队合作意识(10分)。

(2)个人表现评分项目:每个环节内容完成的认真程度(30分)、小组整体课堂表现(20分)。

◆ **知识链接**

学习关于《消费者权益保护法》及"3·15国际消费者权益日"相关案例。

习题

项目二　消费者的个性特征分析

教学目标

知识目标：(1)掌握消费者的气质、性格和能力的基本概念和内涵。
　　　　　(2)掌握消费者的个性特征与消费行为。
　　　　　(3)理解消费者自我概念的作用。
　　　　　(4)掌握消费者自我生活方式。
　　　　　(5)了解并掌握气质、性格、能力和兴趣对消费者行为的影响。
　　　　　(6)了解生活方式、自我概念的测量方法。
能力目标：(1)能够结合个性理论,对自己的朋友、同学的个性进行分析和判断。
　　　　　(2)根据消费者个性、自我概念和生活方式对消费者行为进行分析和预测。
　　　　　(3)能够用生活方式的测量方法(AIO 方法和 VALS2 方法)对某一消费群体的生活方式进行测量。
　　　　　(4)能够运用消费者的个性心理特征,分析消费者的消费行为。
　　　　　(5)能够分析消费者的性格和理解消费者所具备的能力。
　　　　　(6)能够通过消费者的个性特征,分析品牌自我概念、生活方式的营销策略。
素质目标：(1)具有发现问题、分析问题、解决问题的能力。
　　　　　(2)具有团队协作能力。

项目描述

　　本项目包含 4 个任务,即消费者的个性特征;消费者的气质、性格和能力;消费者的自我概念;消费者的生活方式,目的是培养学习者了解消费者的个性心理特征,为今后开展市场营销、消费者分析工作奠定坚实的理论基础。

思维导图

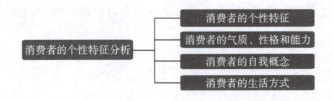

任务一 消费者的个性特征

任务目标

掌握气质、性格、能力的基本概念和类型,了解有关个性心理的理论,掌握消费者不同性格类型的表现特征,掌握消费者消费能力的形成和发展,熟悉消费者在不同消费过程中的表现差异。

必学理论

一、消费者的个性的概述

(一)个性的含义

个性(personality)也称为人格或个性心理特征,是指决定和折射个体对环境做出反应的内在心理特征。它是由个体在其遗传、环境、学习等因素交互作用下形成的,并具有很强的稳定性。个性包括使某个个体与其他个体相区别的兴趣、爱好、性格、特质、行为方式等多个方面。根深蒂固的心理特征所构成的个性会影响个人对产品的选择。识别与消费者行为相关的个性特征对公司的市场细分战略的制定非常必要。

(二)消费者个性的构成

1. 个性心理倾向

个性心理倾向是一个人所具有的意识倾向和人对客观事物的稳定态度,包括需要、动机、兴趣、理想、信念、价值观等。

2. 个性心理特征

个性心理特征是一个人身上经常表现出来的本质的、稳定的心理特点,包括气质、性格、能力等。

(三)影响个性形成的因素

1. 先天遗传因素

先天遗传因素是个性形成和发展的生理基础。通常在智力、气质这些与生物因素相关较大的特征上,遗传因素是较为重要的。个人的神经类型、感官特点、智能潜力、内分泌系统的特点、体貌特征和血型等遗传因素都是人格形成和发展的影响因素。

2. 后天环境因素

后天环境因素是个性形成和发展的重要条件。后天环境所包含的家庭环境、教育环境、社会环境、生活经历尤其是童年时期的经验的不同,决定了消费者个性心理的差异。

3. 社会实践因素

社会实践因素是个性形成和发展的主要原因。社会实践活动是个性形成和发展的决定因素,决定个性发展的方向、速度和可能达到的水平。

(四)消费者个性特征

(1)消费者的个性既反映了个体的差异性又反映了人类的共同心理特征。

人与人虽有不同,但个性上有相似之处,可根据个性特征细分消费者。

(2)消费者的个性具有一致性和稳定性的特点。

个体总是趋向稳定和一致的,这是解释行为反映个性的基础。不能让消费者改变个性来适应产品,但可影响消费者反映的个性特征来吸引目标消费者。

个性虽有一致性,但具体行为会受到心理、文化、环境的影响而发生改变。

(3)消费者的个性并非完全不可改变。

随着女性进入传统上由男性控制的职业领域并受到男性个性特征的感染,过去50年女性的个性特征变得更为男性化。

二、消费者的个性心理理论

(一)弗洛伊德个性理论

弗洛伊德个性理论是现代心理学的里程碑。该理论提出,基于下意识需求或动机是人类动机和个性的核心。弗洛伊德认为,人的个性是一个整体,它由本我、超我和自我三个部分组成。

1. 本我(潜意识)代表欲望,受意识遏抑

本我是个性结构中最原始的部分,是由主体本能和欲望组成的,也就是人的基本需求,它就像海面下的冰山。本我遵循的是快乐原则,即要求自由表达寻求快乐的各种欲望。

2. 超我(部分有意识)是良知或内在的道德判断

超我是个性结构中居于管制地位的最高部分,对自我的思想和行动起着判断和监察的作用。它包括社会道德规范、个体的良心,自我理想等,它就像只露出海面很少一部分的冰山。可以说,超我以一种"内化的道德标准"的形式控制着人的行为。根据弗洛伊德的理论,一个缺乏控制力的超我可能使一个人成为不良少年、罪犯,或形成反社会人格,而一个过度严格的超我则可能使人产生压抑感或难以承受的内疚感。

3. 自我(大部分有意识)负责处理现实世界的事情

自我是在现实生活中由本我和超我共同作用的结果,也就是生活中最终的现实状态,它就像完全露在海面上的冰山。自我是思考、计划、问题解决和决策的系统,是在人格的意识控制之下发生作用的。本我按照快乐原则行事,而自我则按照现实原则行事。因此,在本我的要求不符合实际或不合时宜的情况下,自我会对其进行控制,将行动拖延,直到使本能活动适合外界现实的要求。

在理论上,弗洛伊德认为,本我、自我和超我三者之间相互作用、相互联系。本我激发主体的本能和欲望,超我则监督和控制的主体按照社会道德标准行事,两者之间总是处于冲突状态,而自我则像方向盘一样控制着欲望目标的达成,在正常情况下,本我、自我和超我处于协调和平衡的状态,这样保证了人与社会环境的协调,使个性得以正常发展,如果三者关系失调乃至遭到破坏,就会危及个性的正常发展。

将弗洛伊德的个性理论应用于消费者个性研究的学者相信,人类动机大多是无意识的,消费者很可能不知道购买某样物品的真正原因。这些学者认为消费者的购买和消费情境是消费者个性的反映和延伸。换句话说,他们认为消费者所有物反映消费者的个性。比如,巴宝莉和迪奥同样是时尚奢侈品品牌,巴宝莉塑造的是传统、尊贵、理性的品牌个性,使具有类似于传统、尊贵、理性、个性的消费者更容易选择,而迪奥塑造的是优雅、浪漫、性感的个性特征,以满足崇尚优雅、追求浪漫、性感的消费者的需要。

(二)新弗洛伊德个性理论

新弗洛伊德主义者认为,社会关系是个性形成和发展的基础。消费者总是不断地与他人建立重要且有偿的关系,其非常关注人们减少紧张如焦虑的努力。

新弗洛伊德主义者以定量分析或经验证明为导向,关注测量分析个人的精神特征。该理论致力于个性测试或问卷调查来找出个人差异的特征。

例如,表2-1所示的为霍尼的新弗洛伊德个性理论。

表 2-1 霍尼的新弗洛伊德个性理论

顺从型	顺从型消费者是指以期望得到他人喜欢或被需要或被赞赏等的人
好战型	好战型消费者是指喜欢与他人对着干的人,这些人喜欢表现,以赢得他人尊敬
独立型	独立型消费者是指远离人群的人,他们希望独立,相信自己,自给自足,是个人主义者或责任规避者

(三)特质理论

卡尔·古斯塔夫·荣格的特质理论以定量分析或经验证明为导向,它关注于分析测量个人的具体精神特点,即特征。

特质理论拥护者发现个性与消费者如何制定购买决策、选择购买和消费广泛的产品种类的关系远比购买与消费某个特定品牌的关系密切。

三、个性特征与消费行为

(一)创新型消费

创新型消费是指消费者喜欢尝试某些新的产品、服务或活动。第一个购买全新的不同的产品或服务的消费者,对新产品或新服务的反应通常可以决定该产品或服务的市场成败。

(二)社会角色:自我主见型与他人支配型

1. 自我主见型

消费者倾向于依靠自己的诉求、价值观或标准来评价产品。

2. 他人支配型

消费者倾向于遵从他人指导来判断正误。

(三)独特需要

消费者通过产品将自己与他人区分开来,以强化个人和社会身份的需要。

(四)物质主义消费

物质主义消费者是指沉迷于购买或炫耀非必需的奢侈品的人。他们看重获得和炫耀物品,而且以自我为中心,有着追求拥有很多物品的生活风格,但众多的占有物并没有给他们的生活带来更大的满足。

(五)固定消费行为

固定消费行为主要有三个特点:一是对某一物品具有浓厚或者狂热的兴趣;二是有意愿为感兴趣的物品而奔波;三是愿意为感兴趣的物品付出大量的时间、精力和金钱。比如,长期购买该品牌产品的小米手机用户,可能会被称为"米粉"。

(六)强迫性消费行为

强迫性消费行为是指购买物品上瘾或者失控的行为。强迫性消费行为会对自身和周围的人造成破坏性结果。购买的易得性使强迫性消费行为更加普遍。

(七)消费者民族中心主义

消费者个人对是否购买外国制造的产品的倾向。他们是有民族主义情结的消费者,往往认为购买外国制造的产品是不好的甚至是错误的,因为这会给本国经济发展带来影响。而非民族主义消费者认为,要客观地以产品本身的特性来评价外国制造的产品。

四、品牌的个性化战略

(一)品牌个性化概念

品牌个性是指品牌所具有的独特形象。

(二)品牌化战略含义

品牌个性化战略的核心是塑造品牌差异化。

1. 品牌人格化

将目标消费者的人格特征赋予品牌个性的过程。

2. 产品的个性与性别

产品个性可以被赋予性别特征。

3. 产品的个性与地域

在消费者头脑中,很多产品有很强的地域联系,如消费者看到巴宝莉品牌,就会联想到英国伦敦,看到迪奥品牌的商品,就会联想到法国巴黎。

4. 产品个性与颜色

将个性与颜色联系起来,可以赋予消费者色彩联想。

任务设计

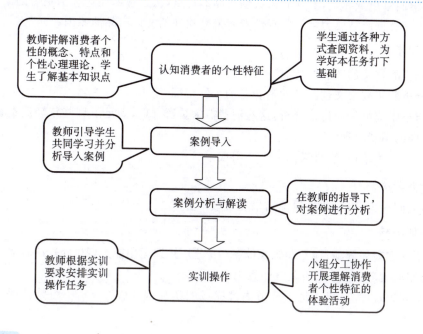

任务实施

◆导入案例

某食品企业为了提高服务质量,完善服务设施,向消费者发出意见征询函,调查内容是:"如果您发现购买回来的商品过期了、发错了又或者不好吃,决定去线下实体店退换商品,但店内销售者不允许退换,您会怎么办?"要求被调查者写出自己遇到这种事时的做法。其中,有这样几种答案:

(1)不厌其烦:尽自己最大努力,不厌其烦地向销售者讲述退换商品的原因,直到退换成功。

(2)自认晦气:认为这次自己吃点亏,下回就会增长经验,吃一堑,长一智。

(3)灵活变通:找其他销售者申诉,并向上级主管或经理申诉,只要有一人同意退换就可望解决。

(4)据理力争:绝不求情,与销售者力争到底,实在不行,就找媒体曝光,或者找工商局、消费者协会投诉。

◆案例分析

(1)四种答案各反映出消费者的哪些个性特征?

(2)面对四种不同类型的消费者,销售者应该注意哪些方面?

◆专项实训

1. 实训目标

掌握消费者的个性特征与消费行为的关系、了解不同类型的消费者的消费行为,理解品牌个性化的策略。

2. 实训内容

请同学们拿出纸和笔,罗列故宫文创产品的特点,从品牌个性化和消费者的个性消费行为,分析故宫文创产品成为当下年轻消费者最受欢迎的文创产品的原因。

3. 实训步骤

(1)分析故宫文创产品的特点。

(2)分析购买故宫文创产品的消费者的个性特征。

(3)与小组成员一起讨论分析,这些消费需求是否合理,满足了哪些年轻消费者,以及其具有什么样的消费心理?

(4)以小组为单位,在班级中分享小组成果。

4. 实训要求

小组共同讨论分析,并将讨论结果在班级中分享。

5. 实训考核

(1)个人表现评分项目:专业知识储备(10分)、知识运用能力(10分)、语言表达能力(10分)、整体职业素养(10分)、团队合作意识(10分)。

(2)个人表现评分项目:每个环节内容完成的认真程度(30分)、小组整体课堂表现(20分)。

◆ 知识链接

学习电影(《盗梦侦探》《阳光小美女》《爱情潜意识》《超人特工队》)中的人格心理学。

消费者的能力

任务二　消费者的气质、性格和能力

任务目标

掌握消费者的气质类型,熟悉不同气质类型的消费者心理与行为表现上的差异,培养学习者根据消费者的气质、性格和能力制定相应营销策略的能力。

必学理论

一、气质

(一)气质的含义

气质是人与生俱来的比较稳定地表现在强度、速度、稳定性和灵活性等方面的心理特征。它相当于我们日常生活中所说的脾气、秉性或性情。

(二)气质的四种类型

古希腊医生希波克拉特认为气质的不同是由人体内的体液决定的。他设想人体内有血液、黏液、黄胆汁、黑胆汁四种体液,由于它们的不同比例配合而形成了人们的气质差异,哪种体液占主导成分,便形成哪种气质,因而就有了多血质、黏液质、胆汁质、抑郁质四种气质类型,如图 2-1 所示。

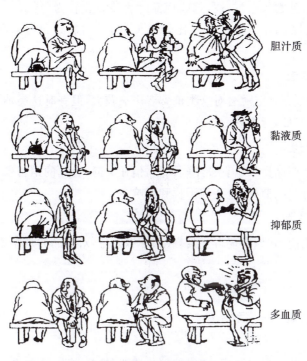

图 2-1 《一顶帽子》漫画

按照体液学说和高级神经活动类型说,消费者的气质类型的行为表现如表 2-2 所示。

表 2-2 四种气质类型的行为表现

气质类型	行为方式上的表现	高级神经活动类型	代表人物
多血质	活泼、好动、敏感、反应迅速、喜欢与人交往,注意力容易转移,兴趣和情绪容易变换,具有外向性	强、平衡、灵活性高（活泼型）	贾宝玉
黏液质	安静、稳重、反应迟慢、沉默寡言、庄重、坚韧,情绪不容易外露,注意力稳定但难以转移,具有内向性	强、平衡、灵活性低（安静型）	沙僧
胆汁质	精力旺盛,脾气暴躁,情绪兴奋性高,容易冲动,反应迅速,心境变化剧烈,具有外向性	强、不平衡（不可抑制型）	张飞
抑郁质	情绪体验深刻,孤僻,反应迟缓且不强烈,具有很高的感受性,善于觉察他人不易察觉的细节,具有内向性	弱（抑制型）	林黛玉

(三)四种典型的消费者气质类型

1. 胆汁质型消费者

这类消费者表情外露,心直口快,选购商品时言谈举止较为匆忙,一般对所接触到的第一件合意的商品就想购买,不愿意反复比较选择,购买的决策过程较为迅速但有时显得草率。

2. 多血质型消费者

商品的外表、造型、颜色、命名对这类消费者影响较大,但有时这类消费者的注意力容易发生转移,兴趣忽高忽低,行为易受感情的影响。

3. 黏液质型消费者

这类消费者挑选商品比较认真、冷静、慎重,信任文静、稳重的销售者。他们善于控制自己的感情,不容易受广告、商标、包装的干扰和影响。

4. 抑郁质型消费者

这类消费者选购商品时,表现得优柔寡断、千思万虑,对商品的观察细致入微,从不轻易做出决定。

(四)消费者的气质类型运用

1. 胆汁质型消费者——"猛"

1)消费者的特征

这类消费者会很快地做出决定,或突然停止购买,性格急躁、无耐性。

2)营销策略

营销者迅速接近这类消费者,避免讲话过多,注意关键点。

2. 多血质型消费者——"活"

1)消费者的特征

商品的外表、造型、颜色、命名对这类消费者影响较大,这类消费者易受周围环境的影响。

2)营销策略

一是销售者应主动介绍、与之交谈,注意与这类消费者联络感情,以促使其购买。

二是与这类消费者"聊天",应给予指点,使其专注于商品,缩短其购买过程。

3. 黏液质型消费者——"稳"

1)消费者的特征

这类消费者会很快地做出决定,或突然停止购买,性格急躁、无耐性。

2)营销策略

营销者迅速接近这类消费者,避免讲话过多,注意关键点。

4. 抑郁质型消费者——"弱"

1)消费者的特征

这类消费者表现得优柔寡断;对销售者或其他人介绍将信将疑、态度敏感,挑选商品小心谨慎、过于一丝不苟;还经常因犹豫不决而放弃购买商品。

2)营销策略

销售者态度要和蔼、耐心,向这类消费者介绍有关商品以消除其疑虑,促成购买商品;对于这类消费者的反复,应予以理解。

二、性格

(一)性格的含义

性格是指一个人在个体生活中形成的对现实的稳定态度,以及与之相适应的习惯化行为方式。性格的表现形式对事物稳定的态度和与态度相适应的习惯化行为方式。

个性形成的主要影响因素包括个人生理素质、家庭、集体和社会的影响,以及个人的认知、情感和意志过程等。

(二)气质与性格的区别

气质与性格既有区别,也有联系。如表2-3所示。

表2-3 气质与性格的区别与联系

	反映对象		形成机制
区别	内部	外部	心理活动动力特征:先天,神经类型
	性格	外部	态度和行为特征:后天,社会生活实践
联系	不同气质的人可形成相同的性格,相同气质的人也可以形成不同的性格;气质影响性格形成和发展的速度,性格可以一定程度上掩盖或改造气质		

(三)消费者的性格类型

消费者的性格是在购买行为中起核心作用的个性心理特征。不同的消费者有不同的性格特点,体现在各自的消费活动中,形成不同的消费行为。从不同角度划分性格在消费行为中的具体表现。

从个体独立性的程度来划分,性格类型分为顺从型和独立性;从心理活动过程的特点来划分,性格类型分为理智型、情绪型和意志型;从个体心理活动倾向性来划分,性格类型分为外向型和内向型;从消费态度来划分,性格类型分为节俭型、自由型、顺应型和保守型,如表2-4所示。

表2-4 消费者的性格类型

个体独立性的程度	顺从型和独立性
心理活动过程的特点	理智型、情绪型和意志型
个体心理活动倾向性	外向型和内向型
消费态度	节俭型、自由型、顺应型和保守型

以上对消费者性格的分类,只是为了便于了解性格与人们消费行为之间的内在联系及不同消费行为的具体表现。在现实购买活动中,由于周围环境的影响,消费者的性格往往表现得比较模糊。所以,在观察和判断消费者的性格特征时,我们应当特别注意其稳定性,不应以一时的购买表现来判断其性格类型。

三、能力

(一)能力的含义

能力是指人顺利完成某种活动所必备的并直接影响活动效率的个性心理特征。能力的高低会影响一个人掌握某种活动技能的快慢、难易。在其他因素相同的条件下,能力高的人比能力低的人可以取得更好的活动效果。每个人的消费能力有高有低,并会在购买活动中以一定的方式表现出来,这就需要企业针对不同能力的消费者提供不同的服务。

一般来说,影响能力发展的主要因素有素质、知识和技能、教育水平、社会实践及勤奋程度等。

(二)消费者的购买能力

1. 辨别能力

每个人的感觉知觉具有一定的特点,比如在饮食方面,有些消费者不仅可以从酒的颜色看出酒的生产年代,也可以从酒的气味判断酒的原料与产地,还可以从酒的口感判断真正的生产者、推断酒的酿制过程,普遍的饮酒者不具备这样的辨识能力。消费者的感知辨别技能对最终的消费体验构成直接的影响,感知辨别技能强,无疑提高了对消费者的期望水平,在一定意义上,增加了消费者对商品的挑剔程度。

2. 决策能力

决策能力是消费者在充分选择和比较商品的基础上,及时果断做出购买决定的能力。消费者决策能力直接受个人性格和气质的影响。决策能力还与对商品的认知程度、卷入程度、使用经验和购买习惯有关。

3. 特殊能力

特殊能力一方面表现在以专业知识为基础的消费技能,比如使用高档的照相器材、使用计算机;另一方面表现在日用品消费方面,比如人人都有穿衣吃饭的消费需求,而有些消费者的"心眼多一些",他们善于给衣服配色,甚至发现满意的布料时会自己动手裁剪服装,从自己裁剪服装的过程中获得快乐。

4. 评价能力

评价能力是反映在消费者收集商品信息、分析评价商品信息的来源、评价他人的消费行为、评价购物环境等方面的能力。评价能力是消费技能中比较复杂的一种技能,既包括获得信息、分析信息,也包括以自己的标准来判断信息,做出自己的评价和判断,选择让自己最满意的商品。

5. 记忆能力

一个消费者能否记住某种商品的特性,关系到他能否有效地做出购买决策。有的购买决策是面对商品时做出的,而有的购买决策则是没有面对商品时做出的。在后一种情形中,记忆是一个关键。消费者一旦记住了他所需要商品的特点、商标、产地等,那么他可以在走进商店之前就做出购买决策。

6. 维权能力

在市场体制还不完善的社会中,消费利益的保护能力是消费技能中很重要的组成部分。

当侵犯消费者权益的问题即将或已经发生时,消费者能够以自己的力量去维护本人的消费利益。

任务设计

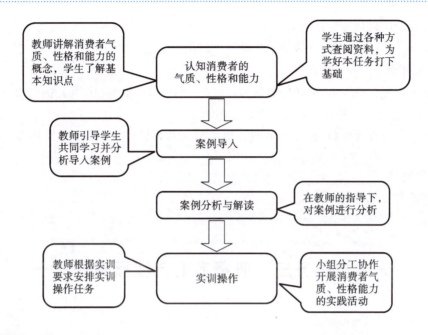

任务实施

◆导入案例

一位老教授昔日培养的三个得意门生都事业有成:一个在官场上春风得意;一个在商场上捷报频传;一个埋头做学问,如今苦尽甘来,成了学术明星。于是有人问老教授:你以为三人中哪个更有出息?

◆案例分析

假设你是这位老教授,你会如何回答这个问题?

◆专项实训

认识他人。

1. 实训目标

了解消费者的气质类型,能够通过分析学生掌握消费者气质、性格的特点,为制定相应营销策略提供参考和依据。

2. 实训内容

(1)随机选择班上几名学生,分析他们属于何种气质类型。

(2)假设你和这几名学生一起去爬山,爬到半山腰时,又渴又累,根据他们的气质,分析他们分别会有什么行为,你怎样和他们相处。

3. 实训步骤

(1)挑选几名学生进行自我介绍。

(2)根据几名学生的表现,小组讨论分析这些学生属于哪种气质类型;并分析根据消费者的气质,说出他们在爬山时会有哪些行为。

(3)小组讨论分析每一种气质类型扬长避短的方式。

(4)在班级中分享小组成果。

4. 实训要求

(1)组长组织讨论分析活动。

(2)小组共同讨论分析,并将结果在班级中分享。

5. 实训考核

(1)个人表现评分项目:专业知识储备(10分)、知识运用能力(10分)、语言表达能力(10分)、整体职业素养(10分)、团队合作意识(10分)。

(2)个人表现评分项目:每个环节内容完成的认真程度(30分)、小组整体课堂表现(20分)。

◆ **知识链接**

学习《消费者权益保护法》。

消费者的
自我概念

任务三 消费者的自我概念

任务目标

掌握自我概念的内涵,以及消费者的自我概念是如何形成的;理解自我概念与消费行为之间存在的互动作用;掌握自我概念的测量方法和类型,培养学习者基于自我概念制定精准的营销策略。

必学理论

一、自我概念的形成

(一)自我概念的定义

自我概念是一个人所持有的关于自我特征的信念,以及他对这些特征的评价。也就是说,自我概念是由我们对自己的态度所构成的。比如,一位消费者对自我的评价是有天赋的运动达人、性格外圆内方、靠谱等,这就是消费者的自我概念。

一般来说,消费者倾向于购买与其自我概念相一致的产品、品牌和服务。比如,绅浪广告诉求定位的目标受众是有理想、专注而又寂寞的成功人士,穿上绅浪可以强化自我概念,凸显出潇洒个性的成功男士。

(二)自我概念的构成

自我概念主要是由反映评价、社会评价和自我感觉三部分组成。

1. 反映评价

反映评价是指从他人那里得到的有关自己的信息。人们在年轻的时候得到的称赞或夸奖容易形成积极的自我概念,相反则会可能形成消极的自我概念。

2. 社会评价

社会评价是指通过与他人比较来确定衡量自己的标准。

3. 自我感觉

自我感觉是用自己的方式来看待自己。

(三)自我概念的维度(dimensions of self-concept)

自我概念的维度可分为个人的自我概念和社会的自我概念,如表 2-5 所示。

表 2-5 自我概念的维度

自我概念的维度	实际的自我概念	理想的自我概念
个人的自我概念	我实际上如何看自己	我希望如何看自己
社会的自我概念	别人实际上如何看我	我希望别人怎样看我

(四)自我概念的作用(self-concept' function)

在人的社会化过程中,自我概念主要发挥四个作用,即自我引导作用、自我解释作用、自我期望作用及自我归因作用(见图 2-2)。不同的人可能会获得相同的经验,但对这种经验的解释却可能很不相同,经验对个人具有怎样的意义,是由人的自我概念决定的,具有自我解释作用。自我期望是指人们对自己的期望是在自我概念基础上形成,并与自我概念相一致,其后续的行为也取决于自我概念。积极的自我概念一般都将成败归因于自己努力的程度形成积极的自控信念,从而提高自我实现的能力,因此,自我概念具有自我成败归因的作用。

图 2-2 自我概念的作用

二、自我概念的测量和类型

(一)自我概念的测量

1. 单维测量类型

认为自我概念是个体对自己的总体评价,如罗森伯格自我概念量表。

心理学家罗森伯格(Rosenberg)认为,自我概念是个体对自己的总体评价。根据这种理解,1965 年他开发出了用于衡量个体的自我概念水平的自尊测量问卷(SES)。该量表由 2 个正向计分和 2 个反向计分的条目组成。被试者直接报告这些描述是否符合他们自己即可。心理学界使用最多的是自我概念测量工具。

罗森伯格自我概念量表

1.我认为自己是个有价值的人,与他人不相上下。

(1)非常同意;(2)同意;(3)不同意;(4)非常不同意

2.我觉得我有许多优点。

(1)非常同意;(2)同意;(3)不同意;(4)非常不同意

3.总的来说,我倾向于认为自己是一个失败者。

(1)非常同意;(2)同意;(3)不同意;(4)非常不同意

4.我做事可以做得和大多数人一样好。
(1)非常同意;(2)同意;(3)不同意;(4)非常不同意
5.我觉得自己没有什么值得自豪的地方。
(1)非常同意;(2)同意;(3)不同意;(4)非常不同意
6.我对自己持有一种肯定的态度。
(1)非常同意;(2)同意;(3)不同意;(4)非常不同意
7.整体而言,我对自己很满意。
(1)非常同意;(2)同意;(3)不同意;(4)非常不同意
8.我要是能更看得起自己就好了。
(1)非常同意;(2)同意;(3)不同意;(4)非常不同意
9.有时我的确感到自己很没用。
(1)非常同意;(2)同意;(3)不同意;(4)非常不同意
10.有时我觉得自己一无是处。
(1)非常同意;(2)同意;(3)不同意;(4)非常不同意

2. 多维测量模型

多维测量模型认为自我概念是多维度构成的,如田纳西自我概念量表、马尔霍特拉自我概念量表。

1)田纳西自我概念量表

美国田纳西州心理卫生部的心理医生费茨(W. H. Fitts)教授编制了田纳西自我概念量表(Tennessee self-concept scale,TSCS)。该量表共有70个题目,每个题目分5级评分,即"完全相同""大部分相同""部分相同""大部分不同""完全不同"分别赋1~5分。量表包含自我概念的两个维度和综合状况。结构维度——自我认识、自我满意、自我行动;内容维度——生理自我、道德自我、心理自我、家庭自我、社会自我;综合状况——自我总分和自我批评。前9个的得分因子越高,自我概念越积极;自我批评得分越高,自我概念越消极。

田纳西自我概念量表

1.我身体健康。
(1)完全相同;(2)大部分相同;(3)部分相同;(4)大部分不同;(5)完全不同
2.我喜欢经常保持仪表整洁大方。
(1)完全相同;(2)大部分相同;(3)部分相同;(4)大部分不同;(5)完全不同
3.我举止端正,行为规矩。
(1)完全相同;(2)大部分相同;(3)部分相同;(4)大部分不同;(5)完全不同
4.我的品德好。
(1)完全相同;(2)大部分相同;(3)部分相同;(4)大部分不同;(5)完全不同
5.我是个没有出息的人。
(1)完全相同;(2)大部分相同;(3)部分相同;(4)大部分不同;(5)完全不同
6.我经常心情愉快。
(1)完全相同;(2)大部分相同;(3)部分相同;(4)大部分不同;(5)完全不同
7.我的家庭幸福美满。
(1)完全相同;(2)大部分相同;(3)部分相同;(4)大部分不同;(5)完全不同
8.我的家人并不爱我。

(1)完全相同；(2)大部分相同；(3)部分相同；(4)大部分不同；(5)完全不同

9. 我讨厌这个世界。

(1)完全相同；(2)大部分相同；(3)部分相同；(4)大部分不同；(5)完全不同

10. 我待人亲切友善。

(1)完全相同；(2)大部分相同；(3)部分相同；(4)大部分不同；(5)完全不同

11. 偶尔我会想一些不可告人的坏事。

(1)完全相同；(2)大部分相同；(3)部分相同；(4)大部分不同；(5)完全不同

12. 我有时候会说谎。

(1)完全相同；(2)大部分相同；(3)部分相同；(4)大部分不同；(5)完全不同

13. 我的身体有病。

(1)完全相同；(2)大部分相同；(3)部分相同；(4)大部分不同；(5)完全不同

14. 我全身都是病痛。

(1)完全相同；(2)大部分相同；(3)部分相同；(4)大部分不同；(5)完全不同

15. 我为人诚实。

(1)完全相同；(2)大部分相同；(3)部分相同；(4)大部分不同；(5)完全不同

16. 我有时想做坏事。

(1)完全相同；(2)大部分相同；(3)部分相同；(4)大部分不同；(5)完全不同

17. 我的心情平静,不忧不愁。

(1)完全相同；(2)大部分相同；(3)部分相同；(4)大部分不同；(5)完全不同

18. 我经常心怀恨意。

(1)完全相同；(2)大部分相同；(3)部分相同；(4)大部分不同；(5)完全不同

19. 我觉得家人不信任我。

(1)完全相同；(2)大部分相同；(3)部分相同；(4)大部分不同；(5)完全不同

20. 我的家人与朋友对我很器重。

(1)完全相同；(2)大部分相同；(3)部分相同；(4)大部分不同；(5)完全不同

21. 我很受他人欢迎。

(1)完全相同；(2)大部分相同；(3)部分相同；(4)大部分不同；(5)完全不同

22. 我很难交到朋友。

(1)完全相同；(2)大部分相同；(3)部分相同；(4)大部分不同；(5)完全不同

23. 有时候我觉得很想说脏话。

(1)完全相同；(2)大部分相同；(3)部分相同；(4)大部分不同；(5)完全不同

24. 我偶尔会因身体不舒服,脾气变得有点暴躁。

(1)完全相同；(2)大部分相同；(3)部分相同；(4)大部分不同；(5)完全不同

25. 我的身材既不胖也不瘦。

(1)完全相同；(2)大部分相同；(3)部分相同；(4)大部分不同；(5)完全不同

26. 我对自己的外貌感到满意。

(1)完全相同；(2)大部分相同；(3)部分相同；(4)大部分不同；(5)完全不同

27. 我觉得我不太值得他人信任。

(1)完全相同；(2)大部分相同；(3)部分相同；(4)大部分不同；(5)完全不同

28. 我经常觉得良心不安。

(1)完全相同;(2)大部分相同;(3)部分相同;(4)大部分不同;(5)完全不同
29. 我瞧不起我自己。
(1)完全相同;(2)大部分相同;(3)部分相同;(4)大部分不同;(5)完全不同
30. 我对自己现在的情形感到满意。
(1)完全相同;(2)大部分相同;(3)部分相同;(4)大部分不同;(5)完全不同
31. 我已经尽力去孝顺我的父母了。
(1)完全相同;(2)大部分相同;(3)部分相同;(4)大部分不同;(5)完全不同
32. 我觉得我对家人不够信任。
(1)完全相同;(2)大部分相同;(3)部分相同;(4)大部分不同;(5)完全不同
33. 我对自己的社交能力感到满意。
(1)完全相同;(2)大部分相同;(3)部分相同;(4)大部分不同;(5)完全不同
34. 我对自己待人的方式感到满意。
(1)完全相同;(2)大部分相同;(3)部分相同;(4)大部分不同;(5)完全不同
35. 偶尔我会在背后说他人的闲话。
(1)完全相同;(2)大部分相同;(3)部分相同;(4)大部分不同;(5)完全不同
36. 比赛时,我总是希望赢。
(1)完全相同;(2)大部分相同;(3)部分相同;(4)大部分不同;(5)完全不同
37. 我觉得身体不太舒服。
(1)完全相同;(2)大部分相同;(3)部分相同;(4)大部分不同;(5)完全不同
38. 我对自己身体的某些部分不太满意。
(1)完全相同;(2)大部分相同;(3)部分相同;(4)大部分不同;(5)完全不同
39. 我觉得我的行为合乎我自己的良心。
(1)完全相同;(2)大部分相同;(3)部分相同;(4)大部分不同;(5)完全不同
40. 我对自己的道德行为感到满意。
(1)完全相同;(2)大部分相同;(3)部分相同;(4)大部分不同;(5)完全不同
41. 我觉得我这个人还不错。
(1)完全相同;(2)大部分相同;(3)部分相同;(4)大部分不同;(5)完全不同
42. 我对自己感到不满意。
(1)完全相同;(2)大部分相同;(3)部分相同;(4)大部分不同;(5)完全不同
43. 我不太喜欢我的家人。
(1)完全相同;(2)大部分相同;(3)部分相同;(4)大部分不同;(5)完全不同
44. 目前我与家人所保持的良好关系,我感到满意。
(1)完全相同;(2)大部分相同;(3)部分相同;(4)大部分不同;(5)完全不同
45. 我觉得我在社交方面不够理想。
(1)完全相同;(2)大部分相同;(3)部分相同;(4)大部分不同;(5)完全不同
46. 我觉得我和他人处得不够理想。
(1)完全相同;(2)大部分相同;(3)部分相同;(4)大部分不同;(5)完全不同
47. 听到不健康的笑话,我有时会忍不住地笑出来。
(1)完全相同;(2)大部分相同;(3)部分相同;(4)大部分不同;(5)完全不同
48. 我有时会把当天该做的事情拖到第二天。

(1)完全相同;(2)大部分相同;(3)部分相同;(4)大部分不同;(5)完全不同

49.我的动作时常显得很笨拙。
(1)完全相同;(2)大部分相同;(3)部分相同;(4)大部分不同;(5)完全不同

50.我很少感到身体不舒服。
(1)完全相同;(2)大部分相同;(3)部分相同;(4)大部分不同;(5)完全不同

51.我在日常生活中常凭着良心做事。
(1)完全相同;(2)大部分相同;(3)部分相同;(4)大部分不同;(5)完全不同

52.为了胜过他人,有时候我会使用不正当的手段。
(1)完全相同;(2)大部分相同;(3)部分相同;(4)大部分不同;(5)完全不同

53.在任何情况下,我都能够照顾自己。
(1)完全相同;(2)大部分相同;(3)部分相同;(4)大部分不同;(5)完全不同

54.我经常不敢面对难题。
(1)完全相同;(2)大部分相同;(3)部分相同;(4)大部分不同;(5)完全不同

55.我常和家人发生争吵。
(1)完全相同;(2)大部分相同;(3)部分相同;(4)大部分不同;(5)完全不同

56.我的行为常无法满足家人的期望。
(1)完全相同;(2)大部分相同;(3)部分相同;(4)大部分不同;(5)完全不同

57.和陌生人谈话,我觉得困难。
(1)完全相同;(2)大部分相同;(3)部分相同;(4)大部分不同;(5)完全不同

58.我尽量了解他人对事物的看法。
(1)完全相同;(2)大部分相同;(3)部分相同;(4)大部分不同;(5)完全不同

59.我偶尔会发脾气。
(1)完全相同;(2)大部分相同;(3)部分相同;(4)大部分不同;(5)完全不同

60.我很会照顾自己的身体。
(1)完全相同;(2)大部分相同;(3)部分相同;(4)大部分不同;(5)完全不同

61.我常常睡得不好。
(1)完全相同;(2)大部分相同;(3)部分相同;(4)大部分不同;(5)完全不同

62.我很少做不正当的事。
(1)完全相同;(2)大部分相同;(3)部分相同;(4)大部分不同;(5)完全不同

63.对我而言,做正当的事或表现良好的行为是有困难的。
(1)完全相同;(2)大部分相同;(3)部分相同;(4)大部分不同;(5)完全不同

64.我时常没有经过事先考虑,就贸然行事。
(1)完全相同;(2)大部分相同;(3)部分相同;(4)大部分不同;(5)完全不同

65.我遭遇到困难时,都能轻而易举地加以解决。
(1)完全相同;(2)大部分相同;(3)部分相同;(4)大部分不同;(5)完全不同

66.我很关心我的家人。
(1)完全相同;(2)大部分相同;(3)部分相同;(4)大部分不同;(5)完全不同

67.我尽量公平合理地对待家人与朋友。
(1)完全相同;(2)大部分相同;(3)部分相同;(4)大部分不同;(5)完全不同

68.我和他人在一起时,常觉得不自在。

(1)完全相同;(2)大部分相同;(3)部分相同;(4)大部分不同;(5)完全不同

69. 我和他人相处得很好。

(1)完全相同;(2)大部分相同;(3)部分相同;(4)大部分不同;(5)完全不同

70. 对于我所认识的人,我并非每个都喜欢。

(1)完全相同;(2)大部分相同;(3)部分相同;(4)大部分不同;(5)完全不同

2)马尔霍特拉自我概念量表

美国营销学者马尔霍特拉(N. K. Malhotra)开发了一种既可衡量自我概念,又可测量产品形象的语义差别量表。如图2-3所示,量表由15对形容词组成,将每对形容词分成5分或7分,由被试者从中选择。

1	粗糙的 ——————	精细的
2	激动的 ——————	沉稳的
3	不舒服的 ——————	舒服的
4	主宰的 ——————	驯从的
5	节约的 ——————	奢侈的
6	令人愉快的 ——————	令人不快的
7	当代的 ——————	非当代的
8	有序的 ——————	无序的
9	理性的 ——————	情绪化的
10	年轻的 ——————	成熟的
11	正式的 ——————	非正式的
12	正统的 ——————	自由的
13	复杂的 ——————	简单的
14	黯淡的 ——————	绚丽的
15	谦虚的 ——————	自负的

图2-3 马尔霍特拉自我概念量表

(二)自我概念的类型

1. 依存型自我概念(interdependent self-concept)和独立型自我概念(independent self-concept)

1)依存型自我概念

霍金斯认为根据西方和东方的文化背景差异,自我又衍生出依存型自我和独立型自我。依存型自我概念强调家庭、文化、职业和社会联系,倾向于服从,以社会为中心,注重整体和协同,并以关系为导向,通过审视自己的社会角色、家庭关系和交往圈来定义自己,自我与父母、配偶、孩子之间有许多重叠的部分,如图2-4所示。一般而言,强调家庭精神的品牌对依存型自我概念的消费者具有感染力。

2)独立型自我概念

独立型自我强调个人目标、个性、成就和愿望,倾向于个人主义、自我中心、自主意识、自我依靠和包容性,以自己做过什么、有什么,以及能与他人相区别的特征来定义自己,如图2-5。一般而言,突出经典个性、成就和愿望的产品对具有独立型自我概念的消费者更有召唤力。

2. 霍金斯自我概念的维度

每个人的自我包含多个概念。霍金斯现实自我与理想自我、社会自我与私人自我将这两个维度划分为四个基本部分。实际而私人的自我是指我实际如何看待自我,理想而私人的自我是指希望自己如何看待自我。比如,这两种类型的自我经常在年度总结之日出现,一

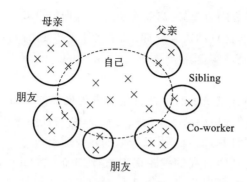

图 2-4 依存型自我

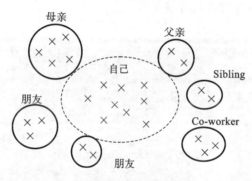

图 2-5 独立型自我

个是对自我实际状态的审视,另一个是对未来表现的期许。

现实而社会的自我是指他人如何实际看待自己,这个自我来自家人、老师、朋友或同事对自己当面或背后的评价,需要指明的是这个自我并不总是与人们实际看法相吻合;社会而理想的自我是指希望他人如何看待自己,这个自我往往在面试的现场会得到展示等,如图2-6所示。

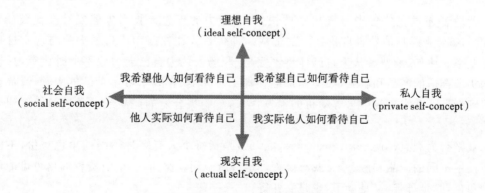

图 2-6 为霍金斯的自我概念的维度标准

1)理想自我

理想自我概念是现实自我概念的参照标准。换言之,理想自我是消费者希望自己成为怎样的一种人。如果两者之间有差异，自我会努力实现理想自我。因此，理想自我是影响人们行为的一种激励因素，即自尊动机。比如，消费者平时看到的照片，哪些照片呈现的是理想自我，哪些照片呈现的是现实自我？

2）现实自我

现实自我是对自己拥有或缺乏的特性所做的更为现实的评价。比如，当个人形象出现理想和现实的差距时，小型的摄影工作室提供更专业、精致且不夸张的证件照和生活照。帮助消费者获得更接近理想自我，既"真实"又美好的自我形象。

有些人的理想自我与现实自我的差距很大，是幻想诉求（fantasy appeals）的营销对象。幻想或白日梦是自我诱发的意识转移，也是人们对缺乏外部刺激的一种补偿，或者是逃避现实问题的方法。比如"丑小鸭变白天鹅""害羞男生变身超级英雄"（见图2-7），这类题材的影视作品之所以受欢迎，是因为这些产品和服务能把消费者带到不熟悉的、激动人心的情境中或者能让消费者尝试扮演有趣或刺激的角色。

图2-7 《蜘蛛侠》剧照

营销者通过在广告中呈现出来的快乐、有魅力的理想人物形象触发社会比较（social comparison）来影响消费者自我概念的形成。理想自我往往因为广告的提醒与现实自我拉大了差距。比如，消费者认为自己体型不完美、职场人认为自己能力跟不上时代等，只有他们购买了合适的产品和服务，如减肥产品让体型更完美、在线学习让自己更博学，消费者才能得到满足。现实自我中自尊动机的触发，会通过购买合适的产品或者通过幻想达到理想自我。

戏剧行为观点（dramaturgical perspective）是指每个人有多种不同的角色身份，不同情境下使用不同的产品和服务，自我喜好程度也有所不同。比如，一个消费者的角色可能包含多种角色，既是母亲，又是妻子，也是女儿等。

符号互动论（symbolic interactionism）与他人的关系在很大程度上决定了自我的形成。比如，职场新人用职业套装显示自己的专业。在某个新环境中，刚开始扮演新角色，还不知道该如何定义自己的社会身份，怎么办？

获取和展示内容使大家达成了共识,用与身份相关的符号来完善自我概念。消费者常借助一个人拥有和获取的物品来判断其社会身份;产品也可以帮助消费者确定自我概念和社会身份,告诉自己也告诉他人,此刻我是谁。

3. 延伸自我概念(extended self-concept)

1)延伸自我概念的含义

Belk(1988)提出了延伸自我概念。延伸自我由自我和拥有物两部分构成。倾向于部分地根据自己的拥有物来界定自我,因为拥有物不仅是自我概念的外在显示,也是自我概念的组成部分。从某种意义上说,我就是我所拥有的。如果丧失了关键性的拥有物,我将成为不同的或另外的个体。

可以通过测量物品与自我的关联程度来发掘消费者的延伸物。通过展现拥有代表成功的品牌联想,使其成为消费者延伸自我的一部分而使消费者喜爱。如果消费者丧失了关键拥有物,会让人觉得失去了自我或成为一个完全不同的人。比如,有的消费者说"我的手机,丢过一次,感觉太不好了,就像丢了魂一样。"手机成了部分人自我的一部分。2015年,美国学者研究发现,智能手机已经成为部分人的自我延伸,以至于部分人一旦与手机分离就会感到失去了自我,认知能力下降,并且在生理上出现不良反应。

产品会因为长期使用而沉淀特定意义、回忆、价值。与产品相联系的"令人兴奋的体验"或"高峰体验",可能使该产品成为延伸自我的一部分。那些陪伴消费者经历重大生活变动(如结婚)的产品,也可能成为延伸自我的一部分。例如,绅浪营销者通过展现拥有绅浪则代表成功的品牌联想。

2)延伸自我的四个层次

延伸自我包括四个层次(见图2-8):一是个人层次,即消费者将个人财产很大一部分纳入自我定义,如珍宝、汽车、衣服等;二是家庭层次,包括住宅及住宅内部的陈设;三是社团层次,即消费者经常用邻里或所在的城镇来刻画自己,如著名的朝阳区人民群众,著名的湖南广电的马栏山村民;四是群体层次,即人们所依附的特定社会群体也可以视为自我的一部分,比如粉丝群体中的玉米、漫威迷等。

个人层次	家庭层次	社团层次	群体层次
珠宝 汽车 衣服	住宅 陈设	邻居 籍贯	特定社会群体

图2-8 延伸自我的四个层次

3)象征性产品的特征

成为象征性产品应具备的特征主要有可见性、稀缺性和拟人性。可见性,即被人看得见;稀缺性即无法人人拥有;拟人性即能够体现使用者的典型形象。目前,市场已经开发出一些量表来测量物品与延伸自我的关联程度,举例如下。

我的( )帮助我取得了我想拥有的身份。

我的( )帮助我缩短了现在的我和想成为的我之间的距离。

我的( )是我身份的核心。

我的（　）是现实自我的一部分。
如果我的（　）被偷了,我将感到我的自我从我身上被剥离了。
我的（　）使我获得了一些自我认同。
消费者对以上陈述的同意程度,从强烈同意到强烈不同意之间选择。

4）数字化自我

在网络世界,消费者会选择性地将一些个人线索呈现在他人面前,形成了另一个自我即数字化自我。比如,消费者通过美颜的方式将照片上传到社交媒体,也可以在虚拟空间中以不同的角色创造出不同的虚拟自我。也就是说,数字自我用自己创造的数字标签来定义自我,以前判断一个人是"你穿什么,用什么,你就是谁",现在有可能转变成"你在社交媒体展示什么,你就是谁"。

(三)自我概念的相关理论

1. 自我形象一致性模型(self-image congruence models)

相似的品牌,为什么消费者的选择倾向不同?消费者的品牌选择与自我概念有关联吗?自我形象一致性模型(Sirgy,1987)包含形象意义的产品通常会被激发包含同样形象的自我概念。当产品的属性与某些自我概念相符合时,就容易被选择。产品与自我概念的影响是双向的。

2. 罗杰斯的自我理论(Rogers,1975)

人类行为的目的是保持自我概念或自我形象和行为的一致性。当现实自我形象与理想自我形象不一致时,自尊心会降低,会产生焦虑。

(四)自我概念形成的影响因素

自我概念的形成主要受到以下四个方面因素的影响:

(1)通过自我评价来判断自己的行为是否符合社会所接受的标准,并以此形成自我概念;

(2)通过他人对自己的评价来进行自我反应评价,从而形成自我概念;

(3)通过与他人的比较观察而形成和改变自我概念;

(4)通过从外界环境获取有利。

三、自我概念与营销策略

(一)品牌定位策略

可见,延伸自我对营销策略的开发具有很多的启示,那么如何基于自我概念开发营销策略呢?为了获得理想自我和保持现实自我,人们往往会基于自我概念去购买或消费相关产品或品牌,基于自我形象一致性模型,打造富有实效的营销战略。

图2-9所示的为自我形象一致性模型,假设品牌形象与消费者自我概念之间是认知匹配的,模型显示为了获得理想自我概念或维持现实自我概念,人们会选择品牌形象与自我概念相匹配的产品。从心理学角度来看,消费者普遍会喜欢那些与自己相似的人,这种由相似而带来的情绪偏好倾向,也可以用来预测品牌的态度。与消费者自我概念越相似的品牌,就越会受到消费者的喜欢。通过核磁共振成像的研究也表明,如果一个人与某个品牌关系亲密,可以激活大脑皮层的岛叶区,这个区域是专门负责紧迫、着迷、损失、规避及人际、爱恋等

情感的区域。同时,自我形象一致性模型还提示营销者应该努力塑造产品形象,在定位时使之与目标消费者的自我概念一致。

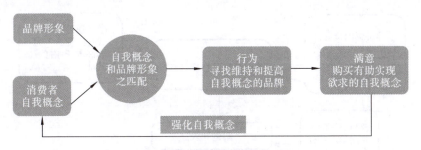

图 2-9　自我形象一致性模型

(二)产品的定位策略

自我概念一致性更多地与具有象征意义的产品相联系,而与具有功效价值的产品的关联较弱,如具有功效价值的车库钥匙(见图 2-10)或具有象征意义的服装。

图 2-10　具有功效价值的车库钥匙

(三)情境定位策略

自我概念一致性更多地与公共场合的消费情境相联系(如与朋友聚会),而对个人消费情境(如在家)的影响较弱。

(四)心理定位策略

自我概念一致性对那些看重他人看法的消费者更为重要,而对那些不太在意他人看法的人不大起作用。

任务设计

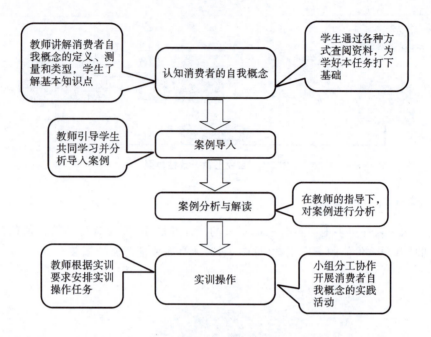

任务实施

◆ 导入案例

有位消费者说:"我的一个小书桌,抽屉里有我以前的日记、作文、证书、朋友们送的卡片,还有小学、中学的毕业纪念册。我跟我爸爸妈妈说了,搬家也要带着走,不能扔了。"

◆ 案例分析

请结合本任务知识思考,这位消费者属于自我概念的哪种类型,并分析他这么说的原因。

◆ 专项实训

请你用五种方式说出"我是_____。"

1. 实训目标

掌握消费者自我概念的含义、特征和影响因素,培养学习者根据自我概念测量模型和相关理论制定相应营销策略的能力。

2. 实训内容

根据题目填写五个答案。

3. 实训步骤

(1)以最快的速度通过五种方式说出答案。

(2)根据同学们的回答,小组分析每位成员对自我概念的理解。

(3)教师总结讨论的结果。

4. 实训要求

(1)组长组织讨论分析活动。

(2)小组共同讨论分析,并将结果在班级中分享。

5. 实训考核

(1)个人表现评分项目:专业知识储备(10分)、知识运用能力(10分)、语言表达能力(10分)、整体职业素养(10分)、团队合作意识(10分)。

(2)个人表现评分项目:每个环节内容完成的认真程度(30分)、小组整体课堂表现(20分)。

◆ **知识链接**

1. 现实自我对消费者行为的理性约束

所谓现实自我,就是客观的社会地位、教育背景和经济收入及实现人际关系所决定、要求的那个自我。现实自我对消费行为的影响最突出地表现在价格上。因为产品的价格在一定程度上能反映产品拥有者的社会、政治、经济地位。消费者在购买行为中会根据现实自我概念和理想自我概念对产品的价格加以认同。

理想自我,是指一个人心目中期盼的自我、最想成为的自我。理想自我一般高于现实自我,两者之间的差距就是幻想的程度。

幻想诉求促动的消费行为有两个作用:一个是在特定物品的武装下,理想自我暂时在自己身上部分地变为了现实,以获得短暂的心理满足感;另一个是脱离自己实际情况的消费可以暂时让自己逃避某种令人厌恶的现实,让自己的心情好起来。很多产品或服务之所以成功,就是因为它们满足了消费者的幻想。

2. 消费行为塑造自我概念

(1)消费行为可以实现身份或角色的重新定位。

人们的社会身份一直处于变动之中,如在组织内部的晋升、工作的变化及生活方式的改变等。这种身份的变化需要借助于一定的物品和消费方式来体现。最明显的例子是,结婚典礼通常是一种典型的消费仪式,通过这种消费仪式,男女双方在心理上完成了社会角色的转变,并且要求他人也以新的身份来看待他们。

(2)消费行为可以实现自我概念的完形。

心理学家认为,人们用不同的方式和物品来构造自己存在的环境,以构建完整的自我,控制人们对自己的评价。营销专家指出,人们的自我概念往往是模糊的,营销的创新在于用一定的产品或服务作为背景来厘清消费者的自我概念,帮助他们构建完整、清晰的自我概念。

(3)消费行为扩展了自我的内涵。

消费行为实际上扩展了自我的内涵,即消费是自我的延伸,称为延伸自我。这在日常生活中有相当多的体现,如"我喜欢穿耐克运动鞋,这让我感觉有活力""我喜欢吃口香糖,它可以让我的口气清新"等都表明了自我的范畴扩展到了消费的边界。实际上,消费品不仅仅满足了人们基本的生理需要,还在很大程度上变成人们定义自我和社会角色的道具。消费者把一定的物品和消费方式看成自我不可分割的一部分。

任务四　消费者的生活方式

任务目标

掌握消费者生活方式的内涵,了解生活方式的测量与类型,理解基于生活方式的营销策略,使得学习者可以帮助企业识别出高机会的细分市场,从而开发有效的定位策略,把资源集中配置在有机会的目标消费群体。

必学理论

一、生活方式

(一)生活方式的定义

狭义的生活方式是指由情趣、爱好和价值取向决定的日常生活行为的独特表现方式,包括衣、食、住、行及闲暇时间的利用等。广义的生活方式是指,人们一切生活活动的典型方式和特征的总和,包括劳动生活、消费生活和精神生活(如政治生活、文化生活、宗教生活)等活动方式。

如图 2-11 所示,帕尔马香水展现的是一种优雅的生活方式,而阿玛尼香水展示的是一种狂热的生活方式。两种品牌香水展示出不一样的生活方式,从而最好地满足消费者的选择。因此作为营销者,应该深刻认识到生活是市场细分的重要依据。

图 2-11　不同品牌的香水可以根据生活方式开发合适的差异化定位

在本质上,人们的生活方式很大程度上受到个性因素的影响,是自我概念的外在反映,与人的价值观、兴趣和活动模式密切相关。

(二)生活方式的构成

生活方式是生活主体同一定的社会条件作用而形成的活动形式和行为特征的复杂有机体,包括活动条件、活动主体和活动形式。

1. 活动条件

不同的地理环境、文化传统、政治法律、思想意识、社会心理等多种因素从不同方面影响着生活方式的具体特征。

2. 活动主体

任何生活方式都是有意识的人的活动方式,包括个人、群体、社会三个层面。

3. 活动形式

活动条件和活动主体的相互作用必然外显为一定的活动状态、模式及样式,使生活方式具有可见性和固定性。不同的职业特征、人口特征等主客观因素所形成的生活方式必然通过典型的、稳定的活动形式表现出来。

(三)生活方式的特征

人类生活涉及物质生产领域,也涉及生产活动之外的日常生活、精神生活等更广阔的领域。生活方式的特征分为综合性和具体性、稳定性和变异性、社会性和人类性,以及质和量的规定性。

1. 综合性和具体性

任何层面和领域都是通过具体活动形式、状态和行为特点加以表现的,因此生活方式具有综合性和具体性的特征。

2. 稳定性和变异性

生活方式也被看作是一种生活现象,由于客观条件的制约,生活方式有着自身的发展规律,其活动形式和行为特点具有相对的稳定性和传承性。同时任何生活方式也必然随着制约条件的变化发生相对的变迁。它是社会变迁的组成部分,生活方式的变迁一般呈现为渐变的方式,但在特定变革时期也呈现出突破性方式,具有一定的超前性。

3. 社会性和人类性

在不同的社会形态中,生活方式具有不同的社会性,在阶级社会中具有阶级性。比如,在奴隶社会存在着奴隶和奴隶主两大阶级的生活方式,在封建社会存在农民和地主两大阶级的生活方式,在资本主义社会则存在着无产阶级和有产阶级的生活方式等。生活方式的主体都是人,具有人的基本属性,因此,生活方式也具有非社会形态的人类共性特征。因此,生活方式具有社会性和人类性。

4. 质和量的规定性

对生活方式特征的描述,离不开对主体、成员、物质和精神财富的利用性质及其满足需要的价值测定,这表现为生活方式质的规定性。人的生活离不开一定数量的物质和精神条件,一定的产品和消费水平表现为生活方式量的规定性。把生活方式的量和质的规定性统一起来,才能完整地把握生活方式的范畴属性,因此生活方式还具有质和量的规定性。

(四)生活方式的影响因素

1. 生活方式的决定因素

生活方式的决定因素包括人口统计因素、文化因素、过去的经历、社会阶层、动机、个性、情绪、价值观、家庭生活周期等。

2. 生活方式（如何生活）

生活方式包括活动、兴趣、态度、期望、情感等。

3. 对行为的影响（消费行为）

对行为的影响包括如何购买、何时购买、何处购买、购买什么、和谁购买等。

二、消费者生活方式的测量和类型

（一）AIO 测量法

AIO 测量法，是指通过消费者的活动、兴趣和意见来描述其生活方式。AIO 测量法是一种试图以量化的方式，综合心理和人口统计因素对消费者进行研究的心理地图法。其中，最重要的方式是对消费者行为、兴趣、观点的测量。

测量工具由一系列陈述句组成（通常有 500 个或更多）。被试者可以表达对这些陈述的同意或不同意的程度。

表 2-6　AIO 问卷的主要构成

行为	兴趣	观点	人口统计项目
工作	家庭	自我表现	年龄
爱好	住所	社会舆论	性别
社会活动	工作	政治	收入
度假	交际	业务	职业
文娱活动	娱乐	经济	家庭规模
俱乐部会员	时髦	教育	寓所地理区域
社交	食品	产品	教育
采购	媒介	未来	城市规模
运动	成就	文化	生命周期

AIO 清单分为一般性问题清单和具体性问题清单。前者旨在探索人群中各种流行的生活方式，如喜欢自己怎样，注重自己哪些方面，喜欢做什么等。后者与特定产品相联系，以调查消费者在特定产品领域中的消费情况。例如，一般性问题清单：我喜欢自己时髦；我很注重养生；我很喜欢把家里打扫得干净整洁等。具体性问题清单：我很喜欢打猎，我很喜欢钓鱼，我很喜欢露营等。

（二）综合测量法

综合测量法通过对多个因素的综合考量，弥补了 AIO 测量法在这方面的不足。

VALS（values and lifestyle survey）：基于价值观与生活方式的调查。VALS 系统通过态度、需求、欲望、信仰和人口统计特征来观察、描述生活方式。VALSTM 测量的两个维度如表 2-7 所示，VALSTM 系统的生活方式细分如表 2-8 所示。

表 2-7 VALSTM 测量的两个维度

动　　机	资　　源
理想动机	反映个人追求其站配地位的自我取向的能力,涉及心理、体能、人口统计特征和物质手段等方面
成就动机	
自我表现动机	

表 2-8 VALSTM 系统的生活方式细分

创新者	成功、活跃、成熟、资源丰富,为众多的理性、成就和自我表现所推动。他们兴趣广泛,关心社会事务,乐于接受新产品、新思想和新技术
思考者	成熟、满足,崇尚秩序、知识和责任。他们往往谨慎做出购买计划,追求产品的功能性与价值感和耐用性
信奉者	保守,比较传统,表现出根深蒂固的道德观念。他们虽保守但有长远眼光,往往喜欢本国产品和有声望的品牌,不愿接受变化和新技术
成就者	事业有成,以工作为中心,喜欢也确实感到自己主宰和控制生活。形象对他们很重要,喜欢知名有声望的产品和服务,也喜欢方便省时的产品和服务
奋斗者	奋斗者所受的教育有限并且兴趣面狭窄,他们注重样式,喜欢追赶时髦
体验者	年轻,生机勃勃,且有着反叛精神。他们寻求在锻炼、运动和社交活动中释放能量,将大量收入消费在服装、饮食、音乐、电影等方面
制造者	务实,有技能,有技术,崇尚自给自足。他们逛商店是为了体验舒服、耐性和价值观,不被奢侈品所打动
挣扎者	生活窘迫,收入有限但比较满足。他们在市场上不够活跃,没有显著的动机取向,只购买熟悉的和信得过的产品,看重价格

(三)生活方式的测量

1. PRIZM 测量法

PRIZM(potential rating index by zip market)测量法:根据邮编开发的潜在市场等级指数,按收入、家庭价值观和职业进行排序的细分方法。它的基本思想是具有相同文化背景、谋生手段和观点的人会相互吸引,并选择与具有兼容生活方式的人毗邻而居。他们采用相似的社会价值观,形成类似的品位与期望,在消费等方面展现共同的区域性生活方式。

2. 划分方式

1)按地理区域社会群体划分

(1)都市:人口密度高的大城市。

(2)郊区:人口密度相对较大的大城市周边地区。

(3)二线城市:规模较小、人口密度较低的城市或大城市的卫星城。

(4)乡镇:人口密度小的城镇与农村地区。

2)按生命周期群体划分

(1)年轻人集群:45 岁以下单身或没有孩子的夫妇。

(2)家庭生活集群:25~45 岁有孩子的夫妇。

(3)年长者集群:45岁以上的单身或夫妇。

3. PRIZM 细分的生活方式

1)年轻的电脑通

根据地域的生活差异性,PRIZM 把年轻人群体描述为年轻的电脑通。他们高消费、有悟性、居住在时尚的地方,接受过高水准的专业教育。

2)乡镇的年轻人

乡镇的年轻人是悸动的单身人群,只受过较少的教育,从事低收入的蓝领工作,住在小公寓里。尽管收入低,但是他们还是试图围绕遇到运动和约会,积极地生活。

3)老年人

属于乡镇年长者群体,他们是退休或即将退休的单身或夫妇,受过较少教育,从事低收入的蓝领工作和农场工作,住在小公寓里,甚至居无定所,听老年广播、打纸牌消遣等。

以上介绍的这些细分方法,可以帮助企业识别出高机会的细分市场,从而开发有效的定位策略,把资源集中配置在有机会的目标消费群体。

三、生活方式的类型

追求的生活方式影响需求和欲望,同时影响购买和使用行为。给不同的生活方式贴上"标签",将有助于营销者描述和细分出不同的消费者群体和市场。

(1)从生活主体层面划分为:社会、群体和个人生活方式。

社会生活方式、群体生活方式:各阶级、各民族、各职业团体乃至家庭的生活方式等。

个人生活方式:从心理特征、价值取向、交往关系,以及个人与社会关系等角度,将生活方式划分为内向型与外向型、奋发型与颓废型、自立型与依附型、进步型与守旧型等生活方式。

(2)从生活领域划分为:劳动生活方式、消费生活方式、闲暇生活方式、交往生活方式、政治生活方式、宗教生活方式等。

(3)从生活区域划分为:城市生活方式、农村生活方式等。

(4)从时代特征划分为:现代社会生活方式、传统社会生活方式等。

(5)从经济形态划分为:自然经济生活方式、商品经济生活方式等。

四、基于生活方式的营销策略

(一)生活方式的营销定义

生活方式的营销以消费者所追求的生活方式为诉求,通过将产品或品牌演化成特定生活方式的象征,或者身份、地位的识别标志,以吸引目标消费者并建立稳定的消费群体的营销策略。生活方式的营销旨在使消费者在追求特定生活方式时,不会忘记特定的产品或服务,并使之成为他们生活方式的一部分。

(二)生活方式营销的观点

生活方式是人、产品和情境相结合的综合体现,如图2-12所示。消费者选择产品,是因为它与特定的生活方式相联系。例如,追求狂热生活方式的消费者,在选购香水时有可能选购阿玛尼。

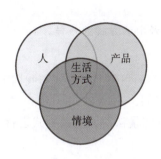 

图 2-12　人、产品、情境与生活方式的链接

(三)基于生活方式的营销策略

基于生活方式开发营销策略,必须注意以下要诀。

一是准确把握概念。要针对消费者的精神追求和状态来开发、改善一个真正符合目标消费者群体的生活追求,且具有消费吸引力的准确的生活概念,使产品定位和广告诉求的生活概念,一经消费者接触便能激发他们的兴趣和注意。

二是到位诉求的概念。要对定义的生活概念进行详尽的解释和到位诉求,使消费者能够准确理解,感受到应该接受推广所诉求的生活方式。

三是真心沟通。生活方式营销是和消费者精神层面的对话,沟通最为关键。消费者最需要真心沟通,而不是广告轰炸。要使消费者接受所诉求的生活概念,需要真心沟通,在消费者心理上产生贴心的感受。

四是言之有物。由于生活方式是极为抽象的概念,要让消费者真正体会到诉求的生活概念所带来的益处,就必须在广告文案和促销中进行实实在在的感性诉求,使消费者真切感受到可以给生活带来的变化。

例如,德国宝马旗下高端服饰品牌 BMW Life style。2001 年,德国宝马将汽车品牌延伸到服饰行业,使 BMW 成为拥有高品质生活消费群体的衣橱之选。这时,BMW 所代表的不仅是汽车,更是全新的宝马生活方式。

任务实施

◆导入案例

近日网络上出现了"青年自测指南",不少年轻消费者纷纷进行自测留言、讨论。青年自测指南中出现了态度青年、文艺青年、向下青年、吃货青年、单身青年、斜杠青年、佛系青年、硬核青年等。

青年自测指南出现后,网络上也有网友评论说,不管是哪种青年,相信你们都有自己的一种生活方式。有人说,希望不管遇到什么困难,都不要退缩,可以勇往直前,笑着面对生活。有人说,松懈的心态只会让你成为油腻中年,而心中的热血,会让你……

◆案例分析

(1)青年是主要的消费群体之一,分析上述不同类型的青年的消费特点。

(2)结合上述八种类型青年的特点,分析应该针对性地采取的营销策略。

◆ 专项实训

1. 实训目标

掌握 AIO 测量法,能够分析出不同国家的消费者生活方式的差异。

2. 实训内容

(1)访问 3 位来自不同国家外国消费者,报告他们的主要生活方式与我国消费者生活方式的差异,并描述他们的价值观与我们的价值观的不同。

(2)访问 3 位来自不同国家的消费者,并用 AIO 测量法对其生活方式进行一般性测量,对测量结果进行对比分析。

3. 实训步骤

(1)小组讨论采访 3 位来自不同国家外国消费者生活方式与我国消费者生活方式的差异。

(2)小组讨论分析对 3 位外国消费者运用 AIO 测量法的结果。

(3)以组为单位,在班级中分享小组成果。

4. 实训要求

(1)组长组织讨论分析活动。

(2)小组共同讨论分析,并将结果在班级中分享。

5. 实训考核

(1)个人表现评分项目:专业知识储备(10 分)、知识运用能力(10 分)、语言表达能力(10 分)、整体职业素养(10 分)、团队合作意识(10 分)。

(2)个人表现评分项目:每个环节内容完成的认真程度(30 分)、小组整体课堂表现(20 分)。

◆ 知识链接

参见 https://mp.weixin.qq.com/s/A9tiQwRT0X7cJ9v7iVwOSA。

习题

项目三　消费者的需要和动机

 教学目标

知识目标：(1)掌握消费者需要的特征和分类。
(2)掌握消费者具体的购买动机。
(3)掌握消费者购买动机的类型。
(4)理解消费者的显性目标和隐性目标。

能力目标：(1)能够理解消费者需要和动机对购买行为的作用。
(2)能够运用动机理论,分析消费者的购买动机和行为。
(3)能够分析消费者显性目标和隐性目标对消费者购买行为的影响。

素质目标：(1)具有发现问题、分析问题、解决问题的能力。
(2)具有顾客是上帝的理念,强化职业道德意识。

 项目描述

本项目包含四个任务,即消费者的需要、消费者的真实需要(难以说出口的需要)、消费者的购买动机和消费者的目标,目的是培养学习者对消费者的需要、真实需求、购买动机、显性和隐性目标有一个全面认识和理解,为今后从事市场营销、消费者分析工作奠定坚实的理论基础。

 思维导图

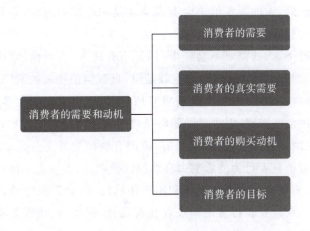

任务一　消费者的需要

任务目标

掌握消费者的需要的含义、特征和分类，培养学习者洞察市场、树立正确消费价值观、优良的职业道德，养成良好的学习习惯。

必学理论

一、消费者的需要的含义

人的一般需要是指人们在个体生活和社会生活中感到某种缺乏而力求获得满足的一种心理状态。人有吃、穿、住、行的需要，有获得亲情、友情、爱情的需要，有获得成就、他人的认可和尊重的需要，也有实现自己的梦想、理想、自我价值的需要。需要代表个体对延续和发展生命、对所必需的客观事物的需求的反映。

消费者的需要是消费者生理和心理上的匮乏状态，也可以理解为消费者感到缺少从而想获得的状态，是消费者对以商品和劳务形式存在的消费品的要求和欲望。渴了要喝水，饿了要吃饭，冷了要穿衣等，这些欲望、要求、意愿使个体有不足之感、求足之愿。

消费者的需要（needs）包含在人类的一般需要之中，是消费者基本的人类要求。

消费者的欲望（wants）是消费者对某些特定目标的趋向。

消费者的需求（demands）是对有能力购买的某种具体产品的欲望。

个体在其生存和发展过程中会有各种各样的需要，需要是和人的活动紧密联系在一起的。例如，到重庆吃火锅的需要，吃绿色蔬菜的需要，开房车去旅行的需要，身体全面健康检查的需要，工作中希望被重视、取得成就的需要，希望成为对社会有贡献、能够对需要的人提供帮助的人，人们购买产品和服务，都是为了满足一定的需要。而在一种需要被满足后，又会产生新的需要。因此，人的需要绝不会有完全满足和终结的时候，它具有无限发展性，这也决定了人类活动的长久性和永恒性。

在正常均衡状态下，人的需要不会产生；但是当有缺乏、不均衡、紧张的状态时，人的需要心理就会被激发出来，如图3-1所示。也就是说，只有当消费者的匮乏感达到了某种迫切程度时，需要才会被激发出来，并促动消费者有所行动。例如，我国大多数消费者可能都有过上更高质量水平生活的需要，但由于受经济条件和其他客观因素制约，这种需要大都只处于潜伏状态，隐藏在消费者心底，没有被唤醒，或没有被消费者充分意识到。这种潜在的需要或非主导的需要对消费者行为的影响力自然就比较微弱，需要也不能产生行动。

需要一经唤醒，消费者为消除匮乏感和不平衡状态，将会采取行动，但它并不具有对具体行为的定向作用。在需要和行为之间还存在着动机、驱动力、诱因等中间变量。例如，饿

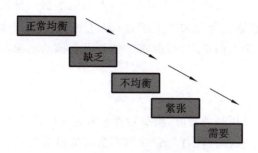

图 3-1　人的需要心理被激发的过程

的时候,消费者会为寻找食物而活动,但面对馒头、面包、牛排、面条等众多可以选择的选项,到底以何种食品充饥,则并不完全由需要本身所决定。也就是说,需要并不为人们为什么购买某种特定产品和服务,或某种特定品牌的产品和服务,提供充分解答,因此市场营销就要能够使消费者有针对性地对某一产品或品牌产生需要。

二、消费者心理需要的表现

心理需要推动着消费者去进行必要的活动。消费者的心理需要,必然直接或间接地表现在购买活动中,影响购买行为。总的来说,消费者在购买活动中,其心理需要主要有如下几种。

(一) 习俗心理需要

地域、气候、人种、民族、宗教、信仰、历史、文化、传统、观念、时代等的不同,都会引起消费者不同的消费习俗、消费心理需要。例如,我国蒙古族牧民习惯住蒙古包;在温暖潮湿的环境下,云南傣族居民大都住两层竹楼,底层放物品,上层居住;北方过年要吃水饺,南方过年要吃汤圆;北方的人们以面食为主,南方的人们以米为主;端午节要吃粽子,中秋节要吃月饼。因此企业营销活动要根据不同销售地区、消费者的不同消费习俗和不同需要,组织生产、销售不同的产品和服务。

(二) 同步心理需要

同步心理需要是消费者通常在消费过程中,欲求迎合某种流行风气或与群体中大部分成员保持一致的心理。人是在社会中生活的,人与人互相接触,互相比较是难免的。邻居间、同事间、同学间、亲戚朋友间,有意无意地产生一定的攀比现象,这种心理不一定健康合理,但这是一种客观存在的事实。例如,看到身边朋友都买了车,会觉得自己也需要尽快买车。一定时期的消费潮流、社会风气、消费习惯和消费心理及消费者之间的互相效仿是产生此种心理的原因。

(三) 优越心理需要

每个人都是独一无二的,人们都想得到他人对自己的支付能力、审美能力、挑选能力等的赞美与尊重,因而在购买活动中,往往会产生不甘落后、争强好胜,显示其超过常人的购买条件与能力的优越心理需要。例如,盲目攀比、奢靡浪费的情况是存在的。

(四) 求美心理需要

爱美之心,人皆有之。对商品美感的追求,是自古以来就普遍存在的消费需要。随着我国社会生产的不断发展,经济发展水平不断提升,人们的生活质量越来越高,消费者对商品美感的渴求之心也愈来愈盛。部分大学生中存在一日三餐方便面度日,却身穿上千元的衣服的现象。由此看来,美是人们追求的,但对这类不尽合理的消费习惯应尽力引导,要树立正确消费观。

(五)便利心理需要

在产品消费,特别是日用品消费时,消费者普遍都希望能获得方便、快捷的服务,还要求商品携带方便、使用方便、维修方便等。企业给消费者提供方便的产品,无疑是时代发展的要求,也是企业满足消费者需要、打开市场的必然选择。如今商品设计和营销方式越来越多地转向为消费者带来便捷,如智能家居的方便智能、美团外卖、饿了吗等线上购物的便捷。

(六)选价心理需要

商品价格是消费者购买活动中最重要、最敏感的因素,消费者购买活动的心理活动与价格相关。货比三家、物美价廉是消费者具有的普遍心理。消费者总希望付出较少的货币,获得较大的物质利益,希望所购买的商品或服务经济实惠、物美价廉。

(七)惠顾心理需要

消费者都会具有购买习惯,有出于感情上与理智上的惠顾心理需要。例如,消费者由于长期使用的习惯,或对某个品牌、某个商店、某个商品产生习惯性、依赖性、特殊的好感,在购买和消费时往往不假思索地、习惯地选择某个产地、某个商标、某个规格、款式的商品,或长期到某个值得信赖的商店购买。

(八)好奇心理需要

对构造先进、奇特、式样、装潢新颖,或富有科学趣味、别开生面的商品,消费者都自然产生一种新奇的感觉,希望能亲自试用,满足对消费品求新求异的欲望,以此增添生活的情趣。例如,即使巧克力草莓的价格是正常草莓的三倍以上,有些消费者还是愿意购买巧克力草莓。

(九)偏好心理需要

有些消费者由于受习惯、爱好、生活环境、学识修养、职业特点等因素影响,会对某类商品稳定、持续地追求与偏爱。如有人对足球、集邮、收藏、钓鱼、时装秀等特别爱好,就会经常关注、反复购买此类商品或服务,甚至会推荐他人购买。

(十)求名心理需要

名牌商品是知名度高、信誉好的商品,是通过市场检验、消费者认可的商品。对名牌商品的信任与追求,对著名商标的忠实感,是不少消费者存在的一种心理需要。同时拥有名牌商品也会满足人们的虚荣心和炫耀心理。

上述心理需要,构成消费者的不同购买动机。消费者的心理需要错综复杂地交织在一起,可能几种心理需要兼而有之,也可能主次不同。

需要是决定销售和消费的力量。为在商品生产和商品经营中,进行精心的商品设计和周到的销售服务,熟悉和掌握消费者的心理需要,对了解社会消费现象,预测消费趋向,促进营销活动的作用是不可低估的。例如,"华联商厦"专门在二楼服装商场内开辟了一个一百多平方米的展销厅,展销厅内的服装,一周一换,并且都是早一季度的时装新品。通过这种形式投石问路,了解消费者的喜好和需要,预测消费趋势,旺季到来时,便能够有的放矢地组织货源,能够满足消费者需要,生意自然火爆。

事实上,人的需要心理活动是永远不会停止的,因而人的需要也是永远不会得到满足的。认识到这一点对市场营销十分重要,因为消费者的需要不满足的状态是经常存在的,而且从市场学的角度看,消费者的需要不满足,正是市场策略的第一步。例如,饥饿营销就很好地利用了这一点。苹果公司的苹果手机新品上市时,总是供不应求,需要提前预订,售卖当日之前就排有长长的购买队伍。真的是苹果手机生产能力不足,供不应求吗?答案是否定的!苹果公司就是通过这种供不应求的局面,造势进而对其产品宣传,并促使买到的消费者产生一种莫名的优越心理。早在20世纪80年代初,某地一家鞋帽公司适时推出一种新型女性绒帽,在市场上十分抢手,市场预估需求量有20万顶,但这家公司先抛出15万顶,再抛出12万顶,结果全部都被卖光了。这些例子充分说明研究消费者需要心理对制定营销策略的作用。

三、消费者的需要的特征

(一)多样性

消费者的收入水平、文化程度、职业、性别、年龄、民族和生活习惯不同,具有不同的价值观、审美标准和消费理念,消费者的需要也会千差万别。例如,有人需要炫彩的手机,有人需要大容量的手机,有人需要小巧、便携的手机,有人需要高清晰的拍照手机、防水手机等。

(二)发展性

随着生产力的发展和消费者个人收入的提高,人们对商品和服务的需要也在不断发展。如过去未曾消费过的高档商品进入了消费领域;过去消费得少的高档耐用品现在被大量消费;过去消费讲求价廉、实惠,现在追求美观、舒适等。在生活中追忆往事是老年人的心理特征,他们会试图补偿过去因条件限制未能实现的消费愿望,会在补拍结婚照、美容美发、潮流服装、营养食品、健身娱乐、旅游观光等消费方面有着较强烈的消费兴趣。

(三)层次性

人们的需要是有层次的,一般来说,总是先满足最基本的生活需要(生理需要),然后满足社会交往需要和精神生活需要。按照马斯洛的需要层次理论,人们在较低一级需要得以满足以后,才会有较高级的需要。例如,吃穿住行都不是问题的时候,才会想财产是否安全,才会去考虑身体健康问题,然后才会有爱的需要、尊重的需要。您认同马斯洛的这种说法吗?

(四)伸缩性

消费者购买商品,在数量、品级等方面均会随购买水平的变化而变化,随商品价格的高低而转移。其中,基本的日常消费品需要的伸缩性比较小,而高中档商品、耐用消费品、穿着用品和装饰品等选择性强,消费需要的伸缩性就比较大。例如,在失业期间,会取消、降低对高档耐用品、奢侈性商品的消费,只保留基本的生活必需品消费。

(五)周期性

人生是不断消费的过程,消费活动是无止境的。例如,对羽绒服的需要、牛肉的需要、手机的需要,随着时间的推移,具有消费的周期性。当然消费周期的长短会受到人的生理运行机制、产品生命周期、自然环境变化、科技发展水平、社会时代发展变化等的影响。

(六)互补性

消费者对互补性商品的消费,如铅笔和橡皮、眼镜片和眼镜框、钢笔和墨水、自行车和打气筒等,通常会同时需要购买。消费者对替代性商品的消费,如丝绸和棉布、钢笔和签字笔、雨伞和雨衣、台式电脑和笔记本电脑等,通常一种商品的消费增加会替代另一种商品的消费,使其消费减少。企业营销就要把准消费者需要及其变换规律,更好地为消费者服务。

(七)可诱导性

消费需要是可以引导和调节的。这就是说通过企业营销活动的努力,人们的消费需要可以发生变化和转移。潜在的欲望可以变为明显的行动,未来的需要可以变成现实的消费。例如,抖音直播销售,利用的就是人们的可视化冲动消费心理,冲动下单、从众下单。

(八)时代性

消费需要常常受到时代精神、风尚、环境等的影响。时代不同,消费需要和爱好也会不同。例如,消费者随着文化水平的提高,对文化用品的需要日益增多。在党的十九大期间,节俭朴素的会场、专注深入的研读、热烈生动的讨论、简朴会风处处可感,务实场景时时闪现,严明会纪一以贯之,清新之风扑面而来。习近平总书记强调:"不论我们国家发展到什么水平,不论人民生活改善到什么地步,艰苦奋斗、勤俭节约的思想永远不能丢。"严禁铺张浪费,不仅关系人民群众切身利益,更关系党和国家长远发展。

四、消费者需要的类型

(一)根据需要的起源分类

(1)生理需要,是指消费者为了维持和延续生命,对衣食住行等基本生存条件的需要。

(2)社会需要,是指人类在社会生活中形成的、为维护社会的存在和发展而产生的需要。

(二)根据需要的对象分类

(1)物质需要,是指消费者对以物质形态存在的产品的需要。这种需要反映了消费者在产品功能属性或者物的属性的要求。

(2)精神需要,是指消费者对观念的对象或精神产品的需要。这种需要反映了消费者在社会属性上的欲求,主要是由消费者心理上的匮乏所引起的,具体表现为对认知、审美、社会交往、道德、艺术、文化等方面的需要。

(三)根据需要的层次分类

美国心理学家亚伯拉罕·马斯洛于1943年在《人类激励理论》论文中提出了需要层次理论。他将需要分为生理需要、安全需要、归属需要、尊重需要、自我实现需要,他认为需要像阶梯一样,按层次逐级递升。

(四)根据需要的商品性能分类

按照需要的商品性能划分,需要分为:对商品使用价值的需要、对商品审美功能的需要、对商品体现时代特征的需要、对商品社会象征性的需要和对良好服务的需要这五种需要。

五、消费者的需要的影响因素

消费者的需要受到许多因素的影响,除了消费者自身因素之外,还有许多客观因素,这些主客观因素综合地影响着消费者在购买活动中的需要心理,下面对其做简单分析。

(一)个体因素影响

1. 年龄因素

年龄因素对消费者的需要的影响很大,婴幼儿、青少年、中年和老年对消费品均有不同的需要和指向。

2. 性别因素

消费者性别差异也会带来需要的不同。男女消费者对某些商品的需要是有区别的,由于女性的特殊需要,很多地方设立了女性用品专卖商店或柜台;男性消费者对某些商品有需要,女性就没有此类需要。

3. 文化和职业因素

不同文化水平的消费者,在购买中表现出不同的情趣和审美标准;不同职业的消费者,由于教育程度、生活与工作条件不同,对商品的式样、设计、包装、质量、数量等需要也不尽相同。

4. 个人经济因素

个人收入多少也是影响消费者需要的重要因素。在商品经济条件下,实现消费需要是以购买能力为基础的,低收入的消费者对昂贵的消费品是不敢问津的。只有在人们的经济收入和文化水平得到提高以后,消费钢琴的需要才有可能实现。

5. 个性心理因素

消费者的气质、性格和能力等个性心理特征,是消费者的需要差别的主要心理基础。

(二)客观因素影响

1. 社会因素

消费者需要的内容和满足需要的方式,都受到当时的社会生产力水平和生活条件的制约。制约可以表现在如下两个方面。

其一,只有当生产出某种产品,消费者消费该产品时,消费者的消费需要才能逐步产生;没有某种消费品,就没有相应的消费需要。这也是前面所讲的生产决定消费。

其二,不同的生产力水平形成不同的产品门类、品种、数量和质量,人们的消费需要也不断变化。以我国人民的服装为例,从20世纪60年代的清一色到现代的五颜六色,穿衣要穿得时髦,穿出个性。党的十一届三中全会以来,我国农村实行各种形式的生产责任制后,农民对各类小型农具的需要猛增。这些都说明,人类的需要是历史的产物。

2. 地区因素

我国人多地广,各个地区特定的自然条件、生产力水平、历史文化传统等因素形成了许多不同的消费习惯,构成了许多不同的消费需要。例如,广州人讲究吃的消费习惯使广东的名菜、美点都集中在广州。各酒家的烹调工艺精美,采用的原料、辅料考究,经大师制作,皆成美味佳肴。再有菜楼、酒家、小食店网点密、品种多,十分方便。因此,也就有了"吃在广州"的美名。又如,上海是全国服装总汇,以服装的款式多变、色泽协调、做工精细引导全国服装潮流。大多数上海人比较注重"穿",可以说宁愿在吃的、用的方面节俭一些,也不肯在穿的方面马虎。因此也就有了"上海人喜欢穿,穿在上海"的说法。

3. 人际因素

任何消费者都不可能孤立地存在，都会或深或浅地与他人发生联系，产生交流，互相影响。表现在消费需要上也是这样的，当他觉得他人的消费习惯、方式比自己先进、优越时，就可能吸收和采纳，逐步变成自己的消费需要。一个消费者如果他的同事和邻居都装上了空调，这一事实本身就会刺激他对空调的需要。这种影响可以发生在各个个人、各个家庭、各个民族甚至各个国家之间。

4. 宗教因素

由于宗教信仰和所属民族不同，消费者的需要在婚丧、服饰、饮食、居住、节日、礼仪等物质和文化生活上各有自己的特点，这些都影响着他们消费需要的形成。据统计，在世界上约有60%的人信仰宗教，我国信仰宗教的人数在总人口中比例不高，但绝对数比较大。由于宗教的教义、宗教的节日有种种规定，极大地制约着教徒的消费心理和习惯。还有些不信教的人，生活在教徒周围，也会受到一些影响。据说，中国的豆制品、面筋制品及素食烹调技术的发展与佛教徒主张吃素的饮食习惯有关。

5. 家庭因素

家庭是一个消费单位。中国的家庭里，家庭成员之间尊老爱幼、团结和睦，在平等关系的基础上养育子女和侍奉双亲。家庭成员购买消费品考虑全家成员的需要，家庭各成员之间在生活消费上相互依存的关系比较明显。由于这些原因，家庭的经济状况及家庭人口的多少都直接制约着消费者的需求水平和需求结构。刚刚结婚的两口之家和正在抚育婴儿的家庭，对商品的需求就可能很不一样，前者可能在文化娱乐、家用电器等方面消费多一些，后者对婴儿食品、婴儿服装等方面需要大一些。

> **任务设计**

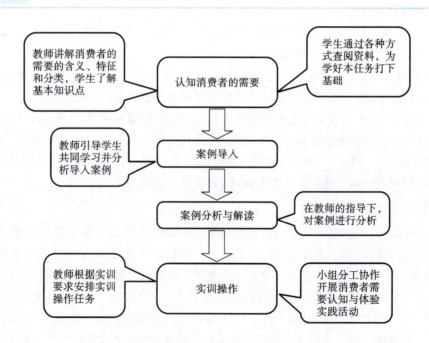

任务实施

◆ 导入案例

小李刚进教室,就向同学们展示她手里拿着的一款新型的"彩屏手机"。同学们看到后,有以下不同的反应。

(1) 为她感到高兴,她的满脸幸福使同学感到开心;
(2) 正是我想要的那一款,很想下午就去购买这款手机;
(3) 因为她在炫耀,所以产生一种厌恶手机和她的感觉;
(4) 马上决心不买这款手机,因为你不想与她有相同的手机;
(5) 有点自卑,因为自己还没有能力购买;
(6) 对自己的男友不满,因为他没有送给自己这款手机。

◆ 案例分析

(1) 同学们的需要和需求分别是什么?
(2) 消费者的需要心理激发过程是什么?
(3) 不同的同学具有的心理需要有哪些?

◆ 专项实训

1. 实训目标

掌握消费者需要的含义、特征和分类,了解消费者的不同需要类型。

2. 实训内容

拿出笔和纸张,列出你最近一星期的消费清单。

3. 实训步骤

(1) 分析你的消费清单中的消费特点。
(2) 分析这些消费属于的消费类型。
(3) 与小组成员一起讨论分析,这些消费需要是不是合理的,满足了什么消费心理。
(4) 以组为单位,在班级中分享小组成果。

4. 实训要求

(1) 个人独立完成自己的消费清单。
(2) 小组共同讨论分析,并将结果在班级中分享。

5. 实训考核

(1) 个人表现评分项目:专业知识储备(10分)、知识运用能力(10分)、语言表达能力(10分)、整体职业素养(10分)、团队合作意识(10分)。
(2) 个人表现评分项目:每个环节内容完成的认真程度(30分)、小组整体课堂表现(20分)。

◆ 知识链接

马斯洛需要层次理论是由美国心理学家亚伯拉罕·马斯洛于1943年在《人类激励理论》论文中提出的,是行为科学的理论之一。他认为人类需要像阶梯一样从低到高按层次分为五种,分别是:生理需要、安全需要、归属需要、尊重需要和自我实现需要,如图3-2所示。

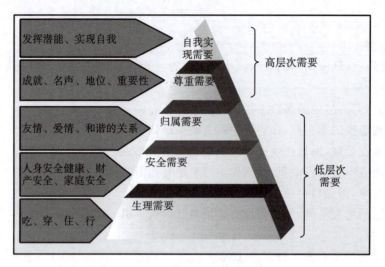

图 3-2　马斯洛需要层次

马斯洛需要层次理论的主要观点如下：

(1) 需要像阶梯一样,按层次逐级递升。

(2) 生理需要、安全需要和归属需要属于低层次需要,而尊重需要和自我实现需要属于高层次需要。

(3) 人在每一个时期,都有一种需要占主导地位。

(4) 在高层次需要充分出现之前,低层次需要必须得到适当的满足。

思考：

根据马斯洛提出的五个需要,以学习小组为单位,讨论分析是不是只有低层次需要得到满足之后,较高层次需要才会出现？

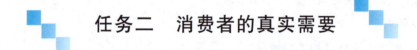

任务二　消费者的真实需要

任务目标

掌握消费者需要的形态及真实消费心理包含的内容,培养学习者识别和分析消费者真实消费需要的能力。

必学理论

消费者到底要买什么,消费者为什么购买某种产品,为什么对企业的营销刺激有着这样而不是那样的反应,在很大程度上这是和消费者的真实需要联系在一起的。消费者的真实需要就是消费者的需要心理倾向,是支配消费者具体消费行为的重要因素。美国著名心理学家亚伯拉罕·马斯洛告诉我们：每个人的需要都分为若干个心理阶段或层次,人的需要是沿着这些层次由低向高发展的；而且，人在当下的活动、思想及感情的特点，是由他现在所处的心理需要层次所支配的。

一、消费者需要的形态

消费者需要的基本形态多种多样，消费者需要包括如下几种。

(1)现实需要：随时可以转化为现实的购买行为的消费者需要。例如，大学生在校期间希望通过兼职获得收入以提高生活水平。

(2)潜在需要：是指目前尚未显现或明确提出，但在未来可能形成的需要。例如，即将结婚生子的年轻人会有购买、装修婚房或者学区房的需要。

(3)退却需要：是指消费者对某种商品的需要逐步减少，并趋向进一步衰退的需要。导致需要衰退的原因通常是时尚变化、消费者兴趣转移；新产品上市，对老产品形成替代；消费者对经济形势、价格变动、投资收益的心理预期等。

(4)不规则需要：又称为不均衡或波动性需要，是指在数量和时间上呈不均衡波动状态时消费者对某类商品的需要。例如，五月初五端午节对粽子的需求量会大幅增加，正月十五元宵节对汤圆或者元宵的需求量会大幅增加。

(5)充分需要：又称为饱和需要，是指消费者对某种商品的需求总量及时间和市场商品供应量及时间基本一致，供求之间大体趋于平衡的需要。但任何供求平衡都是暂时的、相对的，不可能永远存在下去。例如，随着我国经济水平的发展，近十年来中国农村收入得以极大增加，为满足生活需要、提升生活质量，对电视、空调、冰箱、热水器等家电的需求量普遍增加。

(6)过度需要：是指消费者的需要超过了市场商品供应量，呈现出供不应求的状况的需要，其主要是由外部刺激和社会心理因素引起的。例如，特殊时期，人民对口罩普遍有大量需要，曾一度造成口罩供不应求。

(7)否定需要：是指消费者对某类商品持否定、拒绝的态度，因而抑制的需要。

(8)无益需要：是指消费者对某些危害社会利益或有损于自身利益的商品劳务的需要。例如，吸毒、飙车、放高利贷等这些需要会对经济、社会、安全、发展产生不良影响，是应该被禁止、抵制的不良需要。

(9)无需要：又称为零需要，是指消费者对某类商品缺乏兴趣或漠不关心，无所需要。例如，男士没有穿高跟鞋、穿公主裙的需要。

从上述关于需要形态的分析中可以得到重要启示，并不是任何需要都能够直接激发动机，进而形成消费行为，也并不是任何需要都能够导致正确、有益的消费行为。所以，正确的方法应当是区分消费者需要的不同形态，根据具体形态的特点，从可能性和必要性两方面确定满足需要的方式和程度，从而确定消费者真实需要。

二、消费者生存消费行为中的真实心理需要

(一)求实

消费者在购买生活必需品时，首先要求商品必须具备实际的使用价值，讲究实用。消费者的这种求实心理，可以说是消费者普遍存在的真实需要。这种真实需要往往还表现为对物品安全性的要求，尤其像食品、药品、卫生用品、电器用品和交通工具等，他们往往会重视食品的保鲜期，药品有无副作用，卫生用品有无化学反应，电器用品有无漏电现象等。

(二)求廉

求廉是大多数消费者的消费心理需要，并不等同于"小气""抠门"等个人品质问题，购买物美价廉的商品是消费者基本购物需要。不仅是经济收入较低的人，很多经济收入高而勤俭节约的人，也往往要对同类商品之间的价格差异进行仔细比较，达到"少花钱多办事"的效果。

(三)求美

爱美之心，人皆有之。消费者在讲究实用、精打细算的同时，也会特别注重商品本身的造型美、色彩美，注重商品对人体的美化作用，对环境的装饰作用，以便达到经济实用和精神享受的双重目的。

(四)求稳

"求稳"心理实质上是一种安于现状的习惯性心态，表现在消费中，就是许多消费者常常固定购买某种品牌的商品、习惯性去某家商店、网站购买商品。消费者对某种品牌的信奉使得其他品牌的推销商很难赢得这些消费者。不过任何事物都有两面性，商家也可以利用消费者固定购买某种品牌商品的倾向，发掘和稳定自己的目标消费群，增加消费者满意度，培养他们的品牌忠诚度。

(五)求名

部分消费者有求名的心理需要，会选用名牌产品。

三、消费者流行性消费中的真实心理需要

随着社会生活的多样化，现在人们购买物品会考虑带有时尚特色的心理需求，一旦被社会承认，就会形成一种消费倾向的流行趋势。这种流行的内容可以延伸到各个领域，流行性消费已经不仅仅是消费者的个人行为，它也是人们生活方式的晴雨表。从某种意义上来说，我们谁也不能完全超脱于"流行"。流行性消费与消费者的心理需要分不开，人们是否追求流行完全取决于消费者真实的消费心理需要。

(一)求新

人有一种基本欲望，即在自己的周围环境中寻求新异刺激，以满足自己的好奇心。而流行之所以能够存在，正是其本身具有新奇性的缘故。流行同时创造了新的生活方式，用不断变化的事物满足人们的求新欲望。

(二)从众

人们努力地适应周围的环境，以保持心理上的平衡，从而与社会上的绝大部分人保持一致。例如，到陌生城市，会寻找顾客比较多的饭店，这就是从众心理使然。当社会上许多人都竞相模仿、从众时，就会逐渐形成一种社会风尚——流行。

(三)模仿

模仿是再现他人一定的外部特征及行为方式、姿态和动作等，而这些特征、行为方式、姿态等又具有一定的合理倾向，至少对追求流行的人而言，这些是合理的。人们对流行事物的模仿不是通过社会或群体的命令而发生的，而是被模仿的对象具有一种引领作用，人们自愿去效仿。例如，某某明星最爱的凉鞋，其实就是利用了消费者的模仿心理需求。

(四)防御

有些人感到自己社会地位不高,承受着种种束缚,从而迫切希望改变现状,以避免心理上的压抑与伤害,而他们认为追求某种流行恰恰可以达到实现他们自我防御和自我显示的目的。

四、消费者购买行为中的真实心理需要

(一)享受消费过程

消费成为一种娱乐行为,核心是求新求异。在购物过程中,通过追求特异、新奇的物品,消费者会获得满足感。例如,女性消费者爱逛商场的一个很重要的动机,就是去欣赏美。比如,商场里的珠宝、服饰,通过灯光的烘托,合理的搭配,都显得很美,从而体验一种赏心悦目的快乐感。另外,有的女性借着触摸物品等活动来消除心中的郁闷,即使不购买,她们也会有一种拥有感。

(二)获得心灵补偿

消费者购买商品时还带有一种补偿的色彩,这时,花钱就是一种体贴,一种抚慰,可以在生活很不如意的时候作为一剂"药方"。例如,很多人在工作中遇到挫折,然后心烦意乱地在商店里寻找一件能帮助他们暂时忘却痛苦的物品。

(三)追求精神享受

除了物质之外,一些更加明智的消费者倾向于追求精神享受。例如,听场音乐会,看场电影或演出,远行度假,学习舞蹈,野外写生等。

> **任务设计**

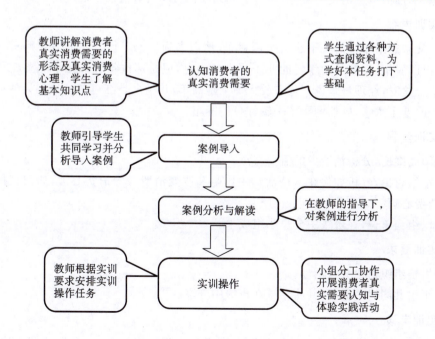

任务实施

◆ **导入案例**

从商家和企业的前期宣传中都能强烈感受到商场如战场,但是,真的如大多数人评价的那样:"比比谁家价更低吗?"不可否认的是,低价格对消费者而言,有不可替代的吸引力,要不然,"双十一"这个"节日"也不会打造从破百亿到创造千亿的消费"神话",年年都好不热闹!但实际上,消费者的真正需要绝非仅仅是低价格,或者说,并不是所有消费者的需要都低价。《2018—2019双十一消费调研报告》表明消费者在做购买决策前倾向的消费需要分别是:被细化和分化的消费产品、看重消费产品的实用功能和好的产品。目前的市场现状:低价不是万能利器,消费者的真正需要是好的产品。消费者愿意花钱购买好的产品,细心观察"双十一"的消费者,发现他们购买的产品已不再是"低价定乾坤了",更多的是在关注产品本身性能的基础上才会考虑价格因素。据艾媒咨询《2022年中国电商"双十一"消费大数据监测报告》调查显示,2022年中国消费者在淘宝上参加"双十一"购物人数最多,占比61.1%,京东和天猫位列第二、第三,分别占比56.6%、51.9%;抖音电商、快手电商及美团电商分别占比28.9%、23.1%、22.2%。未来,传统电商平台和新兴的流量平台将成为新焦点,行业竞争激烈将成定势。

◆ **案例分析**

(1)"双十一"消费者的消费状态反映了其什么样的需要形态?

(2)"双十一"消费者真实消费心理是什么样的?

◆ **专项实训**

1. 实训目标

熟悉、掌握消费者消费形态,能够分析和判断消费者的真实消费心理。

2. 实训内容

一位父亲想给年轻的儿子购买一辆赛车,他们来到一家车行。儿子想要购买一辆黑色的赛车,但已脱销,推销员劝年轻的儿子买别的颜色,但是那位年轻的儿子非要购买一辆黑色的赛车。这时,经理过来说:"你看看大街上跑的车,几乎全是红色的。"这句话使得这位年轻的儿子改变了主意,欣然购买了一辆红色的赛车。

3. 实训步骤

(1)阅读案例,分析消费者的需要特点。

(2)小组讨论,分析如何在营销活动中影响和改变消费者的消费心理,如何把握消费者的真实消费心理。

(3)以组为单位,在班级中分享小组成果。

4. 实训要求

(1)组长组织讨论分析活动。

(2)小组共同讨论分析,并将结果在班级中分享。

5. 实训考核

(1)个人表现评分项目:专业知识储备(10分)、知识运用能力(10分)、语言表达能力(10分)、整体职业素养(10分)、团队合作意识(10分)。

(2)个人表现评分项目:每个环节内容完成的认真程度(30分)、小组整体课堂表现(20分)。

◆ **知识链接**

什么才是消费者的真实需求①?

任务三　消费者的购买动机

马斯洛的需要层次理论

任务目标

掌握消费者需要动机的含义、特征和功能,掌握消费者购买动机理论,培养学习者根据消费动机理论制定相应营销策略的能力。

必学理论

一、消费者的需要动机概述

动机(motivation)由伍德沃斯提出,他认为动机是决定行为的内在动力。

动机是指引发和维持个体行为并将其导向一定目标的心理动力。

消费者动机是指消费者消费行为的内在动力。

消费者购买动机是指消费者为满足自己一定的需要,而引起购买某种商品或劳务的愿望或意念。

在消费行为学中,消费者购买动机是促使消费行为发生并为消费行为提供目的和方向的动力。

心理学中,动机是个体的内在过程,行为是这种内在过程的表现。

引起动机的内在条件是需要,外在条件是诱因。消费者头脑中一旦形成了具体的动机就有了购买商品和消费商品的目的。消费者会对将要购买的商品有明显的要求。动机的形成可能源于消费者本身内部因素(需要、消费兴趣或消费习惯),也可能源于外部条件的激发(如广告的宣传、购物场所的提示等),而消费者对购买商品有了明确的目的后,接受外部刺激会更加主动购买商品,会自行搜集与商品有关的内容。在动机的支配下,消费者会随时购买商品。千千万万个消费者在购买不同商品时的动机不一样,是因为商品的特性不同会产生不同的消费动机。消费者在购买商品时,可能是出于一种消费动机,但也可能是出于多种消费动机。

购买动机产生的前提是消费者,消费者需要使购买动机更加清晰,与消费行为的联系更加直接。消费者新的需要和新的刺激会让消费者产生心理紧张,引发消费者的购买动机,让消费者以目标为导向,产生购买行为,进而实现购买目标,从而满足消费者的需要。购买动机的过程如图3-3所示。

---

① 资料来源:https://www.toutiao.com/article/6365588937225798146/?wid=1675734880613。

图 3-3 购买动机的过程

在现实生活中,消费者受到某种刺激,其内在的需要就被激活了。进而产生了一种不安的情绪(紧张、焦虑不安、不自在)。这种内在的不安情绪与可能解除生理缺乏的消费对象结合,演化成一种动力,即是消费动机的形成。

对消费者而言,消费动机激发消费者的需要,推动消费者去寻找能满足自己需要的商品,采取购买、消费行为,从而使生理上的不安情绪得到消除。动机引发的需要,可以理解为需要是个体生理或心理上的一种状态,一种对某方面需要的缺乏,它可能是无意识的或漫无目的的,它为产生具体的行为倾向和行为提供了可能性。

二、购买动机特征

(一)购买动机的迫切性

购买动机的迫切性是由消费者的高强度需要引起的。如有人对买车、开车本身不感兴趣,但工作地点变动后,上班距离较远,乘车又不方便,看到同事开车上下班很方便,就会产生迫切需要买车驾车上班的想法。

(二)购买动机的内隐性

购买动机的内隐性是指消费者出于某种原因而不愿让他人知道自己真正的购买动机的心理特点。如一些姑娘结婚时,非要让男方购买奢侈品,其真正的购买动机可能是为了满足自己的虚荣心。

(三)购买动机的可变性

消费者的需要是多种多样的,在诸多消费需要中,往往只有一种需要占主导地位,可以称之为优势消费需要,同时还具有许多辅助的需要。当满足了外部条件时,占主导地位的消费需要将会产生主导动机,辅助性的需要将会引起辅助性动机。主导性的动机能引起优先购买行为。一旦消费者的优先购买行为得以实现,优势消费需要得到满足,或者消费者在购买决策过程或购买过程中出现新的刺激,原来的辅助性购买动机便可能转化为主导性的购买动机。

(四)购买动机的模糊性

有关研究表明,引起消费者购买的动机有几百种,最终的购买行为往往是多种动机的组合作用。有些动机是消费者意识到的,有些动机则处于潜意识状态。这往往表现在一些消费者自己也不清楚购买某种商品到底是为了什么。这主要是由于人们购买动机的复杂性、多层次性和多变性等造成的结果。

(五)购买动机的矛盾性

当个体同时存在两种以上消费需要,且两种需要互相抵触,即"鱼"和"熊掌"不可兼得时,内心就会出现矛盾。这里人们常常采用"两利相权取其重,两害相权取其轻"的原则来解决矛盾。只有当消费者面临两个同时具有吸引力或排斥力的需要,并且只能够选择其一时,才会产生遗憾的感觉。

三、购买动机功能

购买动机是消费者需要与其购买行为的中间环节,具有承前启后的中介作用。概括来说,购买动机对购买行为有以下三种功能。

(一)始发功能

购买动机的始发功能即发动和终止行为,它能够驱使消费者产生购买行为。

(二)导向功能

购买动机的导向功能即指引和选择行为方向,它促使购买行为朝既定的方向、预定的目标进行,具有明确的指向性。

(三)强化功能

购买动机的强化功能即维持和强化行为,行为的结果对动机有着巨大的影响,动机会因良好的行为结果而使行为重复出现,使行为得到加强;动机也会因不好的行为结果,使行为受到削弱,以至不再出现。这两种作用都是强化作用,前者称为正强化,后者称为负强化。正强化能够肯定行为,鼓励行为,加强行为;负强化则可以削弱行为,惩罚行为,不定行为。

四、消费者购买动机类型

(一)情绪动机

情绪动机是指由人的喜、怒、哀、欲、爱、恶、惧等情绪引起的动机。例如,为了增添家庭欢乐气氛而购买音响产品的动机,为了过生日而购买蛋糕和蜡烛的动机等。这类动机常常受外界刺激信息所感染,所购商品并不是生活必需或急需的物品,事先也没有计划或考虑。情绪动机推动下的购买行为,具有冲动性、即景性的特点。

(二)情感动机

情感动机是指道德感、群体感、美感等人类高级情感引起的动机。例如,因爱美而购买化妆品的动机,为增加身高而购买内增高皮鞋,为交际而购买馈赠礼品的动机等。这类动机推动下的购买行为,一般具有稳定性和深刻性的特点。

(三)理智动机

理智动机是指建立在人们对商品的客观认识之上,经过比较分析而产生的动机。这类动机对预购商品有计划性,经过深思熟虑,购前做过一些调查研究。例如,有的消费者几十年如一日地使用某个品牌的牙膏,有的消费者总是到离家较远的商店去购物,有的消费者习惯性地在淘宝平台上进行网购等。这类动机推动下的购买行为,具有经验性和重复性的特点。

(四)惠顾动机

惠顾动机是指基于情感与理智的经验,对特定的商店、品牌或商品,产生特殊的信任和偏好,使消费者产生重复地、习惯地购买动机。例如,有的消费者十年如一日地使用某种品牌牙膏的动机;有的消费者总是到某几个商店去购物等的动机。这类动机推动下的购买行为,具有经验性和重复性的特点。

(五)求便动机

求便动机是指消费者以追求商品购买和使用过程中的省时、便利为主导倾向的购买动机。在求便动机支配下,消费者对时间、效率特别重视,对商品本身却不甚挑剔。他们特别关心的是能否快捷、方便地购买到商品,讨厌等待过长的时间和过低的销售效率,对购买商品要求携带方便,便于使用和维修。

(六)好癖动机

好癖动机是指消费者以满足个人特殊兴趣、爱好为主导倾向的购买动机。其核心是为了满足某种嗜好、情趣。具有这种动机的消费者,大多出于生活习惯或个人癖好而购买某种商品。比如,有些人具有集邮的动机、摄影的动机、喝酒的动机。在好癖动机支配下,消费者选择商品往往比较理智、挑剔,不容易盲从。

上述购买动机不是孤立的,而是相互交错、相互制约的。在一些情况下,一种动机居支配地位,其他动机居辅助地位。在其他情况下,也可能是另外的动机起主导作用,或者几种动机共同起作用。

五、有关消费者购物动机的理论

(一)内驱力理论

内驱力理论认为,动机作用是过去的满足感的函数,其意义是人对行为的决策,大部分以过去行为所获结果或报酬进行考虑,也就是人的行为动机要以过去的效益为依据。在客观上,许多人的确如此行事,以往的某个行为得到良好的结果,人们就有反复进行这种行为的趋向。

(二)动机作用-卫生论

动机作用-卫生论主要是以研究劳动者动机作用为对象,这里把它引入对消费者购买动机的研究。动机作用-卫生论的本来含义是:如果劳动者的卫生因素(包括经营政策、工作条件等)得不到满足,劳动者就会不满意;卫生因素得不到满足,动机作用因素(包括成绩、承认、工作本身、晋级等)得不到满足,劳动者就会得不到真正的满足。真正的满足是卫生因素和动机作用因素同时得到满足。

日本学者小岛外弘根据这个理论,在消费者心理研究中提出了MH理论。小岛认为,M是指动机作用因素,是魅力条件;H是指卫生因素,是必要条件。这里,动机作用因素是指商品的情调、设计等,其含义是满足消费者需要的魅力条件。卫生因素是指商品的质量、性能、价格等,其含义是满足消费者需要的必要条件。MH理论认为,当商品的卫生因素不能得到满足时,消费者会感到不满。例如,商品的质量差、价格高、性价比低,消费者不会满意。仅满足必要条件还不是真正的满足,消费者真正对某种商品感到满足,是该商品魅力条件也得到满足。

(三)马斯洛需要层次理论

马斯洛需要层次理论是美国人本主义心理学家马斯洛(Maslow)于1943年提出的,马斯洛将人类需要像阶梯一样从低到高按层次分为五个层次,分别是生理需要、安全需要、归属需要、尊重需要和自我实现需要,如图3-4所示。

1. 生理需要

生理需要是指推动人们行动最首要的动力,即个体维持生存和人类繁衍而产生的需要,

图 3-4　马斯洛需要层次五种基本类型

包括呼吸、水、食物、睡眠、性等的需要。

2. 安全需要

安全需要即个体是一个追求安全的机制,人的感受器官、效应器官、智能和其他能量主要是寻求安全的工具,甚至可以把科学和人生观都看成是满足安全需要的一部分。如要求身体健康、安全、有序的环境,稳定的职业和有保障的生活等,包括工作保障、家庭安全等。

3. 归属需要

个体希望得到相互的关心和照顾,得到某些群体的承认、接纳和重视,融入某些社团并参加他们的活动等即归属需要,包括友情和爱情。

4. 尊重需要

个体都希望自己有稳定的社会地位,要求个人的能力和成就得到社会的承认。尊重需求得到满足,能使人对自己充满信心,对社会满腔热情,体验自己的价值,包括自我尊重、对他人尊重和被他人尊重等。

5. 自我实现需要

自我实现需要是最高层次的需要,是指实现个人理想、抱负,发挥个人的能力到最大限度,达到自我实现境界的人,接受自己也接受他人,解决问题能力增强,自觉性提高,善于独立处事,要求不受打扰地独处,完成与自己的能力相匹配的一切事务的需要。它包括道德、创造力、自觉性、问题解决能力、成就等方面的内容。

上述五种需要是按从低到高的层次组织起来的,只有较低层次的需要得到某种程度的满足,较高层次的需要才会出现并要求被满足。一般而言,处于较低层次的需要,只有在更低层次的需要得到满足或部分满足后才会成为优势需要,成为行动的决定性力量。

从消费者行为分析角度,这一理论对解释消费者行为动机,对企业针对消费者需要特点制定营销策略,具有重要价值。首先,消费者购买某种产品可能出于多种需要与动机,产品、服务与需要之间并不存在一一对应的关系。其次,只有低层次需要获得充分满足,高层次需要才会更好地得到满足。再次,越是涉及低层次需要,人们对需要的满足方式与满足物就越明确,越是涉及高层次需要,人们对需要的满足方式与满足物越不确定。最后,越是高层次的需要,越难以得到安全满足,原因在于满足需要的愉快体验会产生更高的需要。

任务设计

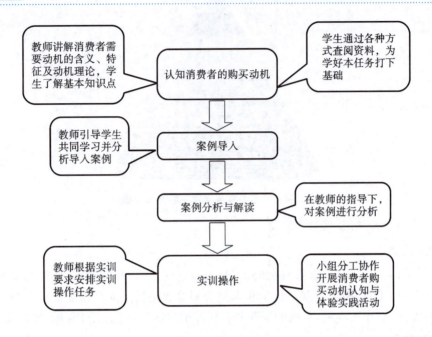

任务实施

◆ 导入案例

重庆某农业企业负责人自主创业,把不起眼的小企业发展成为本地区的龙头企业,企业逐步走向正轨。企业创立之初,员工工资待遇均低于行业平均水平,有些员工不忍清贫就离开了企业,如今留下的员工基本上都可以称为企业元老;随着企业的发展,工资福利等一再提升,在行业中处于略高水平,但还是有些员工离开了企业,原因竟是女员工较少,难找对象;领导层商议之后,招聘员工时有意识招聘女员工,并定期与其他企业搞联谊活动。目前企业已经成为行业中的标兵,各方面的条件均排在行业前列,但是就是留不住大学生,本次招聘的大学生中又有一半已离职,经过深层次了解,终于明白这些大学生不愿意留在企业的根本原因是看不到职业发展前景,他们想到北京、上海等大城市看看。

◆ 案例分析

(1)请用马斯洛需要层次理论分析上述案例中员工离职的原因并提出解决对策。

(2)根据马斯洛提出的五个需要,讨论分析是不是只有低层次需要得到满足之后,高层次的需要才会出现?

◆ 专项实训

1. 实训目标

掌握消费者需要动机的含义、特征和功能,培养学生根据消费动机理论制定相应营销策略的能力。

2. 实训内容

1)学习动机测试

(1)我已经不想学习,想找份工作。

(2)我把自己的时间平均分配在各科上。
(3)除了老师指定的作业外,我不想多做其他作业。
(4)如果没有人督促我,我很少主动学习。
(5)我一读书就觉得疲劳和厌烦,只想睡觉。
(6)如果有不懂的地方,我根本不想弄懂它。
(7)我几乎毫不费力地就能实现自己的学习目标。
(8)我常想:不用花费太多的时间,成绩也会超过他人。
(9)为了应付每天的学习任务,我已经感到力不从心了。
(10)我总是为了同时实现几个学习目标而忙得焦头烂额。
(11)我给自己定下的学习目标,多数因做不到而不得不放弃。
(12)我迫切希望自己在短时间内就大幅度提高自己的学习成绩。
(13)为了实现一个大目标,我不再给自己制定循序渐进的小目标。只对我喜欢的科目狠下功夫,而对不喜欢的科目就放任自流。
(14)我认为课本上的基础知识没什么可学的,只有读大部头作品才有意思。

2)评分规则

对问题给出"是""否"两种回答。"是"则得 1 分,"否"则得 0 分,将得分相加,计算总分。

11～15 分:说明学习动机上有严重问题和困惑,需要调整。

5～10 分:说明学习动机上有一定问题和困惑,可调整。

0～4 分:说明学习动机上有少许问题,必要时可调整。

3. 实训步骤

(1)以最快的速度阅读学习动机测试题目,按照规则打分。

(2)根据分数及评分标准建议,进行自我学习动机能力分析。

(3)小组讨论分析如何强化学习动机?如何设定学习目标?在班级中分享小组成果。

4. 实训要求

(1)组长组织讨论分析活动;

(2)小组共同讨论分析,并将结果在班级中分享。

5. 实训考核

(1)个人表现评分项目:专业知识储备(10 分)、知识运用能力(10 分)、语言表达能力(10 分)、整体职业素养(10 分)、团队合作意识(10 分)。

(2)个人表现评分项目:每个环节内容完成的认真程度(30 分)、小组整体课堂表现(20 分)。

◆ 知识链接

(1)观看西瓜视频:洞察营销密码—了解消费者购买动机[①]。

(2)观看好看视频:学会抓住客户的购买动机,让价格不再敏感[②]。

---

① 资料来源:https://www.ixigua.com/6992962669124780574? wid_try=1

② 资料来源:https://haokan.baidu.com/v? vid=2774769848857190918

任务四　消费者的目标

任务目标

期望理论

理解消费者的显性动机和隐性动机,培养学习者分析消费动机影响消费者购买行为的能力,树立正确的消费观。

必学理论

一、发现消费者的购买目标

如果问一位消费者为什么买"皮尔·卡丹"T 恤、西服等,他很可能会说"它们看起来很适合我""穿起来很有质感""我周围的亲戚和朋友都穿这个品牌的衣服"。然而,他们也许还不愿承认或没有意识到的消费目标是:"它们使消费者显得更加自信""它们使消费者更显魅力"等。

消费者意识到并承认的目标称为显性目标,消费者没有意识到或不愿承认的目标称为隐性目标,目标是动机的替代。一般而言,被社会主流意识价值观认可的目标较与其相冲突的目标更易为人所意识和承认。图 3-5 所示的为显性和隐性目标对消费者购买行为的影响。

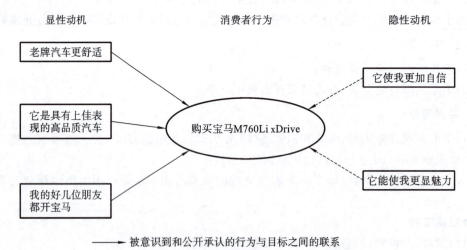

图 3-5　消费者购买"宝马 M760Li xDrive"汽车的隐性目标与显性目标

对于显性目标,一般可用直接询问法获得,而确定消费者购买某一产品的隐性目标则要复杂得多。表 3-1 所示的为隐性动机研究的常用技术,同样适用于消费者隐性目标研究。

表 3-1　隐性动机研究的常用技术

Ⅰ.联想技术	词语联想	给消费者看一张文字表,然后要求他把反应过程中最初涌现在头脑中的词语记录下来
	连续词语联想	给出一张文字表,每念出表上的一个词语,就要求消费者将所联想到的词语记录下来,直到念完表上的每个词语
	分析与运用	消费者做出的反应被用来分析,看是否存在负面联想。对反应的延迟时间进行测量,以评估某个词语的情感性。这些技术能挖掘出比动机研究更丰富的语义学含义,并被运用于品牌命名和广告文案测试中
Ⅱ.完形填空技术	语句完成	消费者完成一个诸如"买凯迪拉克的人_____"的语句
	故事完成	消费者完成一个未叙述完的故事
	分析和运用	分析回答的内容以确定所表达的主题。另外,还可分析对不同主题和关键概念的反应
Ⅲ.构造技术	卡通技巧	让消费者观看一幅卡通画,然后要求填上人物对白或描绘某一卡通人物的想法
	第三人称技术	让消费者说出为什么"一个正常的人""大多数医生"或"大多数人"购买或使用某种产品。购物单方法(描述一个购买这些商品的人具有哪些特点)、"丢失的钱包"方法(描述丢失这个钱包的人可能会有什么特点)都属于第三人称技术
	看图说话	给消费者一张画着购买或使用某种产品的人物照片,让他以此编一个故事
	分析和运用	与完形填空时相同

消费者目标可分为显性目标和隐性目标,前者可经由询问消费者了解,后者则需要通过动机研究等较复杂的研究技术来获得。

二、消费者目标与消费者期望

消费者期望是指消费者根据主观和客观条件的分析,在一定的时间内希望达到的消费(购买)目标或满足需要的一种心理活动。换言之,消费者目标的心理需要被满足的活动就是消费者期望获得满足的过程。消费期望的形成包括目标、目标价值、相关群体、可行性这几个方面。

首先,消费期望表现为一定的期望概率;其次,消费期望表现为个人的气质和性格;最后,消费期望表现为一定的行为动力,伴随着客观环境及目标的变化而变化,消费期望具有一定的可诱导性。

顾客期望在顾客对产品或服务的认知中起着关键性的作用。顾客会将预期质量和体验质量进行比较,以此对产品或服务质量进行评估,期望和体验是否一致成为产品或服务质量评估的决定性因素。

美国著名的心理学家和行为科学家维克托·弗鲁姆(Victor Vroom)于 1964 年在《工作与激励》中提出期望理论(expectancy theory),该理论又称为"效价-手段-期望理论"。

弗鲁姆认为,人总是渴求满足一定的需要并设法达到一定的目标。这个目标在尚未实现时,表现为一种期望,这时目标反过来对个人的动机又是一种激发的力量,而这个激发力量的大小,取决于目标价值(效价,V)和期望概率(期望值,E)的乘积,其公式为

$$M = \sum V \times E$$

式中:

M 为激发力量,是指调动一个人的积极性,激发人内部潜力的强度。

V 为目标价值,这是一个心理学概念,是指达到目标对满足个人需求的价值。同一目标,由于每个人所处的环境不同,需求不同,其需求的目标价值也就不同。同一个目标对每一个人可能有三种效价:正、零、负。效价越高,激励力量就越大。

E 为期望概率,是人们根据过去经验判断自己达到某种目标的概率是大还是小,即能够达到目标的概率。

目标价值大小直接反映人的需求动机强弱,期望概率反映人实现需求和动机的信心强弱。

这个公式说明:假如一个人把某种目标价值看得很重,估计能实现的概率也很大,那么这个目标激发动机的力量也就越强烈。

那么,怎样使激发力量达到最好值?

弗鲁姆提出了人的期望模式,即

个人努力——→个人成绩(绩效)——→组织奖励(报酬)——→个人需求

这个期望模式的四个因素,需要兼顾以下三个方面的关系。

1. 努力和绩效的关系

这两者的关系取决于个体对目标的期望值。期望值又取决于目标是否合适个人的认识、态度、信仰等个性倾向,以及个人的社会地位,他人对其的期望等社会因素,即期望值由目标本身和个人的主客观条件决定。

2. 绩效与奖励关系

人们总是期望在达到预期成绩后,能够得到适当的合理奖励,如奖金、晋升、提级、表扬等。如果没有相应的有效物质和精神奖励来强化,时间一长,积极性就会消失了。

3. 奖励和个人需求关系

奖励什么要适合各种人的不同需求,要考虑效价。要采取多种形式的奖励,满足各种需求,最大限度地挖掘人的潜力,最有效地提高工作效率。

三、如何做好消费者期望与企业营销

(一)做好消费者期望对企业营销至关重要

(1)消费期望的目标是企业营销的方向;

(2)实现消费期望的主客观条件是企业制定市场开发策略的根据;

(3)企业营销的重点是开发或诱导消费期望的形成和强化。

(二)对顾客期望进行有效管理

1. 确保承诺的实现性

明确的产品或服务承诺(如送货到家、三包服务等)和暗示的产品或服务承诺(如产品或

服务价格),都是企业可以控制的,对之进行的管理是管理期望直接可靠的方法。企业应集中精力于基本服务项目,通过切实可行的努力和措施,确保对顾客所做的承诺能够反映真实的服务水平,保证完满兑现承诺。但是过分的承诺难以兑现,会失去顾客的信任,破坏顾客的容忍度,对企业是不利的。

2. 重视产品或服务的可靠性

在顾客对服务质量进行评估的多项标准中,可靠性无疑是最为重要的。提高服务可靠性能带来较高的现有顾客保持率,获得积极的顾客口碑,减少招揽新顾客的压力和再次服务的开支。可靠服务有助于减少优质服务重现的需要,从而合理限制顾客期望。

3. 坚持沟通的经常性

经常与顾客进行沟通,理解他们的期望,对服务加以说明,或是对顾客光临表示感激,更多地获得顾客的谅解。通过与顾客经常对话,加强与顾客的联系,可以在问题发生时处于相对主动的地位。企业积极地发起沟通以及顾客发起沟通,都传达了和谐、合作的愿望,而这又是顾客经常希望而又很少得到的。有效的沟通有助于在出现服务失误时,减少或消除顾客的失望,从而树立顾客对企业的信心和理解。

合理细分并"定义你的顾客"、多渠道了解顾客的合理期望、设定顾客期望、创造能够兑现的顾客期望、努力超越顾客期望等,这都是做好顾客期望管理的方法。

任务设计

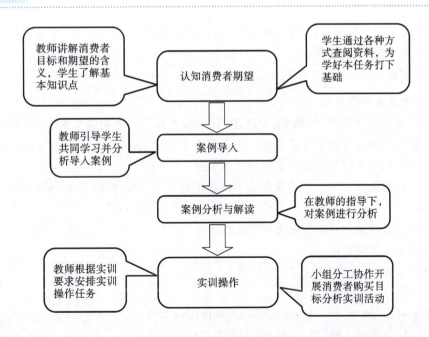

任务实施

◆ 导入案例

2013年,蒙牛真果粒推出了一个新的品牌主张:真实就是真果粒。2013年3月,蒙牛与创意伙伴Isobar合作,先拍了一支TVC,以明星效应来宣传品牌主张"真实就是真果粒"。而后通过互联网来塑造全新的真果粒品牌主张。品牌通过"真实"这个关键信息与消费者进行沟通,以使消费者对品牌产生偏好度。

真果粒的数字营销成为放大明星效应的重点,以实现最大化的品牌新主张。利用微博、微信等全新的社交平台和消费者碎片化的时间进行真实的讯息沟通,让消费者对品牌产生偏好度。真果粒针对的人群是 22～30 岁的白领女性,她们非常忙碌,但她们懂得享受生活,随时随地能表现出真实的自己。我们从网络征集中挑选了 10 位最真实的消费者,由她们演绎、王小帅导演制作,最后呈现了 10 段真实的微电影故事,作为整个活动的收官之作。

与此同时,在深圳的候车厅展示也是品牌传播中一个比较特殊、创新的户外广告形式,实现了广告牌和社交媒体的结合。当用户来到广告牌前点击屏幕时,可以拍一张照片并分享到社交平台,这样就会从候车厅里自动掉出一个真果粒产品。这在整个口碑传播中也引起了比较好的反响。

如果一个活动参与方式耗时太长,消费者就会失去兴趣。蒙牛真果粒的活动规则简单,只需网友拍照并选择真实状态就可以参加,整个过程不到 1 min,简单、易行、有趣。活动还设置很多参与激励措施,如旅游大奖、单反相机、微博会员奖励等,最大限度地调动了消费者参与的积极性。

◆ 案例分析

(1)蒙牛真果粒的这一活动挖掘了目标人群的哪些消费目标?
(2)分析目标人群参与蒙牛真果粒这一活动的消费者期待?

◆ 专项实训

1. 实训目标

了解消费者的目标分类,能够分析消费者目标与消费者期待的关系,为制定相应营销策略提供参考和依据。

2. 实训内容

1)目标动机测评指导语

"目标动机测评指导语"包括 25 个陈述,每个陈述都与行为和态度有关,仔细阅读每个陈述,看看能否反映自己的个性或态度。由于每个态度依据被试者不同,有正反面及程度上的差异,作答时请按不同反映状况选择适当的数字。

1——我从不这样,2——太不像我,3——说不好,4——很像我,5——完全像我。

2)题目

(1)尽可能有效地把每一分钟都用在工作上。
(2)很少把工作带回家。
(3)每天要做的事情太多了,24 小时都不够。
(4)尽可能减少工作时间。
(5)经常利用零碎时间工作,如在电影开场前阅读文件。
(6)把工作交给他人时,总是担心他人不能胜任。
(7)如果做到深夜有助于按时完成工作,可能彻夜不眠。
(8)对你而言,工作只是生活中的极小部分。
(9)喜欢同时做很多份工作。
(10)觉得"多做无益",很多人会怨恨你,因为"你多做事"会让他们显得"差劲"。
(11)经常周末加班。
(12)如果可能,根本不想工作。

(13)你的职位可以更上一层楼,但你不想卷入职位竞争中。
(14)你比任何同职业的人做更多工作。
(15)朋友说你工作拼命了。
(16)如果打零工就可以糊口,是最好不过了。
(17)你觉得休假很轻松,你喜欢尽情享受,什么事也不做。
(18)碰到好天气,偶尔你会放下工作,到郊外游玩。
(19)总是有一些事务和约会等待处理。
(20)一刻不工作就令你忧心如焚。
(21)相信"爬得越高,跌得越重"。
(22)经常设定超出能力所及的工作。
(23)相信懂得花钱就可以不必辛苦工作。
(24)在工作时与工作无关的一切都抛诸脑后,即使是重要的私事。
(25)认为成天工作的人令人觉得无味,不把工作看得太严重的人大都比较有趣。

3. 实训步骤

(1)以最快的速度阅读目标动机测评题目,按照规则打分。
(2)根据分数及评分标准建议,进行自我学习动机能力分析。
(3)小组讨论分析如何强化学习动机?如何设定学习目标?在班级中分享小组成果。

4. 实训要求

(1)组长组织讨论分析活动。
(2)小组共同讨论分析,并将结果在班级中分享。

5. 实训考核

(1)个人表现评分项目:专业知识储备(10分)、知识运用能力(10分)、语言表达能力(10分)、整体职业素养(10分)、团队合作意识(10分)。
(2)个人表现评分项目:每个环节内容完成的认真程度(30分)、小组整体课堂表现(20分)。

◆ **知识链接**

1. 按消费者购买目标的选定程度区分

1)全确定型

此类消费者在进入商店前,已有明确的购买目标,包括产品的名称、商标、型号、规格、样式、颜色,以至价格的幅度都有明确的要求。

2)半确定型

此类消费者进入商店前,已有大致的购买目标,但具体要求还不甚明确。

3)不确定型

此类消费者在进入商店前没有明确的或坚定的购买目标,进入商店一般是漫无目的地察看商品,或随便了解一些商品销售情况,碰到感兴趣的商品也会购买。

按照顾客的参与度,购买行为又可分为复杂的购买行为、寻求平衡的购买行为、习惯性的购买行为、寻求变化的购买行为。

2. 期望理论

期望理论请参见 https://www.cqooc.com/res/preview?id=345331。

项目四　消费者的心理活动过程

教学目标

知识目标：(1)掌握消费者心理过程。
　　　　　(2)了解消费者的注意、感知和知觉。
　　　　　(3)熟悉消费者的记忆、想象和思维。
　　　　　(4)理解消费者情绪、情感和意志。
能力目标：(1)运用消费者心理活动过程解释营销问题。
　　　　　(2)运用消费者心理过程开展营销活动。
　　　　　(3)运用消费心理过程创造营销方式。
素质目标：(1)具有发现问题、分析问题、解决问题的能力。
　　　　　(2)强化概念解析训练,提高学生阅读能力。

项目描述

　　本项目包含3个任务,即消费者的注意、感觉和知觉,消费者的记忆、想象和思维,消费者的情绪、情感和意志,目的是培养学习者了解消费者的心理活动过程,为今后开展市场营销、消费者分析工作奠定坚实的理论基础。

思维导图

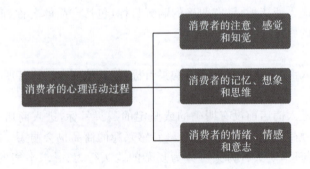

任务一　消费者的注意、感觉和知觉

任务目标

掌握消费者注意的含义和功能,掌握消费者感觉的含义、分类、产生机理,掌握消费者知觉的含义、分类、知觉的基本特性、知觉风险,培养学习者洞察市场,树立正确消费价值观,拥有优良的职业道德,养成良好的学习习惯。

必学理论

一、消费者的注意

(一)注意的含义与功能

1. 注意的含义

注意是在外部影响下,消费者对外界事物产生心理活动的指向与集中,是一种心理表征。注意指向具有明确选择性,集中反映了注意的强度和紧张程度。

2. 注意的功能

1)选择功能是注意基本功能

通过注意,消费者会选择符合自身需求与当前有关的事物和活动。在农产品电商直播过程中,刻画农村的生产场景(如柑橘采摘场景),给予个体大量的生产场景信息,有些信息对消费者重要,有些信息对消费者毫无意义。

2)保持功能是注意的关键功能

保持功能是指选取的刺激信息在意识中加以保持,以便心理活动对其进行加工,完成相应的任务。比如,设置抖音直播内容的时候,时常围绕某一主题开展垂直领域素材来进行设置,不断刺激消费者,让消费者专注设置内容,产生记忆活动过程。

3)调节监控功能是注意的重要功能

调节监控功能是指有目的、有节奏的控制心理活动向着某一方向或者目标进行,使得注意得到适当分配和转移。例如,在现实消费者过程中,营造一种特殊氛围,进行橱窗展示。

(二)注意的分类

1. 无意注意

无意注意又称为不随意注意,它是指事先没有目的的不需要意志努力的注意。引导无意注意,一方面是刺激物影响,刺激物的强度、刺激物之间的对比关系、刺激物的活动和变化;另一方面是人的内部状态影响,受自身需求兴趣、情绪状态和知识经验影响。例如,大家都在茶艺室专心致志地识别茶的种类,突然有一个穿着茶服的年轻人走进来,这时大家会不约而同地把头扭向他,这就引起了大家对他的注意。

引起消费者无意注意的原因，一是引起注意的信息产生激烈的刺激，新奇、强烈、鲜明的活动或事物，产生强烈刺激，容易引起无意注意，如商品的包装色彩鲜艳。二是与消费者行为息息相关，凡是符合消费者需求的事物，都容易成为无意注意的对象，如闲暇浏览小红书App，可能无意间发现的商品或者事物会引起消费者注意。

2. 有意注意

有意注意又称为随意注意，它是有预定的目的、有意志努力的注意。有意注意通常是在有明确目的前提下，合理组织能引起注意的有关活动，并激发间接兴趣，有利于有意注意的持续。通过有意注意，消费者可迅速地感知商品，准确地做出判断，从而提高购买效率。比如，购买某品牌某型号的手机，消费者会刻意寻找、收集相关信息，从众多品牌信息中集中在要购买的品牌和型号上。

3. 有意后注意

有意后注意是指在有意注意的基础上，有预定目的，经过刻意训练、学习或者培养而努力就能维持的注意。在这个心理过程中，消费者具有丰富的经验或者兴趣，不用通过努力就能维持的注意。比如，消费者具备家具相关专业知识，具有丰富的经验，就能轻松挑选出所需要的商品。

(三)注意的特征

1. 注意的稳定性

注意的稳定性是指注意在时间上的特征，把注意集中在某一事物上持续的时间。

2. 注意的广度

注意的广度是指注意的范围，在同一时间内能把握的注意对象的数量。

3. 注意的分配

在同一时间内把注意指向两种或几种不同的对象或活动上。比如在农产品直播过程中，边直播，边看数据，边了解平台互动情况。

4. 注意的转移

注意的转移是把注意从一个对象转移到另一个对象。

(四)发挥注意作用

注意在消费者心理活动中具有重要作用，一方面可以增强心理活动的强度，另一方面也可以减弱心理活动的效率。因此，商家应在商品广告宣传、包装设计、营销策划等营销活动中，有针对性地采取促销手段，从而引起消费者持续注意。

(1)正确运用注意的心理过程，引发消费注意。注意可以使消费者由无意注意转化为有意注意，从而产生需求欲望。比如，商品环境陈设、商品陈列方式、商品色彩搭配、商品款式、温馨的服务等在营销活动中，可以用来持续刺激消费者感觉器官，在较大范围内引起无意注意。比如，王老吉一夜之间成为家喻户晓的凉茶，注意在这里起了非常大作用。在2008年抗震救灾大型募捐晚会上，加多宝集团捐赠1亿元，这次"豪捐"让王老吉在全国成了热门话题。同时加多宝集团推出，每购买一瓶王老吉，就向地震灾区捐赠1元钱，不断刺激使消费者对王老吉持续关注，极大提升了品牌知名度和好感度，在消费需求上取得成功。

(2)通过确定消费目标，引导消费者有意注意。有意注意产生消费者购买行为的直接条件,消费者在商品选择过程中,预定目标越明确,有意注意的形成越顺利。因此,直播带货销售过程中,主播不断进行商品介绍,帮助消费者在了解商品的基础上明确目标,让消费者形成有意注意。

(3)通过注意转换,引导消费者产生新的购买行为。比如,在抖音直播过程中,如果一直处于有意注意状态,会使人感到疲劳,所以主播会借用场景或促销手段,转换注意,给予群体多样化的选择,从而提升消费者的购物感。

二、消费者的感觉

(一)认知感觉

感觉是大脑对直接作用于感觉器官的刺激物的个别属性的直觉反映。例如,一个红苹果,我们用眼睛看,知道它的颜色是红色,形状是圆形;用嘴巴品尝,知道它的味道是甜味。这里的红、圆、甜就是苹果这一客观事物的个别属性。

在现实消费过程中,当消费者与商品等对象发生接触时,通常会借助眼、耳、鼻、舌、皮肤等感觉器官感受商品的物理属性(如颜色、形状、大小、软硬、光滑、粗糙等)和生化属性(气味、味道等),并通过神经系统传递至大脑,从而引起人们对商品的各种感觉,包括视觉、听觉、嗅觉、味觉、肤觉等。例如,一种玫瑰香橙,消费者用眼睛看到玫瑰香橙切开后的玫红色细腻纹理,用鼻子可嗅到清纯醒郁的香气,用手轻轻触摸,玫红色果汁顺手而下,果肉饱满,水分充足,风味独特,果肉化渣好,味甘香甜。由此,产生了对该玫瑰香橙颜色、果肉、水分等方面的感觉。

(二)感觉的分类

1. 外部感觉

接受外部刺激、反映外界事物个别属性的感觉,具体包括视觉、听觉、味觉、嗅觉、肤觉,如表 4-1 所示。

2. 内部感觉

接受人体本身的刺激,反映机体的位置、运动和内部器官不同状态的感觉。具体包括:位置觉(平衡觉)、运动觉,如表 4-1 所示。

表 4-1 人的主要感觉分类[①]

感觉		感觉器官	接受刺激	获取信息
外部感觉	嗅觉	鼻	挥发性气体分子	气味(花香、咖啡香)
	视觉	眼	光波	颜色、形状、大小、模式、结构
	听觉	耳	声波	声音高低、音调
	肤觉	皮肤	外界接触	触感、冷、暖、粗糙、细腻等
	味觉	舌	可溶性物质	味道(酸、甜、苦、辣、咸、鲜等)
内部感觉	平衡觉	内耳	机械与重力	空间运动
	运动觉	关节	身体运动	身体部位位置变化

---

① 资料来源:黄希庭.心理学导论[M].北京:人民教育出版社,2001.

(三)感受性与感觉阈限

1. 感受性

感受性又称为敏感度,是指感觉器官对刺激物的主观感受能力。

2. 感觉阈限

感觉阈限是指能够引起感觉并持续一定时间的刺激量。

感受性的大小主要取决于感觉阈限的高低。感觉阈限越低,感受性就越大,两者成反比关系。

(四)感觉的特征

1. 感觉的适应性

随着刺激物持续作用时间的延长,感觉敏感性逐渐降低。人的感受性会随同刺激物作用于感觉器官时间长短而发生变化,这个过程是感觉适应的过程。

2. 感觉的联觉性

感觉的联觉性是指一种感觉器官在接受刺激产生感觉后,对其他感觉器官的感受性发生的影响。比如,色觉兼有温度的感觉,颜色有冷暖色之分,红色、橙色给人以温暖的感觉,而青色、蓝色给人以清冷的感觉。

3. 感觉的对比性

感觉的对比性又称为对比效应,是指感觉器官因同时有两种刺激或先后相继的两种刺激,引起感受性发生变化的现象。例如,刚刚吃过大白兔奶糖,会感觉巧克力有点苦。

三、消费者的知觉

(一)知觉的含义与分类

1. 认知知觉

知觉是指人对客观事物整体性的反映,感觉是知觉的基础,知觉以感觉为前提。

2. 知觉的分类

(1)根据知觉反映的事物特征,知觉可划分为空间知觉、时间知觉、运动知觉。

空间知觉是指对物体形状、大小、距离、方位等空间特性的知觉。

时间知觉是指对客观现象顺序性和延续性的感知,其与情绪、动机、态度及内容息息相关。

运动知觉包括对物体真正运动的知觉和似动。例如,鸟在飞,鱼在游,火车在奔驰,河水在流动等。

(2)根据某个感觉器官在反映活动中所引起的优势作用,知觉可划分为视知觉、听知觉、触知觉、嗅知觉。

3. 知觉的特征

知觉是消费者对消费对象的主动反应过程,具体而言,有以下几个方面。

1)知觉的选择性

消费者在社会中随时随地接触到各种商品信息,但消费者会有选择地对刺激做出反应,即选择其中重要的信息进行接收、加工和理解。这个过程便是知觉的选择性。知觉由知觉对象和知觉背景组成，特别清晰的部分是知觉对象，外围比较模糊部分是知觉背景。知觉对象与背景，受外部影响，在不同消费者之间发生变化，是不固定的。

影响知觉选择有以下三个方面原因。

一是主观影响，消费者选择受自身认知、偏好、情绪、价值观等影响。当消费者对某商品感兴趣时，很容易对商品进行自我感知，反之不易对商品进行自我感知。另外，消费者之间消费观念存在差异，不同消费者对同一产品的知觉反应也不尽相同。例如，注重享受或虚荣的人，对高端手机可能印象深刻，然而勤俭而不物质的人对高端手机没有感知。二是客观原因，主要是由事物本身刺激决定的。对象与背景区别比较大，对象就容易从背景中被区别开来。例如，重庆餐饮领导者——乡村基采用新颖内容、突出广告，在购买场景中进行菜品展示，都强烈地吸引着消费者的视线。三是防御心理。在消费过程中，消费者往往具有防御心理，可能对商品的价格、材质等产生防御心态，从而支配消费者对商品信息的知觉选择。例如，对一些添加剂超标、保质超期的食品和药品，消费者绝不会购买。

2）知觉的理解性

消费者在感知客观事物时，能够根据自身知识和经验去解释它们，这就是知觉的理解性。例如，消费者购买的电商销售商品与实体店销售商品在质量方面存在差异，此后消费者就会对电商销售商品产生戒备心理。

影响知觉的理解性主要是个人的经验积累和实践活动等。知识经验不足会导致消费者对商品的知觉滞后，反应迟缓，同时消费者具备的实践不同也会造成知觉理解能力和程度上的差异。比如，外行看热闹，内行看门道；一千个读者，一千个哈姆雷特。

3）知觉的整体性

在知觉过程中，消费者不对知觉对象的个别特性和某个属性做出反应，而是把知觉对象作为一个整体，反映事物的整体关系，这就是知觉的整体性。例如，消费者在网络上购买所需商品时，不是仅仅注意商品的颜色、品牌、价格等个别属性，而是把商品的质量、款式、包装等因素综合在一起，形成对商品的整体印象。

影响知觉的整体性的主要两个重要因素分别为刺激物的特征和知觉主体的经验。通常情况下，刺激物的关键部分或关键点在知觉的整体性中起着决定作用。例如，看到三只松鼠的商标，就能区别其与其他商品的差别，这就体现了知觉的整体性。

4）知觉的恒常性

当知觉的条件在一定范围内发生变化时，人的知觉的映像仍然保持相对不变的特性，这种知觉倾向或知觉惯性就称为知觉的恒常性。比如，在市场环境因素中保持对某些商品的认知。老字号商品、知名品牌商品之所以能够长期受到市场欢迎，其中重要的原因之一是消费者对它们已经形成了恒常性知觉。知觉的恒常性一方面增加了商品品牌的市场黏性，另一方面也会导致消费者购买心理定势，阻碍新产品的推广。

（二）消费者的错觉

知觉的结果与实际情况不相符合。人们的大部分信息都是通过视觉获得的，所以最常见的错觉就是视错觉。

知觉的结果与实际情况不相符合。人们在社会知觉中由于受到客观条件的限制而不能全面地看问题，往往会造成认知的偏差，以致人们做出错误的推测、判断和评价。

首因效应也称为首次效应、优先效应或第一印象效应，即首次或最先的印象，对消费者的认知具有极其重要的影响,是"先入为主"带来的效果。如果您在初次见面时就给人留下好印象,那么人们都愿意和您接近,彼此也能较快地取得相互了解。在电商视觉营销领域,首因效应,即45 s内就能产生第一印象。

近因效应又称为新颖效应,即最后的印象对消费者的认知具有重要的影响。近因效应通常在熟人交往中具有重要作用。例如,夫妻过日子,从谈恋爱到结婚,开始时大部分夫妻都很恩爱,但随着时间推移,夫妻感情开始变淡了,相互指责对方的时候偏多,相互都出现很多不满,那就是因为这种心理学上的近因效应在发挥作用。

光环效应又称为晕轮效应,是指在认知者对一个人的某种特征形成好或坏的印象后,认知者还倾向于据此推论该人其他方面的特征,往往根据事物的一点做出对事物的整体判断,容易产生以偏概全的认识偏差。

刻板效应又称为刻板印象、社会定型、定性效应,是指对某个群体产生一种固定的看法和评价或者是一种概括性笼统的看法,并对属于该群体的个人也给予这一看法和评价,而不管成员之间实际上的差异。

投射效应以自己所具有的观念和想法去判断他人,认为他人也一定会有与自己一样的观念和想法,即"以己度人,将心比心",认为自己的言行和需要,他人也一定会有类似的言行和需要。"以小人之心度君子之腹"就是一种典型的投射效应。喜欢嫉妒的人常常将他人行为的动机归纳为嫉妒,如果他人对其稍不恭敬,其便觉得他人在嫉妒自己。

(三)消费者的知觉风险

1. 消费者的知觉风险的认知

消费者的知觉风险是消费者在商品购买过程中,因无法预料其购买的结果的优劣而产生的一种不确定性感觉。

2. 消费者的知觉风险的类型

1)资金风险

消费者对花费往往会做评估,是否能购买高质量的产品和享受优质的服务。消费者对其购买的商品或享受的服务持有的怀疑态度,就属于资金风险意识。

2)功能风险

消费者在购买商品时,会对商家所宣传的功能进行试用或者辨析。例如,某品牌医疗产品是否具备商家宣传的能治疗某些疾病的功能,消费者对此产生的怀疑态度,就属于功能风险意识。

3)社会风险

消费者购买或者使用某一商品,可能会给他的社会关系带来损害,产生不好的外部效应。例如,许多青年消费者喜欢购买家庭影院,价格适中,在自身承受范围内。但是由于居住条件有限,购买的家庭影院发挥不了想要的效果,音量小,音响效果差。音量达到适当的高度,音响效果才能出来,但影响了邻居的休息,造成了邻里不和,进而带来社会关系的负面影响。

4)安全风险

安全风险是指消费者购买和使用某类商品之后,商品本身可能给消费者带来的麻烦和潜在的危险。例如,使用化肥可以使苹果果实变大,但是化肥使用不当,影响苹果的口感,从而影响产品价值。

5)心理风险

心理风险是指因自身决策失误而使消费者自我情感受到伤害的风险,即担心购买产品会带来负罪感。比如,你已经有了 10 顶帽子,如果你再买 1 顶帽子,这容易让人产生"不会过日子"的联想,给自己的情感造成伤害。

3. 降低消费者知觉风险的主要策略

(1)尽可能多地收集产品的相关信息。

消费者在感知到风险很高的购买时,往往会通过朋友、家庭成员、网络平台等搜集该产品及类似产品的信息,同时进行更多的思考,并比较相关替代品的信息。搜集的信息量越大,心中越有数,从而减少购买的风险。

(2)尽量购买自己熟悉的或使用效果好的产品。

消费者具有信任依赖,特别是对自己熟悉的产品或者效果好的产品,存在长期的信任依赖,建立对品牌的依赖或通过购买名牌来减少风险,对"信任"的渴求和依赖必然将改变他们的行为决策。

任务设计

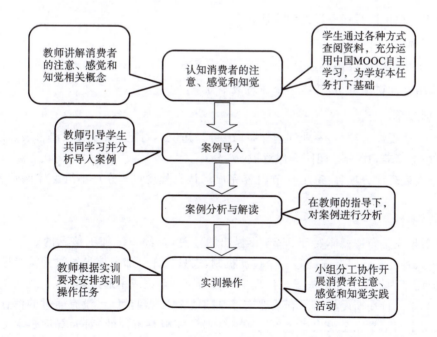

任务实施

◆导入案例

三只松鼠是一家以坚果、干果、茶叶等食品的研发、分装及销售为主的产业链平台型企业。2012 年 2 月创立以来,其成长速度不得不让人惊叹。三只松鼠把自己定位为一家真实、有温度的企业,企业全体员工扮演的是萌萌的小松鼠,必须以松鼠的口吻来与顾客交流,并称对方为"主人"。在形象设计上,"三只松鼠"的成功也得益于其独特的创意形象。三只可爱的小松鼠,赋予人格化的形象,让顾客一眼就能记住,这节约了传播成本。持续刺激消费者知觉,不断开拓消费场景,不断变化新场景。比如,旅游时,吃三只松鼠;追剧时,吃三只松鼠。通过不同媒介传递信息,坚持不懈刺激消费者。

◆ 案例分析

(1)你认为三只松鼠引起大家注意的原因是什么?

(2)运用知觉特征分析三只松鼠的成功经验。

◆ 专项实训

认知消费者的注意、感觉和知觉。

1. 实训目标

掌握消费者的注意、感知和知觉,熟练运用注意和知觉,为商品设计、场景搭建、营销推广等提供参考和依据。

2. 实训内容

某一乡镇主产金秋砂糖橘,产量大,但金秋砂糖橘每年滞销。为了帮助当地农民直播销售金秋砂糖橘,根据消费者的注意、感觉和知觉来设计,引起消费注意,让消费者产生知觉,最后购买。

3. 实训步骤

以小组为单位进行任务讨论和设计。

4. 实训要求

(1)组长组织讨论分析活动。

(2)小组共同讨论分析,并将结果在班级中分享。

5. 实训考核

(1)个人表现评分项目:专业知识储备(10分)、知识运用能力(10分)、语言表达能力(10分)、整体职业素养(10分)、团队合作意识(10分)。

(2)个人表现评分项目:每个环节内容完成的认真程度(30分)、小组整体课堂表现(20分)。

◆ 知识链接

过滤器理论是布罗德本特于1958年提出的注意,神经系统加工信息的容量是有限度的,信息进入神经系统时要先经过一个过滤机制,它只允许一部分信息通过并接受进一步的加工,其他信息因被阻止而消失了。该理论又称为瓶颈理论或单通道理论。

在此基础上特瑞斯曼提出了衰减理论,信息通过过滤器装置时,没有通过的信息只是在强度上减弱了而不是完全消失了。不同刺激的激活阈限是不同的,对人有重要意义的信息的激活阈限低,容易被激活。

多伊奇和诺尔曼认为,在进入过滤或衰减装置之前,所有输入的信息都已得到充分分析,然后才进入过滤或衰减装置,因而对信息的选择发生在加工后期的反应阶段。这种理论又称为反应选择理论。在此基础上约翰斯顿等人提出多阶段选择理论,在进行选择之前的加工阶段越多,所需要的认知加工资源就越多;选择发生的阶段依赖于当前的任务要求。

任务二　消费者的记忆、想象和思维

任务目标

掌握消费者的记忆过程,熟悉记忆的分类,熟悉想象和思维概念,运用消费者的记忆过程及想象与思维的概念,认知消费者行为,洞察消费市场,做好营销策划,树立正确消费价值观,拥有优良的职业道德,养成良好的学习习惯。

必学理论

感觉与知觉只能使消费者获得对产品或服务本身直观形象的了解,消费者要想进一步加深对产品的认识,还要利用记忆、想象与思维等较高层次的心理活动。

一、认识消费者的记忆

记忆是一种有意识地反复感知,从而使客观事物的印迹在头脑中保留下来,成为映像的心理过程,如感知过的事物、思考过的问题、体验过的情感等。通常说,记忆是指人的经验保存于大脑的映像,如消费者体验感知过的活动或事件,体验过的情绪和练习过的动作等。在消费活动中,消费者浏览过的购物平台、购买过的商品、逛过的实体商店、体验过的佳肴等,都会以经验方式在头脑中保存起来,经验慢慢积累和认知慢慢改变,渐渐影响消费者心理行为方式。比如,在购买车时,导购员都会让你参加自驾体验,感知车的性能,形成记忆。

(一)记忆的四个过程

1. 识记

识记是记忆过程的第一个基本环节,通常是指消费者通过反复感知某种事物,在大脑中形成比较巩固的印象的过程。消费者记忆过程是从识记开始的,识记是记忆的前提。比如,在网购过程中,消费者通常会反复查看商品信息、评价,了解商品售后服务,以加强对商品的印象,最终完成对商品的购买。

(1)按识记的目的不同,识记可分为有意识记与无意识记。

有意识记是指有计划、有目的的自觉的识记。比如,主动学习时的识记就是有意识记;无意识记是指无计划、无目的、不自觉的识记。比如,在学习时,一个人从你的身边走过,你无意中记下了他的一些特征,这就是无意识记。

(2)按识记的内容不同,识记又可分为机械识记与意义识记。

机械识记是指通过机械反复记住事物特点及其个别联系的识记。比如,死记硬背就是机械识记。意义识记是指通过理解事物间逻辑联系、意义而进行的识记。比如,运用思维导图画出营销策划的程序。

2. 保持

保持是指将识记后的知识经验在大脑中进行积累、加工、储存及巩固的过程。保持是记忆的中心环节,是识记的自然延续。遗忘曲线由德国心理学家艾宾·浩斯(H. Ebbing Haus)研究发现,描述了人类大脑对新事物遗忘的规律。也就是说,随着时间推移和后来经验的影响,保持识记在数量上和质量上会发生某些变化,有些识记内容被忘记了。如消费者在识记某一商品的过程中,逐渐熟悉了商品的基本特性,其他无关紧要的信息就可能会被遗忘,从而将这些必要的信息作为经验在大脑中储存起来,形成记忆。

3. 回忆

回忆是指过去的经验在大脑中重新展现出来的过程。如消费者购买商品时,往往把根据已有认知和经验与所见到同类商品在大脑中进行比较、分析和判断,进一步做出购买选择,这就是回忆。

4. 再认

再认是指对曾感知过的事物再次出现时,能确认是自己曾经感知过的事物的过程。比如,看到桃树时,能根据树叶和树形,分辨出其是桃树。

上述四个环节相互制约、彼此联系,共同构成统一的记忆过程。如果没有识记就谈不上对经验保持;如果没有识记和保持就不可能经历回忆和认知。识记和保持是回忆和再认的基础;回忆和再认则是识记和保持的结果,并且能够进一步加强识记和保持。在购买实践中,消费者就是通过识记—保持—回忆—再认这样的过程进行商品选择的。

(二)消费者记忆的类型

1. 根据记忆内容或映像的性质

根据记忆内容或映像的性质,记忆可分为形象记忆、逻辑记忆、情绪记忆和运动记忆。

形象记忆是指以感知过的事物形象为内容的记忆,是直接对客观事物的形状、大小、体积、颜色、声音、气味、滋味、软硬、冷热等具体形象和外貌的记忆,直观形象性是其显著的特点。

逻辑记忆是指以概念、公式、定理、规律等为内容的记忆。首先要对记忆素材进行观察、比较、分析、综合、抽象、概括、判断、推理;其次要找出记忆素材在逻辑上存在的某种关联,这种关联可以是因果、相似、相近、同类、从属、反义、对照、递进、衍生等。

情绪记忆是指以体验的某种情感为内容的记忆,对个体的成长、知觉、信念、行为、目标,甚至自我和心理健康状况都有很大相关性。

运动记忆是指以过去做过的运动或动作作为内容的记忆。

2. 根据记忆保持时间的长短

根据记忆保持时间的长短,记忆可分为瞬时记忆、短时记忆、长时记忆。

瞬时记忆是指感觉记忆,在客观刺激物停止作用后,感觉信息还能在大脑中保持一个很短时间的记忆。

短时记忆是指操作记忆,信息保持大约 1 min 的记忆。

长时记忆是指信息在经过充分的、有一定深度的加工后,在大脑中长时间保留的记忆。

二、想象

1. 想象的含义

想象是指大脑对已有表象进行加工改造而创造新形象的过程。表象是指事物不在眼前时大脑中出现的关于事物的形象。新形象不是表象的简单再现,而是对客观现实的超前反映。在现实生活中,消费者受到某种刺激物的影响时,可能会不由自主地进行想象,如在消费购买活动中,准备购买一辆越野汽车,就会想象到如果自己坐在驾驶座上外出钓鱼或者外出兜风是多么惬意的场景。想象是大脑对客观现实的一种独特的表现形式,来源于实践,同时也受实践的检验。

2. 想象的分类

随意想象:没有特殊的目的、不自觉的想象,是不由自主产生的。如想象来到内蒙古大草原,有时我们会想到蒙古包,有时会想到一望无际的青草地和成群的牛羊等。

有意想象:有一定目的性,在外界刺激的作用下,自觉的想象。与随意想象相对应,有意想象是带有一定的目的和自觉性的。比如,通过大脑的想象,一首边塞古诗,让我们眼前仿佛呈现出一幅美丽的画卷。按照独立性和创造性不同,有意想象又可分为再造性想象和创造性想象。根据言语的描述或图样的示意,再造想象,是指在大脑中形成相应新形象的过程。在阅读中,再造性想象往往占据突出地位。创造想象,是指不依赖相关的描述,在大脑中独立创造新形象的心理过程。创造性想象必须以经验积累的知觉材料为基础,具有独特性或创意性,如文艺创作、发明专利、技术改造等。

3. 想象的作用

想象这一心理现象,在现代自媒体时代的消费活动中起着重要作用。如优秀的短视频创意,就是在市场调查的基础上收集素材,充分运用想象对资料进行加工、整理,通过拟人、象征等手法而创作出来的。比如,在橱窗设计、商品陈列、促销组合等方面也都需要营销者发挥想象,促使顾客产生购买行为。

三、思维

(一)思维的含义

思维是大脑对客观现实概括的、间接的反映。它是指人们在对事物进行分析、比较、综合、抽象的基础上,进行判断和推理,对客观事物做出反应。思维是认识和推断未知事物的过程。比如,看到某视频短片,运用大脑中以往的知识经验,就可以判断出这个作品的制作过程和手法及品质,这个过程就是思维。思维反映的是客观事物共同的、本质的特征和内在联系,是更复杂、更高级的认识过程。

(二)思维的特征

1. 概括性

借助已有的知识、经验来理解和把握那些没有直接感知过的事物。也就是说,思维反映的内容不是某个事物或事物的某项特征,而是一类事物本质的特征。比如,将桃树、杏树、柑橘树、李子树等概括为果树。

2. 间接性

思维的间接性是指思维不是直接的,以其他事物为媒介来认识客观事物。如医生通过病人的体温、血压、粪便及病情描述等,凭着专业知识和以往的经验便可了解病人内部脏器的活动状态。思维的间接性使我们的认知能力突破了时空限制,从具体抽象为一般,让我们拥有智慧和专业知识。

任务设计

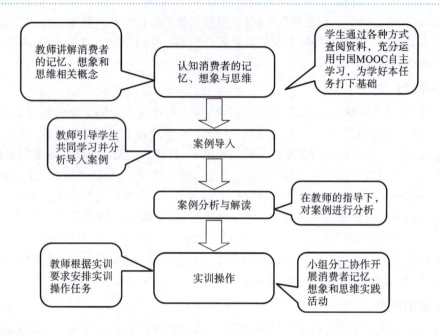

任务实施

◆ 导入案例

褚橙又称为励志橙,因为它是昔日烟草大王褚时健75岁时再创业,85岁带着进京销售的产品。褚橙的形象,从一出生,就自带悲壮气质和励志光环。古稀之年的老人,承包了2000多亩地种橙再创业。橙子挂果要6年,这个已经跌到人生低谷的古稀老人,却仿佛忘却了时间,兴致勃勃地投身于种橙事业中。资金短缺的褚老,为了将山泉水引到果园林,拉下昔日"烟草大王"的面子四处向朋友借款修管道。6年后,第一批褚橙挂果,口感偏酸,并不好吃。已至耄耋之年的褚时健又开始四处求教和钻研书籍,用来改善种植方法。一晃又是4年,褚橙的酸甜比保持在了符合中国人口味的"1∶24",皮薄汁多。年届85岁的褚老带上他辛苦培育10年的橙子,踏上销售之路。

75岁再创业,10年终于种出好橙子的励志故事,随着褚老的北上传遍了全国各地。故事打动了消费者,褚橙也随之热销。不少褚橙的消费者,都自言是褚老的粉丝。一个网友说,她买褚橙并不是想吃橙子,买的是褚老的励志精神。

◆ 案例分析

(1)你认为褚橙引起大家形成记忆的原因是什么?

(2)褚橙的故事促动你的想象是什么?

◆ 专项实训

认识消费者的记忆、想象与思维。

1. 实训目标

掌握消费者的记忆、想象与思维,熟练运用注意和知觉,为商品设计、场景搭建、营销推广等提供参考和依据。

2. 实训内容

请你回忆一则印象较深刻的广告,分析这则广告在哪些方面吸引了你的注意,提高了你的记忆率。

3. 实训步骤

以小组为单位进行任务讨论和设计。

4. 实训要求

(1)组长组织讨论分析活动。

(2)小组共同讨论分析,并将结果在班级中分享。

5. 实训考核

(1)个人表现评分项目:专业知识储备(10 分)、知识运用能力(10 分)、语言表达能力(10 分)、整体职业素养(10 分)、团队合作意识(10 分)。

(2)个人表现评分项目:每个环节内容完成的认真程度(30 分)、小组整体课堂表现(20 分)。

◆ **知识链接**

AIDMA 法则是在 1898 年由美国广告学家 E.S. 刘易斯最先提出的,AIDMA 法则各字母的含义为:A(attention)——引起注意、I(interest)——产生兴趣、D(desire)——培养欲望、M(memory)——形成记忆、A(action)——促成行动。其过程:首先是消费者,注意(attention)到该广告,其次感兴趣(interest)而阅读下去,再者产生想买来试一试的欲望(desire),然后记住(memory)该广告的内容,最后产生购买行为(action)。

任务三　消费者的情绪、情感和意志

任务目标

掌握消费者情绪、情感与意志的概念及分类,运用消费者的情绪、情感与意志的概念,认知消费者行为,洞察消费市场,做好营销策划,树立正确消费价值观,拥有优良的职业道德,养成良好的学习习惯。

必学理论

消费者要想进一步加深对商品或服务的认识,还要利用情绪、情感与意志等较高层次的心理活动。

一、认知消费者情绪与情感

(一)情绪的含义

消费者情绪或情感是指消费者对客观外界事物的态度的主观体验和相应的行为反应。情绪或情感是由客观事物引起的,但反映的不是客观事物本身,而是客观事物对主体的意义,是客观事物与消费者之间需要的某种关联。

情绪是一种心情或者精神状态,与生理需求和较低级的心理过程相关联的内心体验,具有短暂而强烈的特点,受外部环境影响,如喜悦、愤怒、恐惧等。

情感是指感情,是人们长期在社会实践中,受到反复刺激而形成的,具有深沉而稳定的特点,如爱与恨,苦与甜等。

因此,情绪是情感的外在表现,情感是情绪的本质内容。

(二)情绪的分类

根据情感的性质,情绪可分为兴奋、愉快、惊奇、悲伤、恐惧、愤怒等,具体表现形式如表4-2所示。

表 4-2　情绪与面部表情的关系

情　　绪	面　部　表　情
兴奋	眼朝下,眼睛追着轨迹看、倾听
愉快	笑,嘴唇朝上朝外展开,眼笑
惊奇	眼眉朝上,眨眼睛
悲伤	哭,眼眉拱起、抽泣
恐惧	脸色苍白、毛发竖立、眼睛呆板
愤怒	皱眉、面部发红、咬紧牙关

注:根据心理学家汤姆金斯假设的八种原始情绪进行梳理。

根据情绪的表现方向可分为积极情绪、消极情绪和双重情绪。积极情绪是指正性情绪或具有正效价的情绪,通常包括快乐、希望、满意、兴趣、自豪、激励、感激、敬畏和爱等。

消极情绪又称为负面情绪,是指消费者受个体或者外在因素影响而产生的不利于继续完成工作或者正常思考的情感,通常包括忧愁、悲伤、愤怒、紧张、焦虑、痛苦、恐惧、憎恨等。

双重情绪介于积极情绪与消极情绪之间变化的过程,通常情感比较复杂,表现为喜怒哀乐。

按照情绪发生的强度、速度和持续时间,情绪又可分为激情、心境和应激。

激情是一种强烈的、爆发性的、持续时间较短的情绪状态,这种情绪状态通常是由对个人有重大意义的事件引起的,往往伴随着明显的生理变化和外部行为表现。激情状态下人往往会出现"意识狭窄"现象,即认识活动的范围缩小,理智分析能力受到抑制,自我控制能力减弱。

心境是指人比较平静而持久的情绪状态。心境具有弥漫性,它不是关于某一事物的特定体验,而是以同样的态度体验对待一切事物,对人的生活、工作、学习、健康有很大的影响。

应激是指人对某种意外的环境刺激所做出的适应性反应,此时人的身心处于高度紧张的状态。人在应激状态下,会引起机体的一系列生物性反应,汉斯·塞里把这种变化称为适应性综合征,并指出这种综合征包括动员、阻抗和衰竭三个阶段。

(三)情绪在消费过程中的应用

情绪在消费过程中的应用非常广泛,在产品造型、产品命名、产品商标、产品包装、产品服务、产品营销等方面具有重要的指导作用。比如,中国的传统节日——春节,商家以红色为主体的产品设计进入千家万户。

二、消费者的意志

(一)消费者的意志含义

意志是人自觉地、有意识地确定目的,并根据目的调节支配自身的行动,克服困难,努力实现目标的心理过程。消费者的心理过程包括三个阶段:认知过程、情感过程和意志过程。这三个过程不仅不同,而且相互联系,相互促进,共同构成了消费者一般的心理活动过程。

1. 消费者心理活动的认知过程

消费者购买活动心理过程始于对商品的认知过程,包括消费者对所购买商品的感知和认知阶段,是消费者实施购买行为的基础。这个认知过程是指消费者对商品个体属性(如大小、形状、颜色、味道等不同感受)的反应过程。在这个过程中,消费者通过自己的感觉和感知、记忆、思考等心理活动,完成对商品或服务的整个认知过程。

2. 消费者心理活动的情感过程

消费者对商品的认知过程是购买行为的前提,但并不意味着他一定会产生购买行为。消费者心理活动的过程不仅是认知不断发展的过程,也是情感和情绪不断变化的过程。情感和情绪是指人在满足需求时的一种态度和内心体验。消费者的情绪和感受,在消费者满足自身需求时,直接表现为一种内心体验。内心体验受众多因素影响,如购物环境、商品因素、审美情趣、个人情绪和服务质量等。

3. 消费者心理活动的意志过程

消费者心理活动的意志过程意志是人们持有的一种心理现象,是指消费者有意识地确定的目的,并根据目的选择手段来调节和控制的活动,从而消除干扰,克服困难,达到预期目的的心理过程。消费者心理活动的意志过程受目的性、选择性影响比较大。

(二)消费者的意志特征

消费者的意志特征表现在以下三个方面:有明确的购买目的,能够排除各种干扰和困难,调节购买行为的全过程。

1. 有明确的购买目的

消费者的意志是在有目的的行动中表现出来的,这个目的是自觉的、有意识的。有的消费者省吃俭用就是为了购买盼望已久的手机;有的消费者为了满足摄影的爱好,而把大部分工资用于购买相机等。这些购买行为预先有明确的购买目的,并有计划地根据购买目的去支配和调节自己的购买行动,以期实现购买目的。

2. 能够排除各种干扰和困难

消费者的意志行动要实现预期目的,但往往会碰到种种困难。克服困难的过程就是消费者的意志行动过程。

(三)意志过程在营销中的作用

意志过程实现有三个实施阶段,分别是采取决定阶段、执行决定阶段和体验执行效果阶段。这对商品营销提出了更高的要求,不仅仅要让消费者关注商品,决定购买,还要让消费者能够购买,同时还要关注商品是附加价值,如售后服务、客服响应速度等。

1. 采取决定阶段

采取决定阶段是意志行动的开始阶段,它决定着意志行动的方向和行动计划。消费者在购买动机确定之后,还有一个具体购买对象的确定问题,因为同类商品会有牌号、质量、型号、价格等方面的差异。

2. 执行决定阶段

执行决定阶段是真正表现意志的中心环节,它不仅要求消费者克服自身的困难,还要排除外部的障碍,为实现购买目的,付出一定的意志努力。

3. 体验执行效果

购买商品后,消费者在消费过程中的自我感觉和社会评价。

任务设计

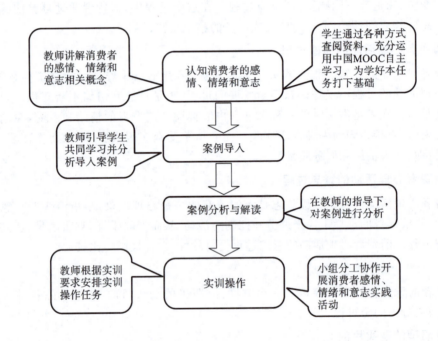

任务实施

◆ **导入案例**

2015年以来,李宁包括国潮、新零售改造、重启"一切皆有可能"营销口号等项目的实施,扭转了亏损的局面。"中国李宁"打动新一代年轻消费者,以"潮了"的方式与消费者建立新的联系,"潮"成为李宁的新品牌形象。2020年,李宁联手敦煌博物馆进行跨界营销,推出"溯敦煌·拓系列"。在敦煌雅丹魔鬼城,"李宁三十而立·丝路探行主题派对"盛大举行,一个动人的故事贯穿整场走秀。在走秀结束第二天的天猫超级品牌日,当日交易额突破1亿元,打破国内服饰行业"双十一"以外的单日销售纪录。"中国李宁"契合品牌理念的营销故事,有助于帮助消费者记忆品牌。让现在极其敏感的消费者,能够在众多品牌中找到目标品牌进行消费。

◆ **案例分析**

(1)"中国李宁"品牌是如何运用消费者的情感的?

(2)"中国李宁"如何强化消费者的意志?

◆ **专项实训**

认知消费者的感情、情绪和意志。

1. 实训目标

掌握消费者的感情、情绪和意志,熟练运用注意和知觉,为商品设计、场景搭建、营销推广等提供参考和依据。

2. 实训内容

某一乡镇位于西部山区,主产玫瑰香橙,目前规模已经达60万亩,但大量水果滞销,农民苦不堪言。为帮助当地农民直播销售玫瑰香橙,根据消费者的感情、情绪和意志,如何激发消费者购买?

3. 实训步骤

以小组为单位进行任务讨论和设计。

4. 实训要求

(1)组长组织讨论分析活动。

(2)小组共同讨论分析,并将结果在班级中分享。

5. 实训考核

(1)个人表现评分项目:专业知识储备(10分)、知识运用能力(10分)、语言表达能力(10分)、整体职业素养(10分)、团队合作意识(10分)。

(2)个人表现评分项目:每个环节内容完成的认真程度(30分)、小组整体课堂表现(20分)。

◆ **知识链接**

情感营销是指消费者购买的不是商品,而是他们的期望;人最不易控制的往往就是自己的情感。情感营销是从消费者的情感需求出发的,唤起和激起消费者的情感需求,引导消费者在心灵上的共鸣;当产品发展到一定阶段时,为品牌的核心注入情感因素,增强品牌的核心文化,同时在产品推广营销的过程中将这种情感能量释放出来,从而打动消费者,在产品销售量稳定上升的过程中带来爆炸式的营销效益。

有一则哈药六厂的公益广告,内容是这样的:工作了一天的满脸疲惫的年轻母亲回到家中,晚上给自己的孩子洗完脚之后,又给自己的婆婆端去了一盆热水,为婆婆洗脚。孩子在好奇心的驱使下,偷偷跟在母亲后面目睹了这一切。之后,乖巧懂事的孩子也为妈妈端去了一盆洗脚水,并用稚嫩声音说道:"妈妈,洗脚。"百善孝为先,而这条广告就是抓住了中国自古以来传承的"孝道",用简单的小事传递大爱,引起了千千万万民众的共鸣,激发了他们对这种情感的认同。哈药六厂也因为这一条广告走进千家万户观众的内心。

思考:

(1)什么是感觉?举例说明感觉的种类。企业如何运用感觉规律开展市场营销工作?

(2)什么是知觉?举例说明知觉的种类。知觉对消费者行为有何影响?

(3)什么是情绪和情感?两者的区别是什么?

(4)什么是意志?意志有什么特征?

项目五　消费者的群体心理及行为

 教学目标

知识目标：(1)掌握消费者的群体心理及行为的基本概念和内涵。
(2)掌握消费的性质、特点和功能。
(3)理解消费者群体的心理与行为的作用及要求。
(4)掌握消费相关的重要法律法规。

能力目标：(1)能够理解消费者群体心理与行为的内涵。
(2)提高对消费者群体心理与行为分析的能力，能够利用相关理论指导实践活动。

素质目标：(1)使学习者具有消费者群体的意识，具有专业精神和职业情感。
(2)使学习者真正懂得消费者对市场的重要性，养成自觉遵守法律法规的意识和习惯。

 项目描述

本项目包含4个任务，即参照群体对消费者行为的影响及影响方式、不同社会阶层的消费者行为、家庭生命周期和家庭购买决策、消费习俗和消费流行。目的是培养学习者对市场营销和策划有一个全面认识和理解，为今后从事营销和策划工作奠定坚实的理论基础。

 思维导图

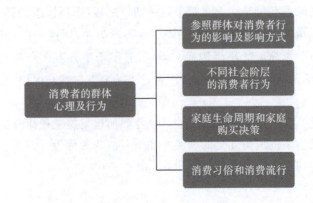

任务一　参照群体对消费者行为的影响及影响方式

任务目标

1. 终极目标

掌握参照群体对消费过程的影响,提升分析解决消费心理和行为问题的能力。

2. 促成目标

(1)了解群体和参照群体的区别。

(2)了解群体影响的类型,理解决定参照群体影响力强度的因素。

必学理论

一、群体和参照群体

想象一下,你参加团年聚会,在决定穿什么的时候,会不会考虑参加聚会其他人可能会有的反应?同样,你在朋友结婚周年纪念活动中的行为,与你在自己的毕业晚宴上的行为是否相同?这些行为都是群体影响和群体期待的产物。

几乎所有的消费行为都是在群体背景下发生的。此外,群体还是消费者社会化和学习的基本媒介。因此,理解群体是如何运行的,对理解消费者行为至关重要。

群体由两个或两个以上具有一套共同的规范、价值观或信念的个人组成,他们彼此之间存在着隐含的或明确的关系,因而其行为是相互依赖的。

参照群体是这样一个群体,该群体的看法和价值观被个人作为其当前行为的基础。因此,参照群体是个人在某种特定情况中,作为行为向导而使用的群体。

我们大多数人都属于趣旨各异的群体,我们还可能渴望加入某些群体。当我们积极地参与某一特定群体的活动时,它一般会成为参照群体。随着情境的改变,我们会依据另一个群体的规范来行事,于是这个群体又成为我们的参照群体。我们可以随时从属于不同的群体,但是一般说来,在某种特定情境中我们只使用一个群体作为参考。

二、群体的类型

群体可以按照不同的变量进行划分。营销者发现有三种划分标准最为常用,即成员资格、接触类型、吸引力。

成员资格的标准是:一个人或者是(或者不是)某个群体的成员。当然,有些成员的成员资格比另一些成员的更安全,也就是说,有些成员感到他们真正"属于"那个群体,而另外成员却缺乏这种信心。尽管如此,成员资格仍然是一种划分群体的基本标准。

接触类型是指群体成员相互之间人际接触的频繁程度。在群体规模增大时,人际接触倾向于减少。例如,同美国营销协会(American Marketing Association)或者校友之间的接触,就要比同家人或密友之间的接触少得多。接触类型一般分为两种,有着频繁人际接触的群体称为基本群体或者首要群体,只有有限人际接触的群体则称为次要群体。

吸引力是指某一群体的成员资格受个人仰慕的程度。这种仰慕有消极的也有积极的,个人对之有着负面仰慕的群体——背离群体或厌恶群体,同个人对之有着积极仰慕的群体一样,能够影响人的行为。例如,X一代的消费者总是避免使用他们认为属于青少年使用的产品;同样,青少年也会避免使用成人化的产品。

人们没有成员资格但希望加入的群体,被称为仰慕群体或渴望群体,它对个体有着强大的影响力。个人经常会购买他们认为渴望群体成员会使用的产品,以获得该群体实质上或象征性的成员资格。例如,许多渴望加入"哈雷"车手群体的人,由于价格昂贵或者家人反对,目前还无法获取这种资格,他们常常会购买哈雷服饰和其他一些相关产品。

三、参照群体对消费过程的影响

我们所有人都在很多方面与各种群体保持着一致。看一看班上的同学,你会奇怪地发现,除了男女性别及其在穿着上的差异外,大部分人衣着十分相似。事实上,如果一个同学穿着正规的衣服来上课,大家通常会问他是不是要去应聘工作,因为人们认为这是他穿着正式的原因。请注意,作为个体,我们并未将这种行为视为从众。尽管我们时常要有意识地决定是否遵从群体,然而通常情况下,我们无意识地和群体保持一致。我们以对群体的角色期望和群体规范做出响应的方式,来满足群体的期望。

规范是指在一定社会背景下,群体对每一群体成员行为的合适性的期待。无论何时,只要有群体存在,无须经过任何语言沟通和直接思考,规范就会立即发挥作用。规范一般会覆盖与群体功能有关的一切行为,违反这些规范会受到群体的惩罚。我们发现,参照群体对消费行为有着深远影响。接下来我们考察参照群体的性质。

(一)参照群体影响的性质

群体对其成员的影响有三种主要方式:信息性影响、规范性影响和价值表现上的影响。对这几种方式做出区分是很重要的,因为我们要根据影响的方式来制定相应的营销策略。

1. 信息性影响

这类影响出现于个人把参照群体成员的行为和观念当作潜在的有用信息加以参考之时,其影响程度取决于被影响者与群体成员的相似性,以及施加影响的群体成员的专长性。例如,某人发现群体中的好几个人都在使用某种品牌的咖啡,他们于是决定试用这种品牌,因为有证据(它被朋友们使用过)证明它是一个好的品牌。再如,某人决定购买某种品牌或型号的计算机,因为他的一位精通计算机的朋友有一台这种计算机,或者向他推荐过这种计算机。在这些例子中,群体成员的依从是信息共享的结果。

海尼斯(Hennessy)公司的广告商雇用了一些有魅力的模特和演员到时尚的酒吧去喝酒。在那里,他们为所有人或某一群体送了海尼斯马丁尼酒。使用这种方法,使人们目睹他人喝这种饮料,从而接受它或至少认为它很时兴。当然,如此运用群体影响力是否会引发伦理上的争议,乃是应当思考的一个问题。

2. 规范性影响

规范性影响有时又称为功利性影响,它是指个人为了获得赞赏或避免惩罚而满足群体的期望。为了得到配偶或邻居们的赞同,你或许会专门购买某个品牌的葡萄酒,或者因为害怕受到朋友的嘲笑而不敢穿新潮服装。规范性影响之所以发生和产生作用,是由于奖励或惩罚的存在。广告商声称,如果使用某种商品,人们就能得到社会的接受和赞许,实际上就是利用了规范性影响。同样,广告商声称,如果不使用某种产品就得不到群体的认可(如牙刷和除臭剂),采用的也是群体对个体的规范性影响。

3. 价值表现上的影响

这类影响的产生以个人对群体价值观和群体规范的内化为前提。在内化的情况下,无须任何外在的奖惩,个体都会依据群体观念与规范行事,因为个体已经完全接受了群体的规范,群体的价值观实际上已成为个体自身的价值观。

(二)参照群体影响的程度

在某一特定情境下,参照群体可能对购买没有影响,也可能会影响到某类产品的使用及使用产品的类型或品牌的选择等。其中,对品牌的影响可能是对一类而不是单个品牌的影响。比如,某一群体可能会赞成(或反对)购买某类品牌。

与群体规范保持一致的程度是下面这些变量的函数。

(1)当产品或品牌的使用可见性很高时,群体影响力最大。对通气运动鞋来说,产品种类(鞋)、产品型号(aerobic)和品牌"锐步"(Reebok)都是可见的。一件衣服的种类和款式是可见的,但品牌较不明显。其他产品,如维生素的消费,一般是隐蔽的。参照群体通常在产品种类、型号或品牌等方面对那些可见性高的产品发挥重大影响。

(2)一件产品的必需程度越低,参照群体的影响越大。因此,参照群体对帆船等非必需品的购买有很大影响,而对冰箱等必需品的购买影响比较小。

(3)一般而言,个人对群体越忠诚,他就越会遵守群体规范。当参加一个渴望群体的晚宴时,在衣服的选择上,我们可能更多地考虑群体的期望,而参加无关紧要的群体晚宴时,这种考虑可能就要少得多。最近的一项研究对此提供了佐证,该研究发现,那些强烈认同西班牙文化的拉美裔美国人,比那些只微弱地认同该文化的消费者,更多地从规范和价值表现两个层面受到来自西班牙文化的影响。

(4)影响参照群体对个人行为作用力的另一个因素,是消费行为与群体的相关性。某种活动与群体的功能越有关系,个人在该活动中遵守群体规范的压力就越大。因此,着装对一个经常在豪华餐厅用餐的群体来说,就显得很重要,而对只在星期四晚上一起打篮球的参照群体成员来说,其重要性就小得多。

(5)最后一个影响参照群体作用力的因素,是个人在购买中的自信程度。研究表明,个人在购买彩电、汽车、家用空调、保险、冰箱、媒体服务、杂志书籍、衣服和家具时,最易受参照群体影响。这些产品,如保险和媒体服务的消费,既非可见又同群体功能没有太大关系,但是它们对个人很重要,而大多数人对它们又只拥有有限的知识与信息。这样,群体的影响力就会因个人在购买这些产品时信心不足而变得强大起来。除了购买中的自信心,有证据表明,不同个体受群体影响的程度也是不同的。

自信程度并不一定与产品知识成正比。研究发现,知识丰富的汽车购买者比那些购买新手更容易在信息层面受到群体的影响,并喜欢和同样有知识的朋友交换信息和意见。新手则对汽车没有太大兴趣,也不喜欢收集产品信息,他们更容易受到广告和推销人员的影响。

总结了参照群体对产品和品牌的影响方式,营销经理可以使用这种方式来判断参照群体可能在多大程度上影响个体对他们品牌的消费。

任务设计

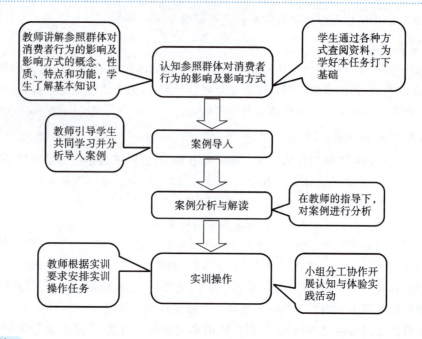

任务实施

◆ 导入案例①

阿什齐现象和人员推销

1. 经典阿什齐实验

将 8 名被试者带进一个房间,让他们看黑板上画的 4 条线段——其中 3 条线段紧挨在一起,另一条线段离它们有一段距离。然后询问他们,放在一起的不等长三条线段中,哪一条和第 4 条线段长度一样。被试者需要公开宣布他们的判断,其中 7 个人是实验者安排的,他们都宣布了错误的答案。

一无所知的那名被试者安排在最后宣布答案。在一种受控情境下,安排了 37 名真正的被试者,每位被试者做 18 次实验即报告 18 次,每次被试者报告时都没有其他人提供任何信息。结果,37 人中只有 2 人总共犯了三次错误。在另一个实验中,50 名"真被试者"被分别安排在其余成员均是"假被试者"的 50 个实验组里,在听到假被试者一致但错误的判断后,有 37 人总共犯了 194 次错误,而每种错误都与群体所犯的错误相同。

2. 人员推销中的阿什齐模式

一组潜在的顾客——一些小企业的老板和推销人员——被带到一个地方参加销售展示。当每种设计被展现时,做演示的推销员迅速浏览群体中每个人的表情,以便发现最赞赏该设计的那个人(如他不断点头)。然后,询问点头者的意见。当然,他的意见一定是赞同的。推销员还请他详尽地发表评论意见,同时观察其他人的神情,以便发现更多的支持者,

---

① 资料来源：http://share.yoao.com/download.asp?id=32296。

并询问下一个最为赞同者的意见。一直问下去,直到那位起先最不赞成的人被问到。这样,鉴于第一个人的榜样作用,以及群体对最后一个人产生的压力,推销员使群体中的全部或大部分人公开对该设计做出了正面的评价。

◆案例分析

群体规范的威力在被称为阿什齐实验或阿什齐现象(Asch phenomenon)的系列研究中得到验证。

同阿什齐实验的参加者交谈就会发现,许多人改变了他们原本正确的答案,这不仅仅是指口头上表达的依从性增加。应当指出的是,阿什齐试验中的被试者互不相识,被试者所要做的又是非常具体且具有客观正确答案的非智力性工作,依从性的结果,正是在这样的条件下获得的。这项研究曾被以各种方式重复,但是总是获得基本相同的结果。比如,互不相识的一组学生对一种新型减肥产品营养价值做出的评价,强烈地受到小组中其他成员意见的影响。不难想象,在朋友中间,彼此与群体保持一致的压力就更大了。当任务不明确,如面临偏好何种品牌或式样的问题时,情况尤其如此。

利用阿什齐现象进行人员推销的方法,依靠的正是参照群体的影响力量。

思考:

(1)利用阿什齐现象营造销售环境是否道德?

(2)为什么阿什齐实验的环境中能够产生出高度的一致性?

◆专项实训

1. 实训目标

了解群体对其成员的影响。

2. 实训内容①

香港著名节目主持人方太,原名任丽莎,因其丈夫姓方,人们习惯地称她为"方太"。她以贤妻良母的形象度过了20年,后因其出色的烹饪技术,被烹饪训练中心聘为讲师。如今她不仅是香港亚洲电视台烹饪教育节目资深主持人,而且是美食杂志《方太世界》的创办人,她的形象已成为香港、广东及整个东南亚地区家庭主妇的偶像。无独有偶,浙江宁波也有一家厨具公司生产"方太"牌深型吸油烟机,因其拥有"造型别致、吸排彻底、运转宁静、绝不漏油、拆洗方便、安全省电"等优点,被广大用户所推崇。产品问世时,公司领导就考虑到香港方太几乎是烹调技术革命的代名词,厨房用品以此命名,必将引发消费者对"厨房清洁好帮手"的联想。如今这家公司又与香港方太达成合拍"方太"牌吸油烟机广告新片的协议,这对消费者产生了更大的影响。

3. 实训步骤

(1)分小组对上述案例进行讨论,并回答下面的问题。

①这家公司利用群体对其成员的影响的主要方式是什么?

②这个案例对人们有何启示?

③描述你所属的两个群体。对于每个群体,列举出对你施加下列影响的两个例子:

a.信息性影响;

b.规范性影响;

---

① 资料来源:王惠琴.消费心理学[M].南京:东南大学出版社,2006.

c. 价值表现上的影响。
(2)每个小组将讨论的结果在班级中汇报分享。

4. 实训要求

(1)组长组织讨论分析活动。
(2)每个小组将结果在班级中分享。

5. 实训考核

(1)个人表现评分项目:专业知识储备(10分)、知识运用能力(10分)、语言表达能力(10分)、整体职业素养(10分)、团队合作意识(10分)。
(2)团队表现评分项目:每个环节内容完成的认真程度(30分)、小组整体课堂表现(20分)。

◆ 知识链接

群体由两个或两个以上具有一套共同的规范、价值观或信念的个人组成,他们彼此之间存在着隐含的或明确的关系,因而其行为是相互依赖的。参照群体是个人在某种特定情况下,作为行为向导而使用的群体。

群体可以按照不同的变量进行划分。营销者发现有三种划分标准最为有用,它们是成员资格、接触类型、吸引力。有的群体要求成员有成员资格,有的群体则不要求(如渴望群体)有成员资格。群体成员接触的实质是人际接触的深度。有着频繁人际接触的群体称为首要群体,只有有限人际接触的群体称为次要群体。吸引力是指群体对个人正面或负面的吸引程度。

规范是指在一定社会背景下,群体对每一群体成员行为的合适性的期待。任何群体中,规范都会很快地自发形成。与群体规范保持一致的程度是下面这些变量的函数:①产品使用的可见性;②个人对群体的忠诚度;③行为与群体功能的相关程度;④个人对他或她在产品领域所做判断的自信程度;⑤产品的必需性与非必需性及其程度。

思考:
(1)群体和参照群体有什么区别?
(2)什么是厌恶群体?厌恶群体以何种方式影响消费者行为?
(3)什么是渴望群体?渴望群体怎样影响消费者行为?
(4)群体影响有哪几种类型?营销经理为什么必须意识到各种群体影响类型?
(5)在某种情况下决定参照群体影响力强度的5个因素是什么?
(6)什么是阿什齐现象?营销者如何利用这一现象?

任务二　不同社会阶层的消费者行为

任务目标

1. 终极目标

掌握我国社会阶层的划分方法,提升分析解决消费心理和行为问题的能力。

2. 促成目标

(1)理解社会阶层体系所必需的5项标准；

(2)了解社会地位综合水平的含义。

必学理论

一、社会阶层的概念

"社会等级"与"社会地位"这两个词可以互换，意指社会的级别即社会按一种或多种因素判定的一个人相对于他人所处的地位。社会阶层从属于社会地位，如社会地位中包含上等阶层、中等阶层、工人阶层和下层阶层。

社会阶层体系是指对社会进行等级划分，即将社会按态度、价值观和生活方式等，划分为几个具有独特特征的人口群体。

社会阶层是依据一定的标准把各类消费者划归不同的社会等级。一般讲，属于不同阶层的消费者具有不同的消费习惯、消费观念和消费趋向；而同一阶层的消费者则有相似的消费心理特征。一个人处于哪个社会阶层不是单一地由某个因素决定的，而至少是由几个因素决定的。这些因素包括受教育程度、职业、经济收入、家庭背景、社会技能、居住条件及居住地区等。其中，受教育程度、职业和经济收入是尤为重要的。在市场营销学中通常是按经济地位和收入水平进行划分的。

(一)西方的划分方法

西方最有影响的是美国社会学家华纳的划分方法。他依据收入来源、收入水平、职业、受教育程度、居住条件、居住地区等，把社会成员划归七个不同阶层。

1. 上上阶层

该阶层占总人口不到1‰。上上阶层包括那些古老的、在地方上很显赫的家族——在其所属阶层和社交圈内至少保持了三代的贵族身份或富豪地位。这是一个社会中规模最小的群体。他们有着高雅的生活、良好的家族声誉、优越的出身、强烈的社会责任感。这些人往往穿着十分保守，但极其讲究，避免夸张的购买，常常周游世界。这个阶层人数很少，但他们的生活方式和消费习惯为其他阶层所向往而成为竞相模仿的对象。

2. 上下阶层

该阶层主要是由一些成功的企业家，具有很强专业知识和经商才干的高薪人士组成。在某种情况下，他们的收入往往比上上阶层的还多。他们中靠职业成就而缓慢获取财富的人并不试图仿效或超过上上阶层，是投资市场的主体。

3. 中上阶层

该阶层由一些具有专业技术特长的人员组成，如医师、学者、律师、企业经理等。他们虽无巨额财富，但有比较高且比较稳定的经济收入，同时有较深的文化素养和专业知识，在消费观念上追求自我价值的实现，重视文化生活，强调家庭子女教育，是高档商品的最佳消费者。

4. 中间阶层

该阶层由具有中等收入的"白领"、高薪"蓝领"和小企业主等组成的中产阶级，其人数大约占全体人口的32%。他们在社会成员中所占比例较大,一般从事较稳定的工作,收入一般。其消费观念常是量体裁衣,追求实惠,多比较看重时尚,具有较明显的品牌意识。他们向上发展的希望比较强烈,特别注重子女的教育问题。

5. 劳动阶层

该阶层由具有平均收入的广大"蓝领"组成,在美国大约占全体人口的38%。这个阶层的人比较注重亲属关系,需要从亲属那里得到经济上和情感上的帮助,如寻求工作机会、寻求购物指导等。由于收入有限,他们的居住条件比较简朴,而且一般只能居住在城乡接合部甚至脏乱的郊区。由于在社会成员中所占比例最大,他们的消费是容量最大的市场,是中低档商品的主要消费者。

6. 下上阶层

该阶层由收入水平较低的"蓝领"组成,他们没有一定的技术专长,受教育程度较低,收入有限,工作不稳定且很少有晋升的机会。其消费观念主要是追求商品的实用性,多购买价廉物美的低档商品,一般不太追求时髦商品和新潮商品。

7. 下下阶层

下下阶层是社会的最贫困阶层,他们的社会地位、收入和文化水平都是最低的。他们长期失业,是政府和非营利组织救助的对象。他们的居住条件最差,物资匮乏。由于缺乏学历和其他的个人资源,在没有外援的情况下,他们很难摆脱失业和贫困的状态。

(二)我国的划分方法

2002年,中国社会科学院有关专家以职业分类为基础,以组织资源、经济资源和文化资源的占有状况为标准划分当代中国社会阶层结构的基本形态,它由10个社会阶层和5种社会地位等级组成。这10个社会阶层是:国家与社会管理者阶层、经理人员阶层、私营企业主阶层、专业技术人员阶层、办事人员阶层、个体工商户阶层、商业服务业员工阶层、产业工人阶层、农业劳动者阶层和城乡无业失业半失业者阶层。

2003年,中国社会科学院社会学研究所的专家进一步对不同社会阶层的经济实力和消费状态进行了调查,以国际公认的恩格尔系数对各消费阶层进行了分类,包括最富裕阶层、富裕型阶层、小康阶层、次小康阶层、温饱阶层、贫困阶层、绝对贫困阶层,并对各阶层的消费差异进行了分析和研究。

1. 最富裕阶层

恩格尔系数小于0.29,占家庭总数不到10%,这一阶层的家庭由民营企业家、合资企业老板、著名演员和体育明星、名画家、名作家、包工头、证券经营获高利者组成。这些家庭在衣食住行各方面都讲求品质,对各种新型产品和休闲娱乐项目务求尽早享用。他们是高档商品的主要消费者。

2. 富裕型阶层

恩格尔系数为0.30~0.39,占家庭总数的10%以上,主要由具有一定专业技术和特长的管理人员、技术人员、比较成功的个体经营者组成。他们在饮食方面更讲求快捷、服装方面更讲求个性、居住条件和交通方面也具有较高的水准,乐于使用各种电子信息类新产品,用于社交的时间比例最大。

3. 小康阶层和次小康阶层

恩格尔系数为0.40～0.59,约占家庭总数的40%,我国大中城市和较发达农村的大部分家庭都属于这一范围内。这些家庭由于已基本具备良好的生活条件,在生活水平的衣食方面与前两个阶层差异并不十分明显,通信消费和上网人数上也没有明显劣势,主要的消费差异体现在居住条件和交通方面,以及闲暇消费方面,也因为如此,这一阶层必然是今后这些方面消费的主力,由于数量庞大,他们的总体消费能力也可以给适销产品的厂家带来丰厚的回报。

4. 温饱阶层

恩格尔系数为0.60～0.69,这部分家庭主要由内地中小城市普通居民家庭及没有额外收入的工薪阶层组成,约占家庭总数的20%。这些家庭在维持生理性需要的前提下,收入略有结余。他们开始谨慎地扩展消费项目,但由于经济并不宽裕而具有强烈的忧患意识。该阶层支持子女教育,储蓄为其主要消费心理倾向。

5. 贫困阶层和绝对贫困阶层

恩格尔系数大于0.70,甚至大于0.80,约占家庭总数的20%。其主要包括城市中的失业下岗人员、低收入职工和一部分贫困地区的农村家庭。他们几乎要将全部收入用来维持基本生活,因而无从产生独立、清晰的消费意识,只是被生理需求牵着走,求廉、求实是其主导性消费动机。

当然,由于个性差异,上述阶层消费心理特征在具体个体身上的表现也会有所不同。而且由于我国社会阶层划分因素单一,同一收入阶层也可能会产生很大的消费差异。

二、社会地位综合水平

如今,国泰民安,"老师"成为流行称谓。无论在电视选秀的现场,还是在访谈节目中,主持人大多称对方为某老师,听者也欣然接受。作为一名老师真没有想到,"老师"也竟然成为世人引以为傲的称呼。北京等一些省市,规定老师的工资,不低于当地公务员的平均工资,使老师的社会地位得到进一步提高。这是对老师辛勤劳动的一种肯定,对于老师本身也是一种光荣;同时,又是时代赋予老师的一份责任。

社会阶层体系存在于一个社会,每一单个社会阶层必须满足五项标准或条件:封闭性、顺序性、排他性、穷尽性、独特性。封闭性是指各社会阶层之间界限清楚,也就是每个阶层包括哪一类或排除哪一类人有一定的原则界限的属性。顺序性是指各个阶层能从高到低按身份和地位排列的属性。排他性是指特定的社会成员只能属于一个社会阶层(尽管随着时间的变化由一个阶层转入另一个阶层是很有可能的)的属性。穷尽性是指每一个社会成员必须落入某一特定的社会阶层的属性。独特性是指一定社会体系的不同社会阶层之间其行为是有差异的属性。

根据以上5个标准,很明显大多数工业化国家不存在严格意义上的社会阶层体系。

无论是从功能上看,还是从统计数据上看,社会地位的各个方面都是相互关联的。从功能上看,父母的地位影响其子女的教育,子女所受的教育又影响其职业和收入来源。而收入的多少决定了他们的生活方式。这是否就意味着从某方面看社会地位高的人,从其他方面看他的社会地位也相应高呢?这是社会地位的综合性问题。社会地位综合水平是指确立个人和家庭的社会地位的各方面因素的一致性(如高收入、高学历)。一个人社会地位的各个方面越一致,他的社会地位的综合水平就越高。美国社会地位的综合水平属中等。例如,很多蓝领(如管道工和电工)的收入比很多专业人员高(如公立学校教师)。

三、社会阶层对消费行为的影响

美国不同社会阶层的所思所想和生活水平界限分明。尽管美国人自认为美国是一个平等的社会,但是美国人之间在与社会地位有关的各个方面都迥然不同。

社会阶层对消费行为的影响主要有以下几个方面。

(1)对商店的选择。大部分消费者,倾向于在符合自己身份的商店里购买商品。

(2)消费倾向。社会阶层的高低与消费倾向成反比,即所属的阶层越高,储蓄倾向越大,消费倾向越小;所属阶层越低,则储蓄倾向越小,消费倾向越大。

(3)消费信息的传播、接受方式和渠道。低阶层消费者习惯于从个人角度具体地描述所观察到的世界,而中阶层或高阶层的消费者能够从许多不同的角度去描述。不同社会阶层的个体在表达某一个事物时使用的词汇也存在差异。

任务设计

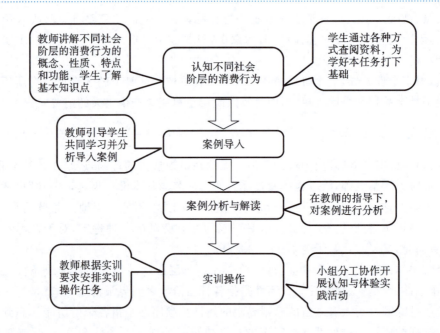

任务实施

◆ 导入案例[①]

中国经济学家描述了中国社会的5种消费阶层。

(1)超级富裕阶层。该阶层主要是由成功的私有企业或中外合资企业的老板组成的。他们有数百万资产,经常出入酒店,毫无顾忌地购买自己喜欢的物品。

(2)富裕阶层。该阶层大都是由中外合资企业的高级管理人员或专业技术人员、高级知

[①] Y Yigang. "Five levels of consumption," trade promotion[J]. China Council for the Promotion of International Trade & China Chamber of International Commerce,1993 16:10-11.

识分子、演员、有较富裕的海外亲属者、中小项目的承包商组成的。他们收入丰厚,节假日或周末常外出就餐。他们毫无顾忌地购买高档商品。

(3)小康阶层。该阶层包括合资企业的中层管理人员、知识分子、个体业主或商人、包工头,他们生活舒适。

(4)温饱阶层。该阶层是由效益较好的企业工薪族组成的,有少量的存款。他们的消费倾向是价廉而实用的商品。他们对商品的耐用性和售后服务有很高的要求。

(5)贫困阶层。该阶层没有存款,几乎难以糊口,他们孩子多、工作单位又不好,只能购买廉价的生活必需品。

分析:

在每个社会中人们的态度、价值观和生活方式等都不相同,这样就形成了几个具有独具特征的人口群体,即社会阶层。每个社会阶层的成员都有一套独特的行为模式,由此使社会阶层这一概念对营销者具有重大意义。

思考:

(1)为什么在每个社会都存在社会阶层?

(2)不同社会阶层的存在是好事还是坏事?

◆专项实训

不同阶层对不同品牌啤酒的消费分析。如表5-1所示。

表5-1 对不同品牌啤酒的消费分析[1]

品　　牌	上层/中上层	中层	中下层	下上层/下层	各 个 阶 层
库尔斯(Coors)	22	54	16	2	3
百威(Budweiser)	4	46	37	7	4
米勒(Miller)	14	50	22	6	6
迈克罗布(Michelob)	67	23	4	1	2
老风格(Old Style)	3	33	36	22	1
萌芽[2](Bud Light)	22	53	14	3	5
海尼贡[3](Heineken)	88	9	1	—	1

1. 实训目标

了解阶层对消费者的影响。

2. 实训内容

(1)训练学生对影响消费者的社会因素的分析能力。

(2)训练学生思考、归纳、说明及团队协作能力。

3. 实训步骤

(1)分小组讨论,请总结美国的不同阶层对不同品牌啤酒的消费情况。

---

[1] K Gronhaug,P S Trapp. Perceived Social Class Appeals of Branded Goods[J]. Journal of Consumer Marketing,1989:27.

[2] 对某个阶层最为合适的品牌的百分比。

[3] 地方啤酒。

(2)分小组进行技能训:分别在价格高的、适中的、较低的商店采访下列商品的各一名推销员,并了解他们对顾客社会地位的观察,看看他们针对不同阶层消费者的销售策略是否相同。

①男装;

②女装;

③家具;

④珠宝。

(3)每小组将讨论结果在班级中汇报分享。

4. 实训要求

(1)分小组讨论。

(2)小组成员将实训结果在班级中分享。

5. 实训考核

(1)个人表现评分项目:专业知识储备(10分)、知识运用能力(10分)、语言表达能力(10分)、整体职业素养(10分)、团队合作意识(10分)。

(2)团队表现评分项目:每个环节内容完成的认真程度(30分)、小组整体课堂表现(20分)。

◆ **知识链接**

"社会等级"与社会阶层体系是指对一个社会进行等级划分。根据人们的社会态度、价值观和生活方式,把社会划分为几个相对稳定的具有某种相同特征的人口群体。一个人处于哪个社会阶层不是单一地由某个因素决定的,而至少是由几个因素决定的。这些因素包括受教育程度、职业、经济收入、家庭背景、社会技能、居住条件及居住地区等。其中,受教育程度、职业和经济收入是尤为重要的。2003年,中国社会科学院社会学研究所的专家进一步对不同社会阶层的经济实力和消费状态进行了调查,以国际公认的恩格尔系数对各消费阶层进行了分类,包括最富裕阶层、富裕型阶层、小康阶层、次小康阶层、温饱阶层、贫困阶层、绝对贫困阶层。并对各阶层的消费差异进行了分析和研究。

在一个社会阶层体系中,每个阶层必须符合5个标准:①封闭性;②顺序性;③排他性;④穷尽性;⑤独特性。社会地位综合水平是指确立个人和家庭的社会地位的各方面因素的一致性(如高收入、高学历)。一个人社会地位的各个方面越一致,他的社会地位的综合水平就越高。

社会阶层影响对商店的选择,影响消费倾向,影响消费信息的传播、接受方式和渠道,应引起营销者注意。

思考:

(1)什么是社会阶层?

(2)描述社会阶层体系所必需的5个标准是什么?

(3)社会地位综合水平的含义是什么?

(4)简述我国每一社会阶层的主要特征。

(5)简述社会阶层对消费行为的影响。

任务三　家庭生命周期和家庭购买决策

任务目标

1. 终极目标

掌握家庭生命周期与消费变化,提升分析解决消费心理和行为问题的能力。

2. 促成目标

(1)了解家庭的性质和家庭消费决策类型。
(2)充分理解家庭生命周期各个阶段的一般特点。
(3)了解家庭经济收入对消费的影响。

必学理论

一、家庭的性质

家庭是大多数产品的基本消费单位。住房、汽车和家用电器等产品,大部分是为家庭所消费的。另外,个人的消费模式,往往与家庭其他成员的消费模式密切相关。例如,如果家长同意为孩子购买自行车,那么父母可能就得放弃外出度假的机会,或者取消为孩子购买新衣服的打算,或者削减其他家庭成员的某项开支。因此,营销者应当将家庭视为一个消费单位。

(一)家庭的概念

家庭是指以婚姻关系、血缘关系或收养关系为基础组成的一种社会生活组织或基本的社会单位,是社会生活的细胞。家庭的基本成员是由父母、夫妻、子女构成的。家庭是一个基本的消费单位。在当代西方消费经济理论中,从家庭的角度来分析消费结构问题的论著较多,产生了许多有效的分析方法,如"家庭文明"分析、"家庭消费支出功能"分析、"家庭生命周期"分析、"家庭构成"分析、家庭消费与投资关系分析等。所有这些都可以用来分析家庭因素对家庭本身或个人消费行为的影响。

(二)家庭的分类

根据家庭的构成,可以对家庭进行如下分类。

(1)单身家庭,是指一个人独立生活的家庭,包括未婚的单身男士或女士;丧偶无子女或子女不住在一起的家庭;离异尚未再婚的家庭等。

(2)配偶家庭,是指已婚无子女(又称为丁克家庭)或子女不在身边的家庭。

(3)核心家庭,是指已婚夫妇与子女同住的家庭,是基本的家庭类型,核心家庭在每种文化中都很重要。

(4)复合家庭,是指已婚夫妇与子女、父母等同住的家庭。

(5)单亲家庭,是指这种家庭可能是由于夫妻一方死亡造成的,更多的则是由于离婚造成的家庭。无论哪种情况,孩子都更有可能和夫妻一方住在一起,从而形成单亲家庭。

随着社会结构的变化,过去封闭式的家庭结构已经开始发生变化了,变为开放式的家庭结构。大、中型家庭日益向小型家庭转化。

(三)家庭结构对消费结构的影响

家庭规模的小型化对家庭消费结构带来重大影响,具体表现如下。

(1)家庭小型化的结果,使孩子的消费品趋于高档化、多样化,孩子的娱乐用品、服装、营养品的需求量将逐步增大。

(2)随着家庭规模趋小,家庭生活用品也趋向小型化,如家庭用炊具、锅碗等。

(3)家庭购买耐用消费品的数量、种类都会增多。

(4)饮食结构同时也会变化,如在外吃饭的人数和次数增多,方便食品、罐头食品的消费量会增加。

(5)家庭用于医疗、文化娱乐等方面的支出比重增大。

综上所述,家庭结构的变化不仅对家庭自身消费结构产生影响,对工商企业、服务业等也都产生直接影响。

二、家庭消费决策类型

家庭消费决策是指家庭在发挥其消费职能的范围内,从实际出发,确立所要达到的消费目标,选择正确的途径和方法,使预定的目标能够最大限度地实现。简单地说,就是分析条件、确定目标、选择途径、实现最佳消费行为。对一个家庭而言,收入总是有一定限度的,所以消费范围以及满足消费目标的程度也是有限的。在各种家庭需要难以同时兼顾的情况下,家庭的决策者要确保家庭的整体利益和重大利益,敢于放弃某些消费。

从家庭权威的中心点角度来划分,可以把家庭角色类型分为以下几类。

(1)丈夫决策型。家庭中商品的购买决策大多由丈夫做出。其原因是丈夫是家庭中收入的主要来源,这种类型目前在农村中还比较普遍,是中国较为传统的家庭决策类型。

(2)妻子决策型。家庭中商品购买决策主要由妻子做出。其原因比较复杂,妇女地位的提高和经济收入的增加是主要的原因。

(3)共同决策型。家庭的购买决策由夫妻二人共同做出。这种类型往往基于夫妻平等、关系融洽、思想开放、民主气氛浓厚的家庭。这种类型的家庭通常生活在城市,与受教育程度有直接关系,是理智型购买。

(4)夫妻各自决策型。夫妻双方各有收入,经济上相对独立,家庭的购买决策由双方自主地做出。这种决策成因复杂,可能是双方都有高收入,购买随意性大;可能是双方的性格独立,个性鲜明,自尊心强;还可能是关系恶化,貌合神离,各自为政;也可能是离异后重组,关系尚未融洽。

从所购商品的因素来划分:对于不同的商品,家庭成员发挥的作用也不同。如家庭食品、日用杂品、儿童用品、装饰用品等,女性影响作用大;五金工具、家用电器、家具用具等,男性影响大;价格高昂、全家受益的大件耐用消费品,文娱、旅游方面的支出,往往由夫妻协商。家庭中孩子可以在家庭购买特定类型产品的决定上产生某些影响,如对购买点心、糖果、玩具、文体用品等商品就有较大影响。在我国当今的城市家庭中,妻子与丈夫有平等的经济收入,她们有工作,还承担了更多的家务,家庭经济多为她们控制,家庭的大部分日用品及耐用消费品大多在她们的影响下购买,这在城市家庭中已成为很普遍的现象。

工商企业了解家庭消费中每一成员的不同作用,可以有针对性地进行促销宣传,制定相应的推销策略,减少促销的盲目性。为了更好地满足消费者的需要,促进企业产品的销售,工商企业必须认真研究一般家庭是怎样做出购买决策的。

三、家庭生命周期与消费变化

美国家庭的传统概念是十分简单的:人们在20多岁结婚(1960年,男子的平均结婚年龄是22.8岁,女子的平均结婚年龄是20.3岁),然后生育几个孩子。等到孩子们长大成人开始建立自己的家庭时,最初的这对夫妻也到了退休的年龄。最后,夫妻双方去世后,就完成了家庭生命周期。

家庭生命周期对细分市场和制定营销策略的人来说,是一项非常有用的工具。家庭生命周期是由家庭发展的各个阶段构成的,通常依据家庭主人的婚姻状况来划分这些阶段,比起只按家庭结构等单一因素划分来研究家庭及其成员的消费行为更为透彻。一般来说,家庭生命周期划分为五个阶段:单身阶段、新婚阶段、做父母阶段、做父母之后的阶段、分解阶段。对家庭生命周期中的每一个大致阶段来说,都有着许多共同的、明显的消费行为特征。这样,他们就形成了潜在的细分市场。

1. 单身阶段

人到青年期以后由于就业等原因,逐步脱离家庭而单独生活。年轻人刚刚独立出来又没有结婚的这段时期属于家庭生命周期的第一阶段。大多数人将会恋爱、结婚。他们会尽可能地美化自己,并尽量参与广泛的社交活动,娱乐场所也成了他们常去的地方。如果恋爱并确定结婚,他们就要准备结婚用品,从住宅、家具、服装、结婚仪式到蜜月旅行的用品都要购买。他们往往会得到双方父母和朋友们的援助,此时的购买能力达到了高峰。

2. 新婚阶段

新婚阶段是指从结婚到第一个孩子出生的这段时间。这一阶段和单身期间在很多方面是相似的。他们有充足的业余时间去旅游和娱乐。在购买方面,结婚时大件商品已经基本齐备,婚后就是进一步充实和美化了。但在城市中,有部分贷款买房的年轻人,就会承担还款的压力。

3. 做父母阶段

孩子的出生,作为家庭来说,就意味着新婚阶段的结束,二人世界被打破,开始了为人父母的新阶段。这个阶段在家庭生命周期里是最长的,因为孩子往往要长大就业了才能独立生活。反映在消费活动上,往往消费重心会由夫妻转向孩子。他们必须购买孩子的用品,从食品、服装、玩具、药品到文化学习用品。过去要美化家庭环境、外出游玩、外出就餐,现在不仅因照料孩子没有时间,而且经济条件也会受到限制。

在做父母的这一阶段中,由于孩子从小到大的需要在发展变化,满足他们需要的购买物品和他们对家庭生活状况的影响也在发展变化,为了把这一漫长的阶段分析得更清楚,又可以把该阶段分为更小的阶段。例如,可以把孩子的不同发展阶段相应地分为婴幼儿期、少年期和青年期等。在婴幼儿期,父母主要是为孩子购买食品、衣服、药品、玩具等。到了少年期,孩子上学以后,父母要支付教育费用,但父母用在照料孩子上的时间就会相对少一些。

做父母阶段对西方国家家庭消费水平的影响更显著一些。中国传统的三代人共同生活的家庭,年轻夫妻为人父母,个人的消费水平降低了,但夫妻双方父母的收入可以用来减轻夫妻的负担。中国的多代人家庭以家庭为购买单位，这在一定程度上减轻了孩子对家庭消费水平的影响。

4. 做父母之后的阶段

做父母之后的阶段是指子女已经独立生活或者可以不依靠父母的家庭阶段。这一阶段一般是家庭经济状况最好的时期，父母的收入由于业务技能的提高和从业时间的增加会比年轻时多，家里的大件商品也大多齐备了。所以父母这时可以做他们过去没时间或没条件做的事情，如营养保健、锻炼身体，甚至外出旅游等。

5. 分解阶段

过完做父母之后的阶段，就到了家庭生活中的最后一个阶段，即分解阶段，这个阶段是从丧偶开始的，家庭收入明显减少。老年人渴望健康长寿，其消费支出大部分用于食品和医疗保健用品，穿用部分的比重逐渐下降，尤其是娱乐费、交通费及耐用家电支出下降。在进行购买决策时，父母更缜密、更稳健、更内含。有调查表明：老年男子在烟、酒、洗理费等方面花费零用钱较多，老年女子在点心、水果和化妆品等方面花费零用钱较多。

有关家庭生命周期分类的方法给人们了解家庭生活的全过程提供了一个途径。但是它并没包括很多特殊的情况。例如，有些家庭没有子女，有些家庭中途破裂，有些家庭则在生活早期阶段丧偶等。尽管如此，这种方法对市场细分和解释一些具体的消费行为还是非常有用的。

四、家庭经济收入

消费者任何消费动机的实现，或是生理、心理需要的满足，都要有经济收入作基础。因此，家庭经济收入制约着家庭与个人的购买能力、购买方式、消费结构和生活习惯等。如果经济收入十分有限，其家庭成员的高层次需要和心理性动机就要受到抑制，这时就要先让位于低层次需要或生理性动机。

根据我国对城市职工收支抽样调查和市场实地调查，可以看出，家庭经济收入状况的影响体现在不同的方面。

1. 对消费支出结构的影响

从消费结构中生存、享受、发展三种属性进行分类，由于家庭收入高低的不同，将家庭类型划分为以下几类。

(1) 生存消费型家庭。这类家庭用于生存资料消费的开支占绝大部分。他们所消费的消费品质量不高，以维持正常生活为标准，文化精神方面的消费比重小，家庭消费内容单调。

(2) 生活享受型家庭。这类家庭在物质生活方面向高、精方向发展，享受资料的消费在家庭消费资金中占相当大的比重；文化精神消费欲望强烈，家庭消费内容比较丰富。

(3) 生活发展型家庭。这类家庭消费内容已达到相当丰富的程度，开始追求高质量、高品位的物质方面、精神方面的消费，发展型消费资料的消费在家庭消费基金中已占比较高的比重。

2. 对消费者购买动机的影响

收入高的家庭求新、求美、求名等动机强烈，而收入低的家庭求廉、求实、求利动机强烈。在市场上还发现，有些消费者对简便或不包装的零售食品，对削价、积压、滞销而处理的商品很感兴趣。由此可见，家庭经济状况对消费者选购商品的出发点及目标有影响。

3. 对耐用品拥有量及更新商品的影响

一般来讲,家庭实际人均收入水平越高,耐用消费品拥有量越多。我国居民素有"三大件""五大件"之类的俗称。此外,收入高的家庭,相对来说商品更新快、使用周期短、"心理废弃"的现象较多。而收入低的家庭,商品更新较慢,使用周期长,不仅正常更新的情况较多,而且,延迟损耗性消费也多,如家用自行车、电器等,通过维修,延长使用寿命,节省开支。

就我国目前家庭消费而言,具有均等性、稳定性和集约性等特点。所谓均等性,即家庭成员在消费生活方面是平等的。成年人基本上能够互相协商购买决策,全家共享商品的使用价值。所谓稳定性,是指我国家庭收入一般比较固定,因而用于消费支出及各项消费品之间的分配比较稳定和均衡;同时,正常的家庭生活受制度和法律保护,家庭成员之间的关系维系紧密,生活安定、和睦、幸福。所谓集约性,是指家庭通常集中较多的消费资金用于某一项或者某几项消费之上。但也由于每一家庭所属的民族文化、社会阶层、宗教信仰、职业性质及教育程度的制约,形成了各自的家庭消费风格、家庭消费习惯、家庭消费态度等。每个消费者一般都要在一个特定的家庭中生活一定的时间,老一辈家庭成员的消费行为会潜移默化地遗传给下一代家庭成员;同时,家庭成员在共同消费中的互相作用又不断改变着、革新着家庭消费意识及行动。从大家庭里分化出去的各个小家庭,乃至每一个家庭成员的消费行为都必然带着原有家庭消费特征的烙印。因此,工商企业在研究消费者行为时,绝不能忽视家庭的影响作用。

五、家庭对消费的影响力

家庭不仅对消费行为有着直接的影响,而且在孩子社会化的过程中担当着重要的角色。通过家庭的文化,将特定社会阶层的观念和行为方式传达给下一代,因此,除了购买和消费方式之外,家庭还强烈地影响着人们的生活态度和技能。

(1)家庭决定了其成员的消费行为方式。从消费活动上看,子女的消费方式深受父母等长辈的消费习惯和方式的影响,在不自觉中会形成与他们相同的消费习惯。

(2)家庭的消费价值观影响其成员的价值观。主要表现在对消费行为的价值和意义的认识上。

(3)家庭的消费决策方式也会对家庭成员的消费行为产生一定的影响。

家庭是指以婚姻关系、血缘关系或收养关系为基础组成的一种社会生活组织或基本的社会单位,是社会生活的细胞。

家庭生命周期对细分市场和制定营销策略的人来说,是一项非常有用的工具。一般来说,家庭生命周期划分为五个阶段:单身阶段、新婚阶段、做父母阶段、做父母之后的阶段、分解阶段。对家庭生命周期中的每一个大致阶段来说,都有着许多共同的、明显的消费行为特征。这样,他们就形成了潜在的细分市场。

家庭经济收入制约着家庭与个人的购买能力、购买方式、消费结构和生活习惯等。如果经济收入十分有限,其家庭成员的高层次需要和心理性动机就要受到抑制,就要先让位于低层次需要或生理性动机。

任务设计

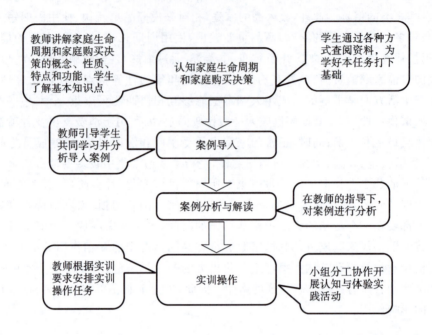

任务实施

◆ 案例分析[①]

Intel(英特尔)公司抓住商机,在全国范围内开展"这个暑期有点不一样"大型推广活动。针对暑假中的一般学生、高考完的高三学生、大学入校新生3个目标群,推出超线程(HT)组合、金装正品组合、迅驰组合以供学生选择。以"放飞你的心情""不和爸爸抢电脑""安心学习的假期""你的宿舍有迅驰吗"为主题构成整体活动,富有针对性的活动内容使处于不同阶段的学生均能感受到非同寻常的惊喜,实现了迅驰产品的旺销。

家庭生命周期中的做父母阶段:孩子上学以后,主要支付各种学习和教育费用,而且随着年级的升高,各种费用也越来越高,特别是高中阶段和大学阶段,对父母来说,仅仅学费就是一笔很大的开销,加之,孩子的新需求在不断增加,消费模式在不断改变,大多数城镇家庭都是独生子女,父母会尽量满足孩子的有用需要。

◆ 专项实训

1. 实训目标

了解家庭成员在购买决策过程中的作用。

2. 实训内容

家庭成员共同决策[②]。

"前进策略"最新发布的一项调查结果发现:价格是决定家庭集体决策购物的首要因素,

[①] 资料来源:申纲领.消费心理学[M].北京:电子工业出版社,2007。
[②] 资料来源:臧良运.消费心理学[M].北京:电子工业出版社,2007。

单价在3000元以上的产品就需要家庭成员共同决策。

从调查结果来看,消费者认为需要与家庭成员共同决策购买的每件产品的均价为3022元以上。而从价格分布来看,30.9%的受访者表示价格为1000～2000元的产品需要和家人商量,占到整个受调查人数的近1/3,由此看来,在考虑购买价格为1000元以上商品时,大部分人会与家人商量。

本次调查中,有87.5%的受访者表示,在购买金额较大的商品时一定会与家人商量后才会购买,远高于其他因素。另外,家人共同使用的商品,其家庭集体决策购买的比例也会较高,占到了41.7%,其余依次为高科技产品,家人更有购买经验的产品及第一次购买的产品,只有0.3%的受访者明确表示自己做主,不需要参考家人的意见。

3. 实训步骤

(1)分小组讨论,结合上述资料回答下面问题。
①你所属的家庭在多大程度上与本案例的调查结果相符?
②这个案例对市场营销有何启示?
③技能训练:访问处于家庭生命周期各阶段的人各一名。确定并报告在多大程度上这些人与文中描述的相符。
(2)小组成员将讨论结果在班级中汇报分享。

4. 实训要求

(1)组长组织讨论。
(2)小组将讨论结果在班级中分享。

5. 实训考核

(1)个人表现评分项目:专业知识储备(10分)、知识运用能力(10分)、语言表达能力(10分)、整体职业素养(10分)、团队合作意识10分。
(2)团队表现评分项目:每个环节内容完成的认真程度(30分)、小组整体课堂表现(20分)。

◆ 知识链接

家庭(family)是一种以血缘为基础、具有情感纽带的社会单元,以共同的住处、经济合作和繁衍后代为特征。如今家庭的类型越来越丰富,除了以异性恋血亲制度为特点的传统家庭,还出现了如收养家庭、寄养家庭、单亲家庭、同性家庭等多元的家庭形态。

根据现有研究,中国当代家庭变化的趋势是规模变小、代数变少,主要家庭模式趋于稳定,但家庭形式更为多样,家庭关系既亲密又疏远。由于家庭观念的悠久传承和结构性因素的制约,传统家庭的形式仍占据主导地位,生、养、教化功能仍多由家庭承担。

尊重不同的家庭类型,以及认识家庭、养育和婚姻中的责任是全面性教育中的重要内容。联合国在《国际性教育技术指导纲要》(修订版)中提到,儿童青少年应当了解不同类型的家庭并给予尊重,了解爱与协作的重要性;同时了解家庭成员之间不同的需求和角色,以及在家庭成员的责任和角色分配上存在社会性别不平等。

思考:

(1)什么是核心家庭?单亲家庭可以成为核心家庭吗?
(2)什么是复合家庭?
(3)什么是家庭消费决策?家庭消费决策的类型有哪些?

(4)家庭生命周期的含义是什么?
(5)描述家庭生命周期各个阶段的一般特点。
(6)家庭经济收入对消费有哪些影响?
(7)家庭对消费的影响力?
(8)试从不同家庭生命周期的特点来分析Intel公司成功的原因。

任务四　消费习俗和消费流行

任务目标

1. 终极目标

能从消费习俗和消费流行来分析消费者心理和行为的差异。

2. 促成目标

(1)理解消费习俗、消费流行。
(2)掌握消费习俗和消费流行对消费者行为的影响。

必学理论

一、消费习俗的含义

消费习俗是指消费者受共同的审美心理支配,一个地区或一个民族的消费者共同参加的人类群体消费行为。它是人们在长期的消费活动中相沿而成的一种消费风俗习惯。在习俗消费活动中,人们有着特殊的消费模式,主要包括人们的饮食、婚丧、节日、服饰、娱乐消遣等物质与精神产品的消费。

消费习俗具有群众性。一种消费习惯如果适合大多数人的心理和条件,那么就会迅速在广大的范围里普及,成为大多数人的消费习惯。消费习俗一经形成便具有历史继承性及相对稳定性,就不易消失。消费习惯所引起的消费需求具有一定的周期性。这里所指的是消费心理和消费行为的统一,如人们对某一消费品引起注意,产生兴趣,于是购买,通过消费,感到满意,逐步形成习惯性的兴趣、购买和消费。反复的消费行为加强了对某种消费品的好感,而经常的好感、购买,必然促使某种消费行为成为习俗。所以,消费习俗就是基于习惯心理的经常性消费行为。消费风气不是消费习俗。消费风气是以商品为中心,该商品生命周期完结消费风气就随之结束。而消费习俗是以社会活动为中心,习俗一旦出现,就会在相当长的时期内不断重复出现。如"过年"是一个全民辞旧迎新活动,端午节是一个全民性的祭奠屈原的活动。

消费习俗的这种特定内涵对消费品市场有着重要影响。不同的消费习俗造就不同的消费者。它要求工商企业营销者去研究不同习俗的各自含义和对应的不同消费需求。

二、消费习俗的特征

消费习俗是指一个地区或一个民族约定俗成的消费习惯,它是社会风俗的重要组成部分。消费习俗具有某些共同特征。

(1)长期性。一种习俗的产生和形成,要经过若干年乃至更长时间,而形成的消费习俗又将在长时期内对人们的消费行为发生潜移默化的影响。

(2)社会性。某种消费活动在社会成员的共同参与下,才能发展成为消费习俗。

(3)地域性。消费习俗通常带有浓厚的地域色彩,这是特定地区的产物。

(4)非强制性。消费习俗的形成和流行,不是强制发生的,而是通过无形的社会约束力量发生作用的。约定俗成的消费习俗以潜移默化的方式发生影响,使生活在其中的消费者自觉或不自觉地遵守这些习俗,并以此规范自己的消费行为。

三、消费习俗的分类

由于分类方法不同,亚文化有多种多样,因此,亚文化中的消费习俗也是多种多样的。

1. 民族亚文化中的消费习俗

一个社会文化中,不同民族可分为若干文化群。如中国有汉族、回族、藏族、蒙古族等亚文化群;美国有爱尔兰人、波多黎各人、波兰人、华人等亚文化群。民族亚文化可以影响消费行为,如东、西方民族的生活习惯、价值观等就大相径庭。如美国人的价值观是个人中心论,他们强调个人的价值、个人的需要、个人的权力,他们努力改变客体以满足主体的需要,因此,在消费行为上喜欢标新立异,不考虑他人的评价。而中国人不习惯于成为社会中独特的一员,而习惯于调节自身以适应社会,在消费行为上常常考虑社会习惯标准及他人的评价。我国拥有56个民族,各个民族都有自己的社会政治和经济发展历史,有自己的民俗民风和语言文字等,由此形成了各民族独具特色的消费行为,如维吾尔族的四楞小花帽、藏族的哈达、蒙古族的长袍,无一不表现出独特的习俗。

2. 人种亚文化中的消费习俗

人种亚文化也称为种族亚文化,如白种人、黄种人、黑种人、红种人和棕种人的文化。人种是同一起源并在体质、形态上具有某些共同遗传特征的人群。各色人种有发色、肤色、眼色的不同,有体形、眼、鼻、唇在结构上的差异,这都会对消费行为产生影响。如对某些商品颜色的选择就不同,一般黑种人爱穿浅颜色的衣服,白种人爱穿花衣服,黄种人爱穿深色的衣服。

3. 地理亚文化中的消费习俗

自然环境是人们物质文化生活的必要条件之一。地处山区与平原、沿海与内地、热带与寒带的民族在生活方式上存在的差异,是显而易见的。如有的人以大米为主食,有的人以面粉为主食,有的人爱吃辣,有的人爱吃甜,有的人爱吃羊肉抓饭,有的人爱喝酥油奶茶。在埃及东部撒哈拉地区的人们,洗澡不用水而是用细沙,甚至牲畜的内脏也只用细沙擦洗就食用了。严重缺水的自然环境,造成了人们以沙代水的生活习俗。地理亚文化对人们的衣、食、住、行方面的习俗影响明显,使得对生活在不同地理环境中的不同国家、地区和民族的消费习俗具有约束和决定作用。

4. 宗教亚文化中的消费习俗

宗教是支配人们日常生活的外在力量在人们头脑中幻想的反映。随着人类历史的发展,宗教在不同民族里又经历了极为不同和极为复杂的人格化,它是一种有始有终的社会历史现象。有着不同的宗教信仰(佛教、天主教等)和宗教感情的人们,就有不同的文化倾向和戒律,存在着不同的信仰性消费习俗和禁忌性消费习俗。

5. 职业亚文化中的消费习俗

由于人们在社会中所从事的作为主要生活来源的工作,其性质、劳动环境和要求的知识技能等不同,形成了消费行为的差异。如购买上班穿的服装,演员选择的可能是新颖美观,突出个性的服装;从事体力劳动的消费者,倾向选择结实耐穿、物美价廉的服装;办公室工作人员则可能考虑大方庄重、舒适方便的服装。

6. 节日亚文化中的消费习俗

不同民族,虽有自己不同的传统节日,但节日能给人们产生强烈的社会心理气氛,使人们产生欢乐感,从而吸引人们纷纷购买节日用品,以此来满足物质需要与精神需要。节日期间,人们的消费欲望强烈,本来平时不想购买的商品此时也购买了。节日激发人们的交往活动,为了表达友谊、心意,人们探访时往往互赠礼物,互祝喜庆,各得吉祥之意。孩子在节日里是最欢快的、最幸福的,父母亲与亲朋好友为了使孩子高高兴兴地过节,就会购买一些孩子爱吃的食物、爱穿的衣物和喜爱的玩具。在欧美,节日多,最盛大的节日就是圣诞节。虽法定在每年12月的25至26日放假,实际上假日是从12月中旬延续到次年1月中旬。节日除购买食品以外,还要购买大量生活用品,这个时期总是销售的旺季。专为圣诞节准备的特殊消费食品有核桃、花生仁、圣诞老人型糖果等,装饰品有彩蛋、木蛋、草制品、花、鸟、兽等小工艺品等。用于节日的各种商品必须赶在节日前运到,一错过了节日,就错过了销售时令,再好的商品也卖不出去了。针对不同民族的传统节日,工商企业应组织好节日商品供应,掌握商品主销地的地理环境、风俗习惯、生活方式、价值观等主要因素,据此进行节日商品设计、生产和销售,更好地满足各民族多方面的节日习俗爱好。

四、消费流行的影响

多种不同的消费习俗对消费者的心理与行为有着极大影响。

(1)消费习俗促成了消费者购买心理的稳定性和购买行为的习惯性。

(2)消费习俗强化了消费者的消费偏好。在特定地域消费习俗的长期影响下,消费者形成了对地方风俗的特殊偏好。这种偏好会直接影响消费者对商品的选择,并不断强化已有的消费习惯。

(3)消费习俗使消费者心理与行为的变化趋缓。遵从消费习俗而导致的消费活动的习惯性和稳定性,将大大延缓消费者心理及行为的变化速度,并使之难以改变。这对消费者适应新的消费环境和消费方式会起到阻碍作用。

(一)消费流行的含义

消费流行是指在一定时期内,社会上迅速传播或风行一时的事物,也是一种在当时被接受的文化。消费流行所包含的内容很广,有物质产品的流行、语言行为的流行,思想观念的流行等。

消费流行对人们消费行为有很大的影响,往往是许多产品畅销或滞销的直接原因。某种商品一旦流行,就可能意味着大量的市场需求量和较高利润。能够引导潮流,是所有商家的梦想。但是没有任何一个设计者、公司或广告者,可以完全建立一个流行的文化。

(二)消费流行各阶段

以土渣儿烧饼为例介绍消费流行各阶段。

1. 开始发展阶段

该阶段主要是少数人对某一特色商品的购买或消费,商品市场往往局限于小部分人或某一职业范围内。

在开始发展阶段,街道上只有少数几个人吃土渣儿烧饼。

2. 高潮阶段

该阶段几乎所有的人都卷入对商品的消费热潮中,商品的市场需求量剧增。

到了一段时间后,土渣儿烧饼几乎遍及长沙各个角落,但还是有许多人会排着长队去买一个或几个土渣儿烧饼。

3. 弱化阶段

该阶段商品的普及已经很广泛了,人们的好奇心渐渐变弱,市场需要量因饱和而大跌,利润减少,商品在市场中平淡生存,甚至在市场中消失。

现在这种土渣儿烧饼就慢慢淡出了我们的生活。

(三)消费流行对消费心理的影响

消费流行的过程往往也是旧的消费观念打破、新的消费观念产生的过程。消费流行促使人们消费观念的改变,消费观念的改变又进一步推动了消费流行的发展。消费流行本身的发生,也多与人们的求异心理、从众心理、模仿心理和追求时尚的心理有关,反映了人们价值观和态度的变化。

(四)消费流行的特征

消费流行的特征:影响范围广、时段性明显、先从一部分人开始、传播速度快、循环性、易产生变式。

(五)引导消费者消费流行的策略

1. 广告宣传

广告宣传影响面广,影响作用持久,因此,要想在现代商业领域引导消费流行,就不能不重视广告投入与广告创作。广告创作的重要依据,是消费者的求新心理、求好心理和商品本身的性能。一个成功的广告不仅要充分、准确地显示商品的优点与特点,更要打动消费者的内心,使消费者能产生购买的欲望。

脑白金刚推出来时,它独特的广告词与新颖的创意确实掀起了一股流行风。但是,现在换汤不换药的广告造成该商品今天的局面。

2. 模特示范

模特示范既可以让消费者全面了解商品,又能借助模特本身的知名度和流行度,巧用社会从众和模仿心理,造成商品的流行之势。

例如,奥黛利·赫本在《罗马假日》中短发的造型,让无数少女走向了理发店;汤姆·克鲁斯在《壮志凌云》中戴太阳镜的飞机师形象,令雷鸣旋风席卷中西,太阳镜成为前卫的标志,引发了全球抢购的热潮。

3. 巧用政策鼓励

政策对人民的影响力是巨大的,这种影响可以延伸到生活的方方面面,所以用政策鼓励能引发流行风。

任务设计

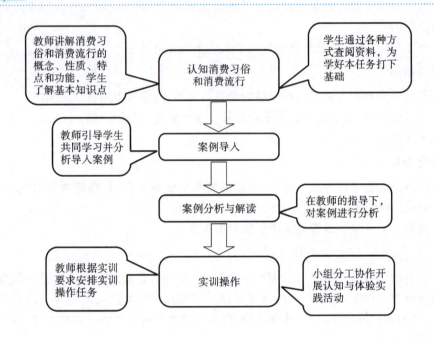

任务实施

◆ 案例分析[①]

一家美国电器公司与一位日本客户签订了大宗合同。美国电器公司的老总专程飞到东京,参加签字仪式。正式签字前,日本公司的总经理逐字逐句地审阅合同内容,审阅延续了很长一段时间。最后,美国电器公司的老总按捺不住了,提出了另外一项价格折让。虽然日本公司的总经理感到意外,但不露声色地接受了这一"惠赠"。美国电器公司的老总错误地认为,日本公司的总经理试图重新开始谈判。而实际上,日本公司的总经理缓慢地审阅合同细节,只不过是在此场合表达他对合同的关切和显示其权威。

佳洁士公司在开辟墨西哥市场时,采用其在美国本土所使用的科学证明方法,证明其牙膏的防龋齿功能,结果该营销手段失败了。原因是大多数墨西哥人并不看重牙膏的这一功能。

宝洁公司为"佳美"牌香皂所做的广告中,男人在女人浴后当面赞赏女人的美貌。这一广告在很多国家获得成功。然而,在日本,该广告则不尽如人意,甚至受到日本消费者的抵制。

时间的具体运用在不同文化下具有不同的含义。在世界大多数地方,某项决策所需要

---

① 资料来源:http://share.yoao.com/download.asp? id=32296。

的时间是与其重要性成比例的。美国人通常在开始讨论某项业务之前就做好了充分准备并备有"现成答案",这样在正式讨论该业务时反而小觑其重要性。很多情况下,日本人经常被美国人坚持直接进入正题和快速成交的要求"吓跑"。

墨西哥人多采取"确实存在问题,但我们无能为力,因此着急也没用"这种宿命论观点。

日本男女在交往中比较拘谨,所以男人在女人浴后当面赞赏女人的美貌就显得有失检点。

以上列出了由于缺乏对文化差异的了解而导致出现负面后果的一些案例。可见,对企业和营销者来说,理解不同文化下人们不同的消费心理是非常重要的。当前,随着越来越多的企业扩展全球业务,就必须了解外国的文化。对出口产品来说,就应该让外国人了解自己产品中的文化内涵。

◆ **专项实训**

1. 实训目标

了解文化因素对市场营销的影响。

2. 实训内容

下面讲述国际市场营销中的翻译问题①。

通用汽车公司的"Body by Fisher"在比利时的佛兰芒语中被翻译成"Corpse by Fisher",即捕鱼人的尸体。

高露洁的"Cue"牌牙膏在法国销售时遇到了问题,因为在法语中Cue是对烟头的一种粗俗叫法,即"烟屁股"。

在德国,百事可乐的广告语"Come alive with Pepsi"(与百事可乐一起充满活力)被翻译成"Come alive out of the grave with Pepsi",即随百事可乐一起从坟墓中复苏。

Sunbeam将一种称为Mist-stick的卷发器引入德国市场,不幸的是Mist在翻译成德文时变成了"Dung"或"Manure",即粪便。

Pet(宠物)牌牛奶在法语国家中遇到了困难,因为Pet除了宠物的含义外还有"放屁"的含义。

Fresca在墨西哥俚语中表示女同性恋者。

Esso(埃索)发现其发音在日语中类似于"抛锚的车"。

凯洛格的Bran Buds在瑞典被翻译成烧焦了的农场主。

联合航空公司专为太平洋地区航线准备了一份内部杂志。封面上刊载的是澳大利亚电影明星保罗·霍格在偏远乡村的一张照片,标题是"霍格把营房扎起来",而这句话在澳大利亚还有另外一层含义,即霍格炫耀他的同性恋关系。

一种洗车剂在德国被译为"汽车灌肠剂"。

3. 实训步骤

(1)分小组讨论上述案例,回答下面的问题。

①上述几个案例说明什么因素影响翻译?这些因素会导致怎样的营销结果?

②不同文化下语言沟通的差异对消费行为有何影响?

③技能训练。

---

① 资料来源:http://share.yoao.com/download.asp?id=32296。

访问两位来自不同文化的两名学生。确定在这两种文化下下列产品的使用情况,以及与这些产品相关的文化价值观上存在的文化差异:

a. 自行车;

b. 香水;

c. 啤酒;

d. 保健品;

e. 香烟;

f. 看电视。

(2)小组成员将讨论结果在班级中汇报分享。

4. 实训要求

(1)组长组织讨论。

(2)小组将讨论结果在班级中分享。

5. 实训考核

(1)个人表现评分项目:专业知识储备(10分)、知识运用能力(10分)、语言表达能力(10分)、整体职业素养(10分)、团队合作意识(10分)。

(2)团队表现评分项目:每个环节内容完成的认真程度(30分)、小组整体课堂表现(20分)。

◆ **知识链接**

文化是知识、信念、艺术、法律、伦理、风俗和其他由一个社会的大多数成员所共有的习惯、能力等构成的复合体。文化几乎包含了影响个体行为与思想过程的所有方面。

文化主要通过对个体的行为设定"边界"和影响家庭、媒体等社会组织的功能而发挥作用。文化"边界"或规范由文化价值观所决定,后者是指为社会所认可、所追求并为人们所普遍持有的信念。文化随价值观、环境或重大事件的发生而变化。

文化价值观被分为三种类型:他人导向价值观、环境导向价值观、自我导向价值观。他人导向价值观反映社会关于个体与群体的合适关系的观点和看法。与这一方面有关的价值观包括:个体与群体;扩展家庭与核心家庭;成人与孩子;女性与男性;竞争与合作;年长者与年轻者。

环境导向价值观涉及的是社会与其经济、技术和物质的环境之间的关系。与环境价值观的价值观包括:清洁;绩效与等级;传统与变化;风险承担与重视安定;能动解决问题与宿命论;自然界。

自我导向价值观反映的是社会成员认为应为之追求的生活目标以及实现这些目标的方式与途径。这类价值观包括:主动与被动;物质性与非物质性;勤奋与休闲;及时行乐与延迟享受;纵欲与节欲;严肃与幽默。文化是一种综合反映历史和现存的经济、政治和精神生活的社会关系,每个社会都有其特定的文化。特定的文化必然对本社会的每个成员产生直接或间接的影响,从而使社会成员在价值观、生活方式、风俗习惯等方面带有该文化的深刻印迹。希望在这种文化下从事经营活动的营销者对此必须认真对待。

家庭伦理观念、注重人情与关系是某些消费者的文化传统与价值观,希望从事经营活动的营销者给予足够重视。

思考：

(1)掌握以下关键概念：文化、文化价值观、他人导向价值观、环境导向价值观、自我导向价值观、规范、惩罚。

(2)文化的特征是什么？

(3)"文化为行为设定了边界"这句话意味着什么？

(4)规范是如何获得的？

(5)文化价值观可以根据它影响的三种关系之一进行分类——他人、环境和自我。描述每一种价值观，指出它们彼此之间的不同。

(6)为什么不同文化下的价值观存在差异？

(7)文化对消费行为有何影响？

(8)怎样理解某些消费者的文化传统与价值观？

(9)试从文化的角度分析美国电器公司的老总按捺不住，提出另外一项价格折让的原因。

(10)试从文化的角度分析佳洁士公司在开辟墨西哥市场时失败的原因。

(11)试从文化的角度分析"佳美"牌香皂所做的广告受到日本消费者抵制的原因。

习题

项目六　消费者的购买行为和购买决策

 教学目标

知识目标：(1)熟悉有哪些消费者购买决策模式。
(2)掌握消费者购买决策过程。
(3)掌握消费者满意的因素和战略。
(4)掌握消费者什么是重复购买。
(5)掌握品牌忠诚的含义、标准,以及如何建立品牌忠诚。

能力目标：(1)能够理解消费者购买决策的内涵。
(2)能够运用消费者购买决策流程的市场营销活动和营销管理工作。
(3)提高对消费者购买决策分析的能力,能够利用消费者购买决策指导市场实践活动。

素质目标：(1)具有消费者购买决策的意识,具有专业精神和职业情感。
(2)真正懂得消费者购买决策的重要性,养成自觉遵守法律法规的意识和习惯。

 项目描述

本项目包含4个任务,即消费者的购买行为模式、消费者的购买决策过程、消费者满意和消费者重复购买与品牌忠诚,目的是培养学习者对消费者购买决策有一个全面认识和理解,为今后从事制定消费者购买决策工作奠定坚实的理论基础。

 思维导图

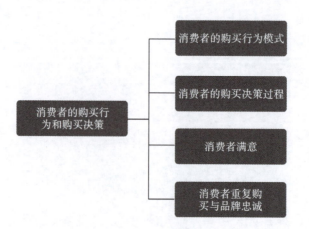

任务一 消费者的购买行为模式

【任务目标】

掌握消费者的购买模式,了解对消费者购买行为产生影响的因素,培养学习者洞察市场、树立正确消费价值观、优良的职业道德,养成良好的学习习惯。

【必学理论】

消费者购买行为模式是指用于表述消费者消费行为过程中的全部或局部变量之间的因果关系图式的理论描述。研究消费者购买行为模式,对满足消费者需要、搞好市场营销工作具有重要的现实意义。现在主要介绍几种具有代表性的、影响较大的消费行为模式。

一、刺激反应

市场营销学家菲利普·科特勒提出了刺激-反应模式(见图6-1),刺激-反应模式一般由四个部分构成。第一部分包括营销刺激和外部刺激两大类因素,这两大类因素共同作用于消费者本人。第二部分包括消费者的一系列心理过程和某些消费者特征。四个关键的心理过程——动机、感知、学习和记忆从根本上影响消费者对各种刺激的反应。第三部分是消费者购买决策过程。第四部分是消费者购买行为的实际外化,包括产品选择、品牌选择、经销商选择、购买数量、购买时间和支付方式。

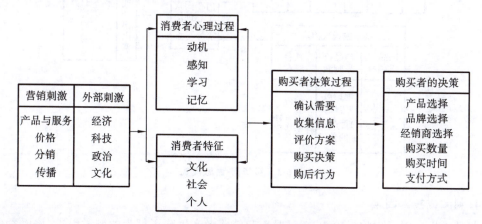

图6-1 菲利普·科特勒的刺激-反应模式

菲利普·科特勒的刺激-反应模式是一个概念性模式,虽然简洁,却很清晰地说明了消费者购买行为的一般模式,因此,该模式易于掌握和应用。

【小链接】日本东京有一个银座绅士西装店。这里就是首创"打1折"的商店,曾经轰动了东京。当时销售的商品是"日本GOOD"。

具体的操作是这样的:先制定出打折销售的时间,第一天打9折,第二天打8折,第三、四天打7折,第五、六天打6折,第七、八天打5折,第九、十天打4折,第十一、十二天打3折,第十三、十四天打2折,最后两天打1折。

商家的预测是:由于这是让人吃惊的销售策略,所以,前期的舆论宣传效果会很好。消费者抱着猎奇的心态,将蜂拥而至。当然,消费者可以在打折销售期间随意选定购物的日子,如果消费者想要以最便宜的价格购得商品,那么消费者就在最后两天去购买,但是,消费者想购买的商品不一定会留到最后两天。

实际情况是:第一天前来的消费者并不多,即使前来也只是看看,一会儿就走了。从第三天开始就有很多消费者光临,第五天打6折时消费者就像"洪水"般涌来进行抢购,之后就连日消费者爆满,当然等不到打1折,商品就全部销售完了。分析提示:这种"打1折"的营销刺激对消费者来说极具吸引力,几乎是赠送了。打折力度非常大,让消费者感觉商家几乎是亏血本销售。商家牢牢抓住了消费者求廉的心理,虽然确定了不同折扣的时间表,消费者纷纷急于购买自己喜爱的商品,就会引发抢购的连锁反应。聪明的商家运用独特的创意,把自己的商品在打5、6折时就已经全部推销出去。"打1折"只是一种心理战术而已,商家怎能亏本呢!

二、霍华德-谢思模式

霍华德-谢思模式(见图6-2)是由霍华德与谢思在合作出版的《购买行为理论》一书中提出的,其重点是从四大因素来考虑消费者的购买行为:①刺激或投入因素;②内在因素;③外在因素;④反应或产出因素。

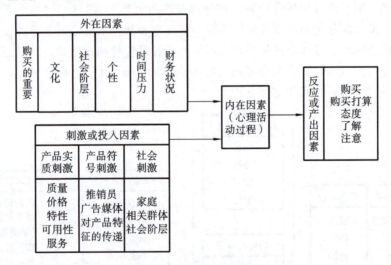

图6-2 霍华德-谢思模式

1. 刺激或投入因素

刺激或投入因素也称为输入变量,是引起消费者产生购买行为的刺激因素,该因素由销售部门控制,主要由产品刺激因子、符号刺激因子和社会刺激因子三大刺激因子组成。产品刺激因子是产品本身要素的刺激,包括产品质量、价格、品种、性能、特征、可用性及服务等;符号刺激因子是各种媒体传播的商业信息的刺激,包括推销员的推销信息、广告媒体等各种宣传信息;社会刺激因子来自社会环境的影响产生的刺激,包括家庭、相关群体、社会阶层等因素的影响。

2. 内在因素

内在因素也称为内在过程,是介于刺激(投入)因素和反应(产出)因素之间的因素,是该模式最基本、最重要的因素。它主要说明投入因素和外在因素如何通过消费者的心理活动形成内在的购买动力,从而引发购买行为的发生的。

3. 外在因素

外在因素也称为外在变量,是指购买决策过程中的外部影响因素,包括相关群体、社会阶层、文化、亚文化、个性、财力、时间压力、产品的选择性等。

4. 反应或产出因素

反应或产出因素也称为结果变量,是指购买决策过程所导致的购买行为,包括认识反应、情感反应和行为反应的三个阶段。第一个阶段是认识反应,包括注意和了解;第二阶段是情感反应,是指购买态度,即消费者对满足其动机的相对能力的估计;第三阶段是行为反应,包括消费者是否购买或购买何种品牌的认知程度预测和公开购买行动。

该模式认为,刺激或投入因素和外在因素是购买行为的刺激因子,由刺激因子产生能唤起需要的认知,产生购买动机,有关的信息影响消费者的心理活动状态,做出对可选择产品的一系列反应,形成购买决策的内在动力,或者制定出一系列备选的购买方案、动机、选择方案和内在动力相互作用,就形成某种倾向或态度。这种倾向或态度与其他因素(如购买行为的限制因素)相互作用就产生了消费者购买意图和实际的购买行为。

三、恩格尔模式

恩格尔模式又称为 EBK 模式,是由恩格尔(Engel)、科特拉(Kollat)和布莱克威尔(Blackwell)于 1968 年提出的,EBK 模式强调消费者购买决策过程,可以说是一个购买决策模式。

整个模式分为四个部分:①由中枢控制系统主导的消费者的心理活动过程;②信息加工;③决策过程;④环境因素的影响。恩格尔模式认为,外界信息在有形和无形因素的作用下,被输入中枢控制系统,即引起大脑发现、注意、理解、记忆并与大脑储存的个人经验、评价标准、态度、个性等进行过滤加工,构成信息处理程序,并进行研究、评估、选择,从而产生决策方案。在整个决策、研究、评估、选择的过程中,同样要受到环境因素(如收入、文化、家庭、社会阶层等)的影响。最后产生购买行为,并对购买的商品进行使用和体验,得出满意与否的结论。此结论通过反馈又进入中枢控制系统,形成信息与经验,影响未来的购买行为,如图 6-3 所示。

四、马歇尔模式

经济学家马歇尔认为消费者是"经济人",追求的是"最大边际效用",即每个消费者都根据本人的消费偏好、产品的效用和相对价格,来决定其购买行为。

马歇尔模式有几点假设:①价格越低,商品的销售量越大;②本品价格越低,替代品越难销售;③某商品价格下降,其互补品销售就看涨;④推销费用越高,销售量越大等;⑤边际效用递减,消费者消费单位产品所增加的满足感递减,购买行为减弱;⑥如果消费者收入水平高,则需求总量增加,价格作用相对减弱,偏好的作用就增强。

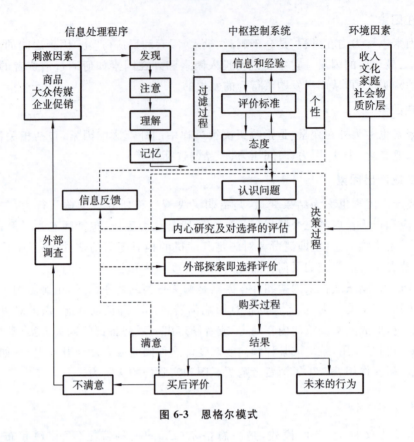

图 6-3　恩格尔模式

任务设计

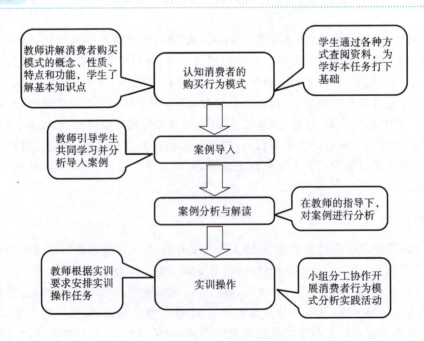

任务实施

◆ **导入案例**

阿雯是上海购车潮中的一位普通上班族,35岁,月收入万元。随着周边的朋友与同事纷纷加入了购车者的队伍,阿雯开始动心。另外,她的工作地点离家距离远,加上交通拥挤,来回花在路上的时间近三小时,她的购车动机越来越强烈。只是这时候的阿雯对车一无所知,除了坐车的体验以及直觉上喜欢漂亮的白色、流畅的车型和几盏大而亮的灯,对车却不知如何选择。

在购车决策过程中,阿雯通过与老公、同学、同事、驾校师傅、邻居、4S店工作人员等人沟通了解,依据车的价格、品牌、外形、性能、配置、油耗等因素来决策想要购买的车,不过众多的信息不断对阿雯购车想法产生影响,顾此失彼的阿雯不知该如何选择。

◆ **案例分析**

阿雯的消费购买决策心理过程是什么?

◆ **专项实训**

1. 实训目标

掌握消费者购买决策的四种类型。

2. 实训内容

讲述你最近一次的购买经历。

3. 实训步骤

用学过的一种消费者购买决策模式进行分析。

4. 实训要求

(1)个人独立完成自己的消费清单。

(2)小组共同讨论分析,并将结果在班级中分享。

5. 实训考核

(1)个人表现评分项目:专业知识储备(10分)、知识运用能力(10分)、语言表达能力(10分)、整体职业素养(10分)、团队合作意识(10分)。

(2)个人表现评分项目:每个环节内容完成的认真程度(30分)、小组整体课堂表现(20分)。

◆ **知识链接**

观看好看视频:针对网络个人消费者购买行为来确定商业模式和推广渠道[①]。

---

① 资料来源:https://haokan.baidu.com/v? vid=8630187671443037847。

任务二 消费者的购买决策过程

任务目标

掌握消费者的购买决策过程,培养学习者识别和分析消费者决策过程的能力。

必学理论

消费者在进行购买决策时,由于产品性质和重要程度等方面的不同,在不同产品上所花费的时间和精力也是不同的。有时几秒钟、几分钟就可以做出购买决策,有时却要花费几个月甚至几年的时间才可以做出购买决策,消费者的购买过程也是随之变化的。但每个消费者在购买某一商品时,均会有一个决策过程,这个过程有一定的规律性,或者说有其共性或一般性的特点。消费者的购买决策过程可分为五个阶段:

需要认知＞信息收集＞比较评估＞购买决策＞购后过程

一、需要认知

需要认知是购买行为的起点。当消费者感到一种需要并准备购买某种商品以满足这种需要时,购买决策过程就开始了。这种需要,可能是由内部刺激引起的,也可能是由外部刺激引起的。内部刺激主要来自内部的环境,就如同一个人感到饥饿而去寻找食物,这是因为内在的生理需要所产生的压力。外部刺激主要来自外部的环境,诸如厂商的广告、海报,以及其他消费者的消费示范等。内、外部的刺激可能引发需求的不满足进而产生驱动力,驱动力进而迫使人们采取行动。

消费者的需求,可以分为初级需求与次级需求。初级需求是指对产品或服务本身的需求,这是来自基本需要的认知,如家庭是否需要一部液晶电视。而次级需求是指对某一产品类别中某一品牌的需要,这是来自选择性需要的认知。例如,家庭需要购买的液晶电视品牌是LG牌,还是创维牌。通常当新产品刚进入市场时,首先是激发消费者的初级需求,先让目标消费者对液晶电视产生兴趣。在目标顾客对该产品类别产生兴趣后,才会引发到底需要购买哪一品牌的问题,此时则为激发次级需求。

最后,营销者要注意文化对需求所产生的影响。因为不同的文化、地区和国家之间,虽然消费者的需要可能一样,但欲求与需求则会有很大的差异。例如,不管是哪种文化下的消费者都需要填饱肚子(需要),但北极的因纽特人则以鲸鱼肉为主食(欲求与需求),而中国南方地区的居民则以稻米为主食(欲求与需求),因此对行销全球的国际营销厂商而言,更需要仔细观察不同地区中消费者的欲求与需求,并据此设计不同的营销策略。

二、信息收集

如果唤起的需求很强烈,可供满足的产品能很方便地得到,消费者就会马上产生购买冲动。但在多数情况下,消费者的需求并非马上就能获得满足,他必须先寻找和搜集有关信息,以便尽快完成从知晓到确信的心理程序,进而做出购买决策。

消费者需要搜集的信息量取决于其购买情况的复杂程度。在购买活动是"常规的反应行为"的情况下,消费者几乎不需要搜集信息;在"有限地解决问题"的情况下,消费者需要搜集的信息量不大;在"广泛的问题解决"的情况下,由于消费者对所需购买的产品完全不了解,因而需要搜集大量的信息。

在这个阶段,营销者的任务包括以下方面。

1. 了解消费者的信息来源

消费者的信息来源有以下四类。

1)人脉来源

人脉来源信息是指消费者经由人际关系所得到的信息,如消费者的参考群体所提供的意见和建议。人脉来源的影响力是看消费者对这些群体的信任程度而确定的。消费者越是相信这些群体人脉来源信息,其影响力也就越大。

2)商业来源

商业来源信息是指商业广告、售货员介绍、商品陈列展览、商品包装、商品说明书。

3)公众来源

公众来源信息是指来自交易以外的客观第三者所提供的信息,这包括大众传播媒体、政府机构与其他非营利组织,如政府发布的信息、媒体报道或质量监督检验部门的检验报告。公共来源信息常被认为具有高度的客观性与公正性,因此公众来源信息往往受到高度的信赖。此外,某些网络论坛或博客也会在网络上评价某些厂商的产品与服务,对其他消费者而言,这也是重要的公众来源信息。

4)经验来源

经验来源信息最直接,也最值得消费者信赖,如消费者到不同商店比较各种产品的价格,亲自观测产品或试用产品。然而,受时间、知识等条件的约束,消费者很难完全或主要依赖经验来源信息。

2. 了解不同信息源对消费者的影响程度

四种信息源的相对重要性和影响力随着产品类别和消费者特征的不同而异。一般说来,消费者从商业来源收集到较多的产品信息,而最有效的信息则来自人脉来源。每一种来源在影响购买决策上都具有一些不同的功能。商业来源通常被执行告知的功能,而人脉来源则被执行认可或评估的功能。还可以换一个角度考虑问题,这就是经验来源信息的影响最强,商业来源信息的影响最弱。当消费者购买自己未曾使用的产品时,人脉来源信息的影响最强。

3. 设计信息传播策略

在通过商业来源传播信息的同时,设法利用和刺激人脉来源信息,尽量使本企业的产品包括在消费者"认识组合""考虑组合""选择组合"之中;企业还应进一步了解其他品牌仍然留在消费者的选择组合中,这样才能知道竞争情况并规划其广告宣传。

为了使消费者将所寻求的信息限定在本企业产品的范围内,企业可以通过电视、报纸、杂志和网络等方式,也可以通过各类展示会、商场橱窗等方式进行广泛宣传。多种信息传播策略的同时使用,可加强信息的影响力和有效性,为消费者购买本企业的产品创造条件。

三、比较评估

消费者根据所掌握的信息,对选择范围内的各种品牌的商品进行比较评判,从中选择和确定他所偏好的品牌商品,进而形成购买意图。在比较评估的过程中,营销者要注意消费者如何评价选择范围内的各个品牌商品,以及如何选择本企业的商品。

1. 评价搜集到的产品信息

消费者对搜集到的产品信息做出评价,主要从以下几个方面进行。

1)分析产品属性

产品属性即产品能够满足消费者需要的特性。消费者一般将某一种产品看成一系列属性的集合。对于一些不同的产品,他们关心的属性是有一些差异的。例如,服装,主要是服装的式样、颜色、面料、价格、做工、流行性等;计算机,主要是计算机的信息储存量、图像显示能力、软件适用性等;数码照相机,主要是照片清晰度、拍摄速度、相机体积大小、相机价格等;轮胎,主要是轮胎的安全性、胎面弹性、行驶质量等。营销者应分析本企业产品具备的属性,以及不同类型的消费者分别对哪些属性感兴趣,以便对市场进行细分,为不同需求的消费者提供具有不同属性的产品。

2)建立属性等级

消费者对产品有关属性赋予不同的权重,消费者会有意或无意地运用一些评价方法对不同的产品进行评价和选择,建立属性等级。比如,消费者收集了 A、B、C……I 等九种品牌的服装信息,首先他认为价格是第一考虑的属性,假如他要求的价格不超过 1000 元,C、D、E 等三种超过此价格的品牌就会被淘汰;其次他要求面料要超过 9 分(按主观标准打分),B、F、G、H 等 4 种未达到 9 分的品牌就会被淘汰,还剩 2 种(A、I)品牌供选择,这时消费者会选择自己认为具有最重要属性或品质的品牌产品,如选品牌 A。产品不同属性的重要程度因人而异。

3)确定品牌信念

消费者会根据各品牌的属性及各属性的参数,建立起对各个品牌的不同信念,比如确认哪种品牌在哪一属性上占优势,哪一属性相对较差。

4)形成"理想产品"

消费者的需求只有通过购买才能得以满足,而他们所期望的从产品中得到的满足,是随产品每一种属性的不同而变化的。比如,某消费者想购买一台液晶彩电,会随着屏幕的大小和功能的齐全、图像的清晰、操作的方便等而得以实现,但也会因价格的上升而使满足感减少。

5)做出最后评价

消费者从众多可供选择的品牌中,通过一定的评价方法,对各种品牌进行评价,从而形成对它们的态度和对某种品牌的偏好。在这一评价过程中,大多数的消费者总是将实际产品与自己的理想产品进行比较,也就是说,偏好和购买意图并不总是导致实际购买,尽管两者对购买行为有着直接影响。

2. 营销者注意事项

消费者的比较评估过程,有以下几点值得营销者注意:

(1)产品性能是购买者所考虑的首要问题;
(2)不同消费者对产品的各种性能给予的重视程度不同或评估标准不同;
(3)消费者心中既定的品牌信念与产品的实际性能,可能有一定的差距;
(4)消费者对产品的每一属性都有一个效用函数;
(5)多数消费者的评选过程是将实际产品同自己理想中的产品相比较。

3. 营销者采取的对策

据此,营销者可以采取以下对策,以提高自己产品被选中的概率。
(1)修正产品的某些属性,使之接近消费者理想的产品,这是"实际的重新定位"。
(2)改变消费者心目中的品牌信念,通过广告和宣传报道努力消除其不符合实际的偏见,这是"心理的重新定位"。比如,某种产品确实是物美价廉,而有些消费者却以为价廉产品一定不如价高产品的质量好。因此,营销者要在这方面进行广泛的宣传,改变消费者的偏见。
(3)改变消费者对竞争品牌的信念。当消费者对竞争品牌的信念超过实际时,可通过比较性广告,改变消费者对竞争品牌的信念,这是"竞争性反定位"。
(4)通过广告宣传,改变消费者对产品各种性能的重视程度,根据这种观点,营销者对其产品的广告宣传必须实事求是,符合实际,以便使消费者感到满意。有些营销者对产品性能的宣传甚至故意留有余地,以增加消费者购后的满意感。

四、购买决策

消费者经过产品评估后就开始实施方案评价结果,这一阶段就是购买决策。购买决策是消费者购买行为的关键阶段,在这一阶段,营销者一方面要向消费者提供更多更详细的商品信息,以便消费者消除各种疑虑;另一方面要通过提供各种销售服务,方便消费者选购,促进消费者做出购买本品牌产品的决定。

他人态度。这会影响消费者对一个品牌的喜爱程度,其程度主要取决于三个要素:①他人否定态度的强烈程度,否定态度越强烈,影响力越大;②他人与消费者的关系,关系越密切,影响力越大;③他人的权威性,他人对产品的专业知识了解越多,对产品的鉴赏力越强,则影响力越大。由于许多产品具有在他人面前自我表现的作用,因而人们在购买时会更加在意他人态度。他人态度与消费者意见相悖,将会导致消费者犹豫不决,很难在短期内做出购买决策,甚至会放弃购买意图。

意外因素。某些突发事件可能会改变购买意图,如收入、预期价格、预期质量、预期服务等。举个例子,戴夫可能失业,这时,其他某种必需品的购买对他来说也许更为迫切。有时,购买意图不能作为购买行为的可靠预测因素。决定实施某项购买意图的消费者做出5种购买决策:品牌决策、卖主决策、数量决策、时间决策、支付方式决策。当然对某些商品的购买,相比之下较少涉及这些因素,而且也不做慎重购买。例如,在购买食盐时,有些消费者几乎不考虑品牌或支付方式。

感知风险。一般而言,购买风险越大,消费者可采取最后购买行为的疑虑就越多,或者对购买就更谨慎。这样,就更容易受他人态度和其他外部因素的干扰和影响。消费者修正、推迟或者回避某一购买决定会受到可认知风险的重大影响。可认知风险的大小随着这一风险所支付的货币数量、不确定属性的比例及消费者的自信程度而变化。消费者为避免风险而采取了某些常用的办法,诸如,回避购买决定;从朋友处收集信息;喜欢全国性品牌和有保证的产品。营销者必须了解消费者有风险认知的这些因素,为他们提供信息,降低可认知风险。

当然,消费者的购买意图是否能够转化为实际购买,还受所购商品价格的高低、购买风险的大小和消费者自信心的强弱等因素影响。决定购买这一阶段是消费者购买行为过程中的关键阶段,营销者在这一阶段一方面要向消费者提供更多更详细的商品信息,以便使消费者消除各种疑虑,促使消费者坚定地实施购买意图;另一方面要通过提供各种销售服务,方便消费者选购,促进消费者做出购买本品牌产品的决定。

五、购后过程

消费者实际购买产品,并不意味着购买活动的结束。为验证自己的决定是否最优,所得的利益是否最大,消费者还有一系列购后过程。消费者的购后过程分为以下三个阶段。

1. 购后使用和处置

消费者在购买所需商品或服务之后,会进入使用过程以满足其需要。有时只是一个直接消耗行为,如喝饮料、看演出等;有时则是一个长久的过程,如家电和家具等耐用消费品的使用。营销者应当关注消费者如何使用和处置产品。如果消费者使用频率很高,说明该产品有较大的价值,会增强其对购买决策正确性的信心,有的消费者甚至为产品找到新用途,这些都是对企业有利的。如果一个应该有高频率使用的产品而消费者实际使用率很低或闲置不用,甚至丢弃,说明消费者认为该产品无用或价值较低,或对产品不满意,进而怀疑或懊悔自己的购买决定。如果消费者把产品转卖他人或用于交换其他物品,将会影响企业产品的销售量。

2. 购后评价

购后评价的一个重要组成部分是消费者在选择过程中可能遇到的任何不确定性和怀疑的降低。作为购后评价的一部分,消费者会试图说服自己,他们的购买是明智的。也就是说,他们试图降低购后认知失调。认知失调是指消费者购买商品后,经历认知行为与价值或见解间的不一致而产生的精神紧张。此种精神紧张的发生是因为知道所购买的商品有其优、缺点,以及风险存在。面对认知失调消费者,营销者必须采取行动来减少消费者紧张。例如,消费者可能寻求新的信息来肯定购买决策的正确性或者以退回产品来撤销原先的决策。消费者有时也会依赖唠叨和抱怨来减少认知上的失调。营销者可以透过购买时和购买后的有效沟通,来减少消费者在购后可能产生的认知失调。

3. 购后行为

在购买行动之后则将面临购后行为。消费者的购后行为是指消费者做完商品购买决策并取得商品之后的一连串相关行为,这包括消费者购后的认知失调、商品使用、消费者期望的管理、消费者的评估、投诉及产品处置等。

任务设计

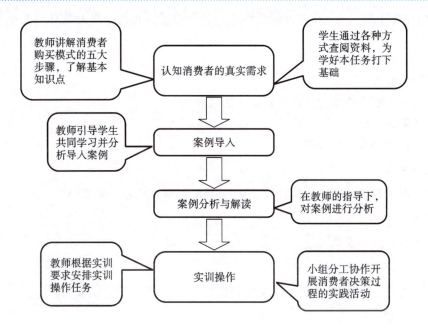

任务实施

◆ 导入案例

去年圣诞节,小明给自己的一位很要好的同学小红(女生)购买圣诞礼物。

小明认为小红同学对一些简单礼物,或者是一些价格较高,但是没有新意的礼物不太喜欢。前者是指一些像毛毛熊、暖手宝、苹果之类的物品,后者是指一些首饰、套装巧克力等。

首先,小明向班级大部分女生进行询问,什么样的礼物能让她们看一眼就被其深深地吸引,同时能够明白作为一个朋友的良苦用心。小明得到了若干条建设性意见。

其次,小明在学校附近的礼品店参观,不让任何一家哪怕是一个小小的格子铺成为"漏网之鱼"。同时,询问营销者何种礼物销售量最好,这能有效地提升自己对美的理解,同时把握最新时尚动态。例如,找到现今最流行的颜色,并结合她自身气质归纳出礼物的颜色。

在此,小明在网站上征求网友的意见。网友也给出了很多好的意见,如 DIY(自己动手做的)礼物。

至此,小明心里基本对所要购买的礼物有了构想。

最后,小明邀请班级一位关系不错的女生小花(眼光独特、心细眼明),再一次把学校周围的礼品店逛了一圈。这次,小明每到一个礼品店,就拿出店中一些不错的礼物询问该女生,并听取她的意见。

同时,小明又给和小红同学玩得不错的一位朋友小美打电话,询问何种礼物最好。小美给出建议:要有新意和心意,要实用,如水杯。

至此,礼物要天下无双,就只有DIY(自己动手制作)了。下一步就是制作何种礼物了。

这就得益于和小明一起挑礼物的小花同学的一句话:"我高中时候,有人送我这么一件礼物——一个开心果壳,上面竟然写了我的名字。"小明也萌发了这个念头,为何不做一个这样的礼物呢?

确定了目标:小明购买了一个包装盒,颜色为黑色,同时上面搭配很恰当的图案。在包装盒里面,用自己亲自做的一张卡纸(乳白色纸上全是她喜欢的迷你熊)分成小方格(结合开心果的大小,共计81个)。在学校附近购买一包开心果。在开心果上亲自刻上小明自己写的一首诗歌。

至此,第一件礼物就完成了。

◆ 案例分析

运用消费者购买决策的过程分析以上案例。

◆ 专项实训

掌握消费者购买决策过程。

1. 实训目标

熟悉掌握消费者的购买决策过程,能够分析和判断消费者的真实消费心理。

2. 实训内容

讲述你最近的一次购买经历。

3. 实训步骤

以小组为单位,运用消费者的购买决策的五大步骤,分析自己的购买经历。

4. 实训要求

(1)组长组织讨论分析活动。

(2)小组共同讨论分析,并将结果在班级中分享。

5. 实训考核

(1)个人表现评分项目:专业知识储备(10分)、知识运用能力(10分)、语言表达能力(10分)、整体职业素养(10分)、团队合作意识(10分)。

(2)个人表现评分项目:每个环节内容完成的认真程度(30分)、小组整体课堂表现(20分)。

◆ 知识链接

下面讲述观看消费者购买行为解析[①]。

中国茶饮料消费市场几乎以每年30%的速度增长,占中国饮料消费市场份额的20%,超过了果汁饮料,有赶超碳酸饮料之势。

目前国内茶饮料市场品牌集中化的趋势较为明显,销售排名前十位的茶饮料品牌的市场份额超过96%。其中统一、康师傅、麒麟、王老吉、三得利、雀巢的市场占有率达到九成左右。由于看好茶饮料的未来发展前景,以碳酸饮料起家的两乐(可口可乐和百事可乐)也随着市场的需求转身茶饮料市场。

往年茶饮料的市场格局比较简单。康师傅历来是茶饮料销售的主力军,该品牌的红茶能占据红茶类饮料3/5的销售量,剩下的市场份额由统一、麒麟等多个品牌占有。在绿茶方面,康师傅、统一的销售量最高。

在康师傅和统一竞争的同时原叶也加入"战争"。值得注意的是,从2008年以来,原叶一直实施的是低价加广告的方式进行促销和宣传。中投顾问产业研究中心的监测数据显

---

① 资料来源:https://www.bilibili.com/video/av257499773/。

示,原叶系列产品的售价与康师傅、统一这两大品牌零售价在一个水平线上,但是在降价促销后原叶的价格比康师傅和统一低35%左右。

中投顾问食品行业首席研究员陈晨认为随着原叶的加入,茶饮料市场的竞争进一步加剧。除了在价格上进行低价和中奖的促销,茶饮料企业也是推出新品并积极抢占市场。日前康师傅一连推出铁观音茶、乌龙茶两款新茶类饮料,而且推广力度强大;统一的冰醇茉莉在北方也悄然入市。原叶也不甘示弱,除了绿茶和红茶,还推出了其他不同口味,来满足不同消费群体的口味爱好。

中国的瓶装茶饮料市场还出现了另一个主要的分支品类,那就是凉茶。王老吉依靠防上火的定位使其成为凉茶品类的第一品牌,但是就目前来看,凉茶市场上尚缺一个强大的第二品牌,而这正是机遇所在。

业内人士认为,茶饮料市场的竞争日趋激烈,各品牌都在寻找新的卖点和市场突破口,除了加大宣传力度,还会以多种多样的促销方式抢占市场,这使得消费者将成为直接受益者。

任务三　消费者满意

任务目标

理解消费者的显性动机和隐性动机,培养学习者分析消费动机是如何影响消费者购买行为的能力,树立正确的消费观。

必学理论

一、顾客满意度的含义

顾客满意度(customer satisfaction,CS)是指一个人购买和使用某产品之后通过对该产品的感知效果(perceived performance)与其期望值(expectation)相比较后,所形成的愉悦或失望的感觉状态。本质上讲,顾客满意度反映的是顾客的一种心理状态,是顾客的需求被满足后表现出的愉悦感。顾客满意度来源于顾客对企业的某种产品和服务消费所产生的感受与自己的期望所进行的对比,也就是说"满意度"并不是一个绝对概念,而是一个相对概念。由于期望不同,同样产品,不同顾客的满意度是不同的:顾客对产品期望的形成来源于过去的购买经验、朋友的各种建议、销售者和竞争者提供的信息和许诺等。有时企业不去考察所提供的产品和服务是否符合顾客期望、要求,而对自己的产品、服务质量、服务态度、价格等指标是否优化做主观上的判断,这样很难形成顾客满意。

二、影响消费者满意的因素

1. 消费者期望

消费者往往会对所欲购买的产品有所期待,此即是消费者期望。在购买产品之后,这些期望与产品的实际绩效是否相符,便决定了消费者对该次购买的满意程度。当实际绩效大于期望时,消费者倾向满意;反之,当绩效小于期望时,消费者就会感到不满意。

有关于消费者期望对满意度的影响,最重要的一个理论是期望失验模型。根据期望失验模型(expectancy disconfirmation model,EDM),消费者会基于先前对产品的经验,以及经由产品的相关沟通所隐含传达的某种品质水准,形成他们对产品绩效的信念和期望。如果产品的实际品质低于消费者的预期,则会导致负面失望(negative disconfirmation),这会增加消费者不满意的可能性;如果产品的实际品质刚好等于消费者的预期,则会达到期望验证(expectancy confirmation);如果产品的实际品质大于消费者的预期,则会导致正面失验(positive disconfirmation),这会增加消费者满意的可能性。因此消费者的不满意主要是来自企业实际所能提供的绩效无法达到消费者期望,所以对一个营销者而言,了解与管理消费者对产品的期望是相当重要的。

2. 产品因素

消费者过去对产品的体验、产品的价格、产品的外部特征均会影响消费者对产品的预期。如果本产品较竞争产品价格高,过去体验和口碑均好,消费者自然会期待该产品满足较高的绩效与品质标准。

3. 促销因素

企业如何宣传其产品,用什么样的方式与消费者沟通,也会影响消费者对产品的预期。例如,企业在广告中大力宣传其产品的可靠性、耐用性,试图树立产品的优质形象,由此可能使消费者对产品品质产生比较高的预期。如果消费者实际感受到的品质低于这一预期,就可能引起消费者的不满情绪。美国一家旅馆曾推出一项促销计划:凡给旅客带来麻烦和问题,旅店愿意免费提供一晚的住宿。这一计划失败了,原因是它提高了众多旅客对旅馆服务质量的预期,由此引发大量不满意的旅客,致使旅馆无法兑现其承诺。

4. 竞争品牌的影响

消费者并不是凭空发展其对某一产品或服务的预期的,他们在预期形成过程中会充分利用过去的经验和现有一切可能的信息,尤其是关于使用同类产品的体验和有关这些产品的信息。目前,国内一些企业强调其生产的产品是采用国际先进技术,或者产品的关键零部件是由知名厂商提供的,其目的在于提高消费者对产品品质的预期,从而激发消费者试用的欲望。

5. 消费者特征

一些消费者较另一些消费者对同一产品有更多的要求与期望。换句话说,有些消费者对产品较为挑剔,另一些消费者则较为宽容。例如,在穿的方面,女性较男性似乎更为讲究和有更高的要求。

6. 产品的品质与功效

产品的实际表现与消费者对产品的认知在很多情况下是一致的,但有时也存在不一致的情况,因为除了产品的实际功效与品质以外,还有一些其他因素影响消费者的认知。然而,在一般情况下,消费者对产品的认知是以产品的实际品质为基础的。如果产品货真价实,那么,不管原来预期如何,消费者迟早会调整其预期,逐步对产品提升满意度。相反,如果产品实际品质很差,就会降低满意度。

7. 消费者对产品的态度和情感

基于过去经验形成的态度和情感,对消费者评价产品有很大的影响。消费者对产品的评价并不完全以客观的认知因素为基础,而带有一定的情感色彩。所谓"爱屋及乌""晕轮效应"等,都反映了态度因素对主体判断、评价和认识事物所产生的影响。

8. 对交易是否公平的感知

公平性(fairness)会影响消费者的满意度。公平性的观念来自正义法则(rule of justice),也就是一个人所得到的应该和他所投入的两者之间有一个等比例关系。影响一个人满意与否的重点不在于报酬的绝对多寡而是在于和其他人的相对比较上是否公平。消费者往往会拿自己的投入(付出的价格)和产出(得到的利益)与其他人比较,若他们认为存在不公平,则这种不公平性会影响消费者投入的意愿。

公平性可以包括三类:分配公平性、程序公平性与互动公平性。分配公平性(distributional fairness)是指报酬与成果如何在交易的参与者之间进行分配所体现的公平性。例如,消费者认为,支付同样的金钱就应该得到相同的物品和享有同样的待遇,而不应该有熟客和生客之间的差别。程序公平性(procedural fairness)是指成果传达的方式所体现的公平性。例如,当消费者认为有人没有遵循先到先服务的原则时,就认为这违反了程序公平性。互动公平性(interactional fairness)是指消费者在被营销者接待时所体现的公平性。例如,消费者认为花钱便应该享受亲切服务,因此店员的冷淡态度代表了消费者受到了不公平的待遇。

9. 消费者的归因

消费者的归因会影响其满意度,消费者会了解或推测造成产品或服务失误的背后原因。归因(attribution),是指人们对他人或自己行为原因的推理过程。具体地说,归因就是观察者对他人的行为过程或自己的行为过程所进行的因果解释和推理。归因理论最早由美国心理学家海德(F. Heider)提出,后来经凯利(H. H. Kelley)、琼斯和戴维斯(E. E. Johness, K. E. Davis)、韦纳(Weiner)等人发展和完善。归因理论为人们如何对各式各样行为做出解释提供了理论基础。

消费者在购买和使用产品过程中,会对企业的各种行为、其他消费者的行为及产品品质的好坏做出归因。例如,当产品出现问题时,消费者可能将其归因于生产或销售企业,也有可能将其归因于自己使用不当或运气不好等外部因素。当消费者将产品归因于供给的企业时,消费者将对产品产生不满,而在另外的归因情况下,则可能采取较为宽容的态度。曾经有一个调查,询问乘客在航班误点时的反应,结果发现,消费者是否不满,很大程度上取决于归因类型。如果将误点与航空公司可以控制的一些因素相联系,乘客的愤怒和不满情绪就比较大。

对某一行为做出归因,涉及三个方面的因素:消费者或行为人、客观刺激物(如产品)、所处关系或情境。对行为做出正确归因,取决于以下三个变量:①区别性,即消费者是否对同类其他刺激做出相同反应;②一贯性,即消费者是否在任何情境和任何时候对同一刺激做出相同的反应;③一致性,即其他消费者对同一刺激是否也做出了与行为人相同的反应。例如,如果企业获得了某一用户对产品的表扬信,企业是否沾沾自喜,将其归因于产品的内在品质呢?恐怕不能简单地得出这种结论。也许写表扬信的人是因为心境特别好,或者生性喜欢赞许他人。只有了解写该表扬信的人平生从来或很少对别的产品写过表扬信,在同样的心境下他也没有写表扬信的习惯,同时,还有不少其他消费者也表达过对该产品的赞许,此时,企业才能得出确实是因企业产品品质超群才赢得赞许的结论。对企业来说,重要的是了解消费者是如何做出归因的,并引导他们做出正确的和有利于企业发展的归因。著名的百事可乐公司在对可口可乐公司发起强劲攻势的过程中,曾邀请一些消费者"蒙眼"品尝两种可乐,结果大多数被试者喜欢"百事可乐"的口味。百事可乐公司将此摄制成广告,并大肆宣传,由此使其市场份额急剧上升。面对咄咄逼人的攻势,可口可乐公司则在另一收视率极高的电视节目中,影射品尝活动的"被试"是为了获得上电视的机会和在电视上一展自己的风采。可口可乐公司的做法,其目的是给观众以新的理由,淡化百事可乐公司广告信息的影响,结果也相当成功。

三、CS 战略

1. CS 战略的内容

CS 战略,也称为顾客满意战略,主要包括以下五个方面的内容。

1) 理念满意

这是经营历年的企业带给顾客的满足状态。它应包括营销宗旨满意、营销方针满意、营销哲学满意等方面。它要求企业的质量观、服务观、顾客满意等经营理念,必须体现以顾客为中心的思想。

2) 行为满意

这是企业全部的运行状态带给顾客的满意状态。行为满意包括行为机制满意、行为规则满意、行为模式满意三个方面的内容。

3) 视听满意

这是企业可视性和可听性的外在形象,带给企业内外顾客的满意状态。视听满意系统强调了各个视听要素带给顾客的满意度。视听满意包括企业名称满意、标志满意、标准色满意、标准字满意和应用系统满意等内容。

4) 产品满意

这是企业产品带给顾客的满意状态。产品满意包括产品质量满意、产品功能满意、设计包装满意和产品价格满意等。

5) 服务满意

这是企业服务带给顾客的满意状态。服务满意包括绩效满意、售后服务措施满意、方便性满意、情绪与环境满意等。

上述五个方面的内容,无不是通过服务体现的。当今企业的竞争,可以说是服务的竞争,因此为顾客提供满意的服务,是企业赢得竞争、不断发展和掌握市场主动权的关键。

2. CS 战略的实施

在市场经济的条件下,营销企业正面临前所未有的竞争态势,激烈的市场竞争打破了地域、时空等局限性,形成了全方位高强度竞争之势,各种营销战略变幻莫测。而 CS 战略从根本上推动了现代营销企业的发展。企业要实施 CS 战略,就必须树立"以顾客为中心"的经营理念,始终坚持以"顾客满意最大化"为服务目标和标准,把顾客的利益放在第一位,真正确立"顾客就是上帝,顾客就是市场"的理念,以服务赢得市场、赢得顾客、赢得主动。

(1) 转变观念,真正树立"以顾客为中心"的经营理念。一个成功的企业,必须把对顾客的研究和把握,放在企业营销工作极其重要的位置。只有对顾客负责,对市场科学细分、准确定位,才能实现规模经营和效益最优。

(2)实施产品创新策略,满足顾客的消费需求。纵观现代国内、国际市场,精明的企业决策者无不把眼光紧盯着人民的日常生活,从生活中找市场、求发展,为顾客提供所需产品,并视之为制胜于人、立于不败之地的法宝。那么如何开发适销对路的新产品,满足不同顾客对产品的需求,真正实现顾客至上的营销理念呢?具体应做好三方面的工作:①建立一支强大的新产品开发队伍,拥有大批熟知世界同行技术水平的高精尖人才;②围绕顾客需求,开发高层次的产品;③提高对新产品的包装、宣传和销售力度。

(3)提供令顾客满意的服务。谁能提供令顾客满意的服务,谁就会加快销售的步伐。要让顾客满意,就应提出超出顾客期望、高于竞争者或竞争者做不到、不愿做、没想到的超值承诺,及时、足值兑现承诺,并根据顾客的需求变化不断推出新的、更高的承诺,创造新的更高的顾客满意,形成一种良性循环。如有的企业利用现代技术手段,使顾客、竞争、品牌三要素协调运转,使企业在顾客服务、市场竞争、销售及支持等方面形成彼此协调的全新关系体系,为企业带来长久的竞争优势。有的企业实行送货上门、包退包换、上门维修、终身修理等,便是让顾客购物后有安全感;有的企业建立顾客信息资料档案,在已有业务的基础上,保持与顾客的长期关系。同时还要针对顾客需求适时调整企业行为,以满足顾客需求,达到并超越顾客期望,为顾客创造更高的消费价值,从而不断增强企业的核心竞争力。

(4)促销措施和价格让顾客满意。价格是商品价值的货币表现,价格策略在市场营销策略中具有重要地位。商品定价必须依据市场形势、竞争激烈程度和顾客的接受能力来综合考虑。如努力减少价格波动,试行讨价还价的销售方式,可以赢得顾客心理上的平衡。根据顾客心理,采取各种有效的促销措施吸引顾客,达到顾客满意的目的。

总之,实施CS战略,是从根本上推动现代企业发展的动力。从某种意义上说,只有让顾客感到满意的企业才是不可战胜的。正如美国营销大师菲利浦·科特勒指出的:"顾客满意是公司未来利润的最好指示器和增长点。"这是现代市场营销观念的经典名句。

任务设计

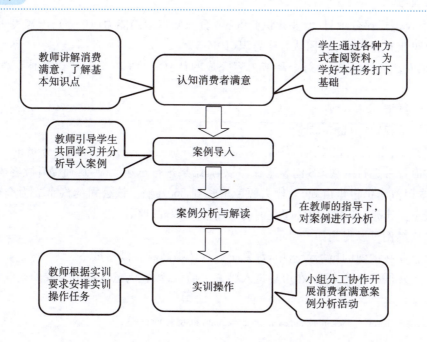

任务实施

◆ 导入案例

某制造企业事实现状:对顾客满意信息的获取方法已做了规定,但对于调查表发放的层面、调查的对象(经"销商和终端"顾客)未进行仔细策划,调查对象侧重于经销商;从终端用户获得的信息在最终顾客满意度统计时未加以考虑和利用。对"获取"的信息进行了统计和分析,但未加以利用,并对不足之处实施改进。如2019年4月统计中运损这一小项得分仅为81%,但该问题并未引起重视。导致所获取的信息未能利用就失去了开展该项活动的意义,不利于质量管理体系的完善和增强顾客的满意度。

◆ 案例分析

运用消费者满意的内容分析以上案例中企业的做法是否正确。

◆ 专项实训

掌握消费者满意。

1. 实训目标

结合具体案例论述设计创意如何提高消费者对产品的满意度。

2. 实训内容

讲述你最近的一次购买经历。

3. 实训步骤

以小组为单位,运用消费购买决策的五大步骤分析自己的购买经历。

4. 实训要求

(1)组长组织讨论分析活动。

(2)小组共同讨论分析,并将结果在班级中分享。

5. 实训考核

(1)个人表现评分项目:专业知识储备(10分)、知识运用能力(10分)、语言表达能力(10分)、整体职业素养(10分)、团队合作意识(10分)。

(2)个人表现评分项目:每个环节内容完成的认真程度(30分)、小组整体课堂表现(20分)。

◆ 知识链接

观看好看视频:消费者满意[①]。

1986年,本田公司在美国市场上,针对前一年购入新车的顾客,就服务员的态度、售后服务等方面每月进行一次CS问卷调查,并对其结果进行迅速反应,从而提升顾客满意度。5年之后,本田汽车销售量由69万辆大幅度增长到85万辆。该公司的汽车成为全美最受欢迎的汽车。于是,日本本田公司在国内全面推广CS战略。

通过该案例可以得到如下启示。

任何企业在激烈的市场竞争中,都要千方百计提高顾客满意度。

从生产发展的趋势来看,在市场进入买方市场后,顾客满意度就成为成功企业最基本的

---

① 资料来源:https://haokan.baidu.com/v?vid=4205073356284809656。

战略、目标和竞争手段之一。

"顾客满意"是将"顾客至上"思想具体化的管理方法,体现了一种先进的管理测评手段。它通过影响顾客满意状态的各种因素,从所获得的信息中,建立和完善顾客满意的指标体系,并有针对性地提出解决方案,将其应用在企业具体经营管理中,提高企业的市场竞争能力和经营管理水平。顾客满意是社会发展的必然结果,是企业永恒追求的目标。

随着社会生产力的发展,社会为人们带来了极为丰富的物质资源,市场实现了从卖方市场向买方市场的转换,买方即顾客,左右了市场发展的方向:顾客决定要什么、什么时候要、怎样要、出多少价,真正成为企业赖以生存的基本条件。顾客满意成为企业发展的基本动力。随着信息传递的快速和便捷,企业在价格、质量、款式方面进行竞争的余地日渐缩小,并且随着收入水平的提高,顾客在消费时对这些因素的重视程度也日渐降低,而愈加追求个性化及心理满足。这使得企业必须提高立足点,放宽眼界,将注意力更多地集中在"人"的问题上,即不断地满足顾客需求,让顾客满意。

任务四　消费者重复购买与品牌忠诚

掌握消费者重复购买与品牌忠诚及其核心概念的内涵,培养学习者树立正确的消费者分析观念和意识,养成良好的学习习惯。

一、重复购买

在满意的顾客中,相当大的一部分顾客可能成为重复购买者。重复购买者是指他们在相当长的时期内选择一个品牌或较少的几个品牌。重复购买者可分为两种类型,习惯型购买者和忠诚型购买者。习惯型购买者重复购买某种产品是由习惯使然的,或者他们购物的地方没有更好的备选品,或该品牌是最便宜的。忠诚型购买者则是对某种产品或某个品牌产生了一种特别偏好,甚至形成了情感上的依赖,从而在相当长的时期内重复选择该品牌。

公司经常利用促销活动来形成重复购买。首先,他们可能会提供一个免费的样品让消费者试用品牌,并提供一个高价值的优惠券来引导消费者。还可能提供一系列价值较低的优惠券,以促进随后的回购,希望当资金到位时,消费者会继续按习惯购买产品。

重复购买者更可能向他人推荐所购产品,更可能倾向持续购买该产品而不是等待减价或不停地讨价还价。另外,在长时期内,重复购买者倾向使用一个厂家提供的多种产品和服务。所有这些,都有助于增加企业从重复购买者身上获得更多的利润。

二、品牌忠诚含义

重复购买者中,有相当一部分对某一产品或品牌产生了忠诚。所谓品牌忠诚,是消费者对某一品牌形成了偏好,试图重复选择该品牌的倾向。理解品牌忠诚应把握以下几点。

(1)品牌忠诚是一种非随意性的购买行为反应,偶然性地连续选择某一品牌,不能视为品牌忠诚。

(2)消费者在长时间内对某一品牌表现出强烈的偏好,并将这种偏好转化为购买行动或购买努力。单纯口头上的偏好表示,不能作为确定品牌忠诚的依据。这同时也意味着,确定消费者对某一品牌是否忠诚,仅凭通常采用的问卷法是不够的,历史数据才是衡量它的基础。

(3)品牌忠诚是某个决策单位(如家庭或个人)的行为。

(4)品牌忠诚可能只涉及消费者选择域中的一个品牌,也可能涉及一个以上的品牌。当然,在同一产品领域,消费者选择的品牌越多,其品牌忠诚程度越低。

(5)品牌忠诚是决策、评价等心理活动的结果。

品牌忠诚型顾客,对企业具有特殊的重要性。首先,消费者一旦对本企业产品形成忠诚,很难为竞争产品所动,甚至对竞争产品采取漠视的态度,无形中可以减轻企业的竞争压力。其次,忠诚型顾客在购买产品时不大可能搜集额外信息,这可以削弱竞争企业所采用的诸如奖券销售、折扣销售等销售方式的吸引。即使因为这种吸引购买了竞争者的产品,消费者在下次购买时又会回过头来再度选择其所偏爱的品牌。再次,忠诚型顾客的价格敏感性相对较低,为购得所偏爱的品牌,一般较少期待从打折和讨价还价中获益。最后,忠诚型顾客极可能从事正面的口传,从而进一步扩大品牌的影响力。

三、衡量顾客忠诚度的标准

如上述定义,顾客忠诚既有行为忠诚,也包括情感和态度的忠诚,可以用以下标准进行衡量。

1. 顾客重复购买率

根据顾客重复购买率的不同分为:忠诚者(又称为高度忠诚者)——重复购买率大于50%;跳跃者(中度忠诚者)——重复购买率为10%~50%;价格驱使者(低度忠诚者)——重复购买率小于10%。

2. 顾客挑选时间

顾客评价、选择商品的速度越快,时间越短,顾客对商品的信任度越高,反映顾客忠诚度越高。

3. 顾客对价格的敏感程度

忠诚的顾客对产品价格的变动敏感性较低,一般价格变动不会影响其继续购买"忠诚"的产品或品牌。

4. 顾客对竞争产品的态度

忠诚的顾客有时不特别注意或忽视竞争产品的变化,依然"我行我素"购买所忠诚的产品。

5. 顾客对产品质量故障的承受能力

任何企业不会保证所有的产品质量是不可挑剔的,当产品质量出现问题时,忠诚的顾客会宽容、谅解企业,并期待企业能及时改进,顾客在一定的时间里会继续忠诚。

四、建立品牌忠诚

(一)影响顾客忠诚的因素

1. 产品吸引

传统上,对品牌忠诚的成因是从产品方面寻求解释的。这种解释的基础是刺激-反应理论。根据上述理论,消费者总是受到某种刺激,在激发了潜在的购买欲望之后,才会做出购买决定。这里所谓的刺激物通常是产品的功能、特性、价格等。消费者形成品牌忠诚,正是由于产品特性这种刺激物的吸引所致。

现代消费者,并不完全听信于广告的劝说,也不会听凭生产者的"摆布",他们从个人体验中学习。同时消费者还从广告中学习,从他人的购买经验中学习。消费者对个人体验的信任更甚于对广告的信任。这样,消费者只有在对市场出售的商品性能、使用和销售情况有所了解,具备消费知识和技能后,才能做出反应。另外,人们无论是进行商品选择还是进行商标选择,都是根据行为结果或报酬来考虑的。过去的行为如果有好的结果,人们就有反复进行这种行为的趋势;如果过去的行为有不好的结果,人们就有回避这种行为的趋势。既然如此,产品特性、品质对商品与品牌选择行为就具有决定性影响。正如美国学者兰卡斯特(Lancaster)所说,市场上各种商品都在显示其特性,这些特性在吸引着消费者,这是消费者购买它们的原因。

用产品吸引说明品牌忠诚这一购买现象,虽然有合理和可信的成分,但并不全面。美国一些学者曾做过一个试验,邀请一些品牌忠诚度很高的啤酒爱好者,在摘除品牌标签后对几种著名的啤酒进行品尝,大多数参与者不能正确选择出自己平日所偏爱的啤酒品牌,因此品牌忠诚的形成存在着产品以外的其他因素。

2. 时间压力

在现代社会,时间是一种宝贵的资源。在商品和品牌的选择上,花费额外的时间就相当于货币的额外支出,因此,消费者总是尽可能地节省时间。但时间的节省和信息的搜寻是相互矛盾的,要想广泛地掌握信息,花费时间就是不可避免的。解决这一矛盾的有效办法,是形成品牌忠诚。一旦形成品牌忠诚,消费者既无须花费很多时间去搜寻信息,又无须在每次购买前反复考虑和斟酌,更因为形成重复购买,事先就知道购买地点,驾轻就熟,这无疑就节省了大量的购买时间。

随着家庭收入水平的提高,时间的机会成本增加,消费者购买商品时自然不愿花费太多的时间搜寻信息,因而更有可能形成品牌忠诚。当然,这也不是绝对的,高收入家庭也不一定非形成品牌忠诚。因为家庭收入高,其成员就有可能受过更良好的教育,在获取和处理信息的能力上较低收入家庭成员具有某种优势,这在一定程度上可以减轻其搜寻信息的时间压力。

在给定的收入水平上,家庭规模越大,财政上的压力将随之加大,因而更趋向于多方面搜寻信息,寻找耐用、价格适中或更便宜的产品。这类顾客受广告宣传、新产品和折价优惠销售的影响较大,一般经常发生品牌转换,忠诚度较低。

时间对品牌忠诚的影响,还表现在产品的购买间隔上。产品购买的时间间隔越长,消费者将有更多的时间搜寻信息,进行比较,其品牌忠诚度相对较弱。一般来说,消费者对各种日常用品要比对各种耐用消费品的品牌忠诚度高。在一个决定哪些产品常常是凭印象购买的调查中,汤普森广告公司发现,牙膏、牙刷、洗涤剂、浴用肥皂等日常用品具有很高的品牌忠诚度。

3. 风险因素

消费者购买某一商品、选择某一品牌,是以放弃其他一些商品的购买和另外一些品牌的选择为代价的。也就是说,在收入和需求条件的制约下,消费者面临着品牌选择的机会损失。消费者在进行品牌选择时,总是试图使这种机会损失尽可能地小。但由于受客观外界条件的制约,消费者很难做出完全满意的选择,甚至做出错误的选择。从这个意义上说,消费者的选择总存在一定的风险。因外部条件的制约和消费者本身知识的局限,其不可能意识和了解到可能遇到的全部风险,而只可能在其知识和经验范围内部分地意识到这些风险。这些被意识到的风险称为"知觉风险"。

一般来说,消费者在品牌选择上,有可能遇到以下四种"知觉风险"。

(1)时间损失的风险。在购买到一种质量低劣或不合意的产品后,消费者或对它进行修理,或到商店进行退换,均会使消费者蒙受到时间方面的损失。

(2)危害性的风险。在购买到的产品本身存在缺陷后,产品有可能对人身健康和安全造成危害。

(3)自我损失的风险。在购买到有缺陷或不满意的产品后,消费者常常会为此烦恼、不安,有时还抱怨自己的愚蠢和担心旁人的嘲讽。

(4)经济风险。在购买到质量有问题的产品后,消费者无论采用何种补救措施,均会涉及货币的额外支出,这意味着经济损失。

消费者应对上述风险的办法有很多,其中最有效的有3种:一是积极搜寻和选择与购买问题有关的信息;二是从众购买,选择全国性品牌和著名品牌;三是形成对品牌的忠诚。20世纪70年代初,罗斯纽斯设计了11种应对上述4种风险的方案,在对472名家庭主妇的调查中,发现养成对品牌的忠诚是被试者认为行之有效和乐意采用的最好办法。

4. 自我形象

自我形象或自我概念是消费者基于其价值观、理想追求、个性特征等形成的关于自身的态度和看法。消费者都有各自的自我形象,同时他们还对市场上出售的产品或品牌形成整体印象或形象。当品牌形象与消费者的自我形象一致时,消费者就会做出选择这一品牌的决策;为维护和强化其自我形象,消费者还会形成强烈的重复购买趋势。

多里奇(Dolich)于1969年描述了自我形象与产品形象一致的概念。他要求被试者在一系列由意义相反的配对形容词构成的7级量表上对自身形象做出评价。如"我是一个复杂的人"对"我是一个单纯的人";"我男性味十足"对"我女性味很浓";"我很热情"对"我很冷酷";等等。在测定个人的自我形象后,被试者被要求在4个产品领域(啤酒、香烟、香皂和牙膏)分别选出最喜欢的品牌和最不喜欢的品牌。结果发现,消费者最喜欢的品牌较消费者最不喜欢的品牌在形象上更接近消费者的自我形象。消费者基于自我形象选择产品或品牌,对企业营销有多方面的启示。首先,企业应该了解目标顾客的自我形象,并努力塑造与目标顾客自我形象相一致的品牌形象,并在两者不一致时尽力采取办法来矫正后者,使之与前者相吻合。其次,目标顾客有可能获得不正确或不准确的产品或品牌形象,此时,需要企业通过广告宣传等手段予以改正。最后,企业应保持产品品质的一致性。特别是当产品线有很多且各产品品质差别较大时,为了防止各产品线在形象上的不相容,可能需要为每一产品线使用一个品牌。

(二)建立顾客忠诚

建立顾客忠诚,首先应该牢固树立以顾客为中心的思想,让企业的一切活动都围绕着顾客的需求展开,自觉地满足顾客的需求,赢得顾客的信任,这个是提高顾客忠诚的一个根本途径,具体可以通过下面几个方法来实现。

(1)采取数据库营销,分析顾客。顾客数据库是指与顾客有关的各种数据资料。数据库营销是指建立、维持和使用顾客数据库以进行交流和交易的过程。数据库营销具有极强的针对性,是一种借助先进技术实现的"一对一"营销,可看作顾客化营销的特殊形式。数据库中的数据包括以下几个方面:现实顾客和潜在顾客的一般信息,如姓名、地址、电话、传真、电子邮件、微博、微信、个性特点和一般行为方式;交易信息,如订单、退货、投诉、服务咨询等;促销信息,即企业开展的活动,所做事情,回答的问题,最终效果等;产品信息,顾客购买的产品、购买频率和购买量等。数据库维护是数据库营销的关键要素,企业必须经常检查数据的有效性并及时对其更新。

美国通用电气公司成功地运用了数据库营销。该公司建有资料详尽的数据库,可以清楚地知道哪些用户应该更换电器,并时常赠送一些礼品以吸引他们继续购买该公司的产品。最近几年,我国一些高星级宾馆,甚至经济型酒店也陆续建立了顾客数据库,努力掌握顾客的喜好,从而研究客房的关键点,有效地分配客房,使每一位顾客都得到满意的服务。而连锁企业运用数据库营销更加有效,如果顾客在某一分店购买商品或服务时表现出某些需求特点,任何地方的另一分店店员都会了解并在顾客以后光临时主动给予满足。随着顾客期望值的提高,以及计算机、网络的普及,每个公司都应采用数据库营销,以达到吸引和保留顾客的目的。

(2)深层次的关系营销,与顾客建立伙伴关系。现代营销学理论认为,关系营销策略是保留老顾客与增强顾客忠诚度的有效策略。关系营销是以营利为目的的,识别、建立、维护和巩固企业与顾客及其他利益相关者的关系的活动。关系营销的核心是建立顾客忠诚。

第一,设立顾客关系管理机构。

在企业中,高层领导一定要高度重视顾客忠诚。产品的战略规划及企业的产品质量和服务质量将直接影响顾客的忠诚度。所以,作为企业高层领导一定不能忽视这个问题。在高层领导的支持下,建立专门从事顾客关系管理的机构是必要的,选派业务能力强的人任该部门总经理,下设若干关系经理。总经理负责确定关系经理的职责、工作内容、行为规范和评价标准,考核工作绩效。关系经理负责一个或若干个主要客户,这是客户所有信息的集中点,是协调公司各部门做好顾客服务的沟通者。

企业的基层员工更应该提高认识和业务水平。作为制造行业,一线工人直接负责产品的生产,他们的技术水平将影响产品质量的高低;作为服务行业,基层员工将直接与顾客接触,他们的服务态度对顾客的满意度起着决定性的作用。因此培养基层员工为顾客负责的思想是非常重要的。

第二,增加顾客的财富利益。

公司可以考虑以下方法来增加顾客的财务利益。

首先,实施频繁营销计划。频繁营销计划是指设计规划向经常购买或大量购买的顾客提供回报和奖励。频繁营销计划体现了一个事实:20%的顾客占据了80%的公司业务,企业要抓住20%的重点顾客。奖励的形式有折扣,赠送商品、奖品等。

美国航空公司是首批实施频繁营销规划的公司之一。20世纪80年代初,美国航空公司推出了提供免费里程的规划,一位顾客在乘飞机达到一定里程后,可以换取一张头等舱位票或享受免费航行和其他优惠。由于越来越多的顾客转向美国航空公司,其他航空公司也相继推出了相同的规划。比如,许多宾馆规定,顾客在住宿达到一定天数或金额后,可以享受VIP房或免费住宿。再如,许多商店采取顾客分级的方式。对于忠诚度越高的顾客,企业会做越多的投资,让顾客享受更多特殊的优惠。发行企业的VIP卡,用于奖励常购顾客,顾客在持VIP卡购物时就可以获得一般消费群体所不具备的优惠。对具体的商品而言,通常会用下一次消费的折扣券或者累积购买的特殊奖励来达到奖励顾客的目的。银行也有类似的顾客忠诚计划。

实施频繁营销计划也存在一些以下问题。

①竞争者容易模仿。频繁营销计划的优惠、积分等方式很容易被竞争者模仿。

②顾客容易转移。由于只是单纯价格折扣的吸引,顾客易于受到竞争者类似促销方式的影响而转移购买。所以,单纯的经济杠杆是无法打造顾客忠诚度的。

③可能降低服务水平。单纯价格竞争容易忽视顾客的其他需求。

其次,俱乐部营销计划。俱乐部营销计划是指建立顾客俱乐部,吸收购买一定数量产品或支付会费的顾客成为会员。企业对会员提供一定的优惠服务。

小米手机的米粉文化,类似车友会的性质,因小米手机而结缘小米的用户不是"用"手机,而是"玩"手机。爆米花奖、同城会、米粉节等,将米粉紧密地联系在一起。目前注册米粉量已经超过1000万,日发帖量超过10万。

再次,增加顾客的社会利益。企业可以通过了解单个顾客的需要和愿望,并使服务个性化和人格化,来增加企业与顾客的社会联系。即增加目标顾客的财务利益,同时也增加他们的社会利益。在与顾客沟通中,建立一定的个人联系是必要的个人联系,即通过营销者与顾客的密切交流来增进友情,强化关系。

最后,增加结构性联系。增加结构性联系是指增加结构纽带,与此同时附加财务利益和社会利益结构性联系。要求提供这样的服务:它对关系客户有价值,但不能通过其他来源得到,这样在增加客户利益的同时,也增加顾客依附于企业而存在的专有性资产。这些服务通常以技术为基础,并被设计成一个传送系统,而不是仅仅依靠个人建立关系的行为,从而提高效率和产出。良好的结构性联系将提高客户转向竞争者的机会成本,同时也将增加客户脱离竞争者而转向本企业的可能性。特别是当面临激烈的价格竞争时,结构性联系能为扩大现在的社会联系提供非价格动力,因为无论是财务性联系还是社会性联系都只能支撑价格变动的小额涨幅。当面对较大的价格差别时,交易双方难以维持低层次的销售关系,只有通过提供买方需要的技术服务和援助等深层次联系才能吸引客户。特别是在产业市场上,由于产业服务通常是技术性组合,成本高、困难大,很难由顾客自己解决,这些特点有利于建立关系双方的结构性合作。

(3)实行定制营销,满足顾客个性化需求。定制营销,是根据每个顾客的不同需求制造产品并开展相应的营销活动的。其优越性是通过提供特色产品、优异质量和超值服务满足顾客需求,提高顾客忠诚度的。比如,日本有些服装店采用高新技术为顾客定制服装,由电子测量仪量体,在计算机上会显示顾客穿上不同颜色、不同风格服装的形象并将顾客选定的款式传送到生产车间,激光仪控制裁剪和缝制,顾客在很短的时间就可穿上定制的新衣。在20世纪80年代末,日本东芝公司提出"按顾客需要生产系列产品"的口号,计算机工厂的同一条装配线上生产出9种不同型号的文字处理机和20种不同型号的计算机,每种型号多则20台,少则10台,公司几百亿美元的销售额大多来自小批量、多型号的系列产品。美国一家自行车公司发现自行车的流行色每年都在变化且难以预测,总是出现某些品种过剩,某些品种又供不应求,于是建立了一个"顾客订货系统",订货两周内便能生产出顾客理想的自行车,因此销路大开,再也不必为产品积压而发愁了。

我国的企业在定制营销方面没有放慢脚步。比如,海尔在生产家庭中央空调时,提出"客户为自己设计"的理念,让客户参与到产品设计活动中,并提供完善的个性化的售前服务,这成为海尔中央空调最大的卖点。

实行顾客化营销的企业要高度重视科学研究、技术发展、设备更新和产品开发;要建立完整的顾客购物档案,加强与顾客的联系,合理设置售前、售后服务网点,提高服务质量。总之,顾客忠诚是由很多因素决定的,只有企业根据实际情况,认真分析顾客的心理,综合考虑各种因素,才能更好地提高顾客的忠诚度。建立顾客忠诚,就是为了给顾客创造更多价值,增强顾客满意度。数据库营销、关系营销和定制营销,能够对顾客提供更有针对性的服务,赢得顾客的信任,提高顾客的满意度,使企业能够比竞争者更多地为其顾客创造价值,在竞争中取得优势。

本项目讨论了四个相互联系的问题。在消费者的购买行为模式中,介绍了刺激-反应模式、霍华德-谢思模式、恩格尔模式、马歇尔模式。在消费者购买决策过程中,论述了购买决策过程一般分为五个阶段,即需要认知、信息收集、比较评估、购买决策、购后过程。在消费者购买某产品后还会伴随着一定的情绪体验,使其产生满意或不满意的评价。而购买后的满意与否,可以影响消费者的重复购买与品牌忠诚,本项目的最后专门讲解了消费者的满意、重复购买及品牌忠诚;介绍了顾客满意的概念和含义,影响消费者满意的因素以及CS战略;学习了重复购买类型及品牌忠诚的含义,衡量顾客品牌忠诚的标准和如何建立品牌忠诚。

任务设计

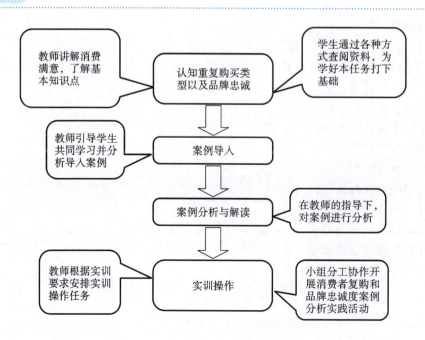

任务实施

◆导入案例

企业如何找到具有重复购买行为的用户,减少损失成本,比如企业预算有限,使用短信触达1000人,一条短信0.2毛,如果前期有过相关测试数据,找到对短信做出回应的用户特征,通过分析,这类精准用户为500人,那么就可以节省100元,获得比较高的产出比。

◆案例分析

运用消费者重复购买的内容分析以上案例中企业如何做才能提高消费者重复购买率。

◆专项实训

掌握消费者品牌忠诚度。

1. 实训目标

华为手机作为知名手机品牌,论述如何提高消费者对品牌的忠诚度。

2. 实训内容

以组为单位分析讨论如何提高消费者品牌忠诚度。

3. 实训步骤

以小组为单位,运用品牌忠诚度进行分析。

4. 实训要求

(1)组长组织讨论分析活动。

(2)小组共同讨论分析,并将结果在班级中分享。

5. 实训考核

(1)个人表现评分项目:专业知识储备(10分)、知识运用能力(10分)、语言表达能力(10分)、整体职业素养(10分)、团队合作意识(10分)。

(2)个人表现评分项目:每个环节内容完成的认真程度(30分)、小组整体课堂表现(20分)。

◆知识链接

如何提高用户对品牌的忠诚度?[①]

拥有忠诚顾客的10大原则如下。

(1)控制产品质量和价格;

(2)了解企业的产品;

(3)了解企业的顾客;

(4)提高服务质量;

(5)提高顾客满意度;

(6)超越顾客期待;

(7)满足顾客个性化要求;

(8)正确处理顾客问题;

(9)让购买程序变得简单;

(10)服务内部顾客。

---

① 资料源来源:https://www.bilibili.com/video/av421214406/。

项目七　影响消费者行为的环境因素

教学目标

知识目标：(1)掌握影响消费者行为的因素。
　　　　　(2)掌握经济环境对消费者行为的影响。
　　　　　(3)掌握社会环境对消费者行为的影响。
　　　　　(4)掌握消费情境与消费者行为的关系。
　　　　　(5)掌握商店环境与消费者行为的关系。
能力目标：(1)能够分析环境因素对消费者行为产生的影响,合理使用营销策略。
　　　　　(2)能够运用相关知识,指导市场营销活动和营销管理工作。
素质目标：(1)具有以消费者为中心的市场意识,具有专业精神和职业情感。
　　　　　(2)真正懂得消费者在营销活动中的重要性,养成自觉遵守法律法规的消费意识和习惯。

项目描述

本项目包含4个任务,即经济文化环境与消费者行为、社会环境与消费者行为、消费情境与消费者行为、商店环境与消费者行为,目的是培养学习者对消费行为的影响因素有一个全面认识和理解,为今后从事营销、策划工作奠定坚实的理论基础。

思维导图

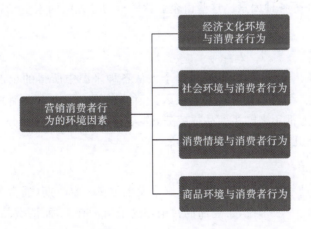

任务一　经济文化环境与消费者行为

任务目标

认识经济环境因素的内涵，培养学习者正确对待消费行为的产生与影响因素，合理使用营销策略。

必学理论

一、宏观经济环境对消费者行为的影响

宏观经济因素是指一个国家所处的外部经济环境。当经济繁荣时，人们的可支配收入多，消费水平也相对高；而当经济衰退时，随着人们可支配收入的减少，就会节约开支，消费水平自然也就相应降低。宏观经济环境中对消费者行为影响最直接的是国家的消费体制及相关的消费政策。消费体制是整个经济体制的重要组成部分。

在 2008 年开始的世界性金融危机爆发的不利因素影响下，我国一度出现了内需不足、通货紧缩的局面，政府立即出台了一系列刺激消费、扩大内需的政策和措施，经济形势很快得到了扭转。

政府消费政策的调整，有效地促进了消费需求的扩张。

二、微观经济环境对消费者行为的影响

微观经济因素是企业和生产者的内部经济环境，主要涉及生产者所售商品的价格、品质、款式及商家信誉、售后服务等方面的因素；从消费者方面来说，主要是他们以往的经济状况、现有经济状况、预期经济状况等因素。消费者在进行消费活动时，之所以购买这种商品而不购买那种商品，选择某种品牌而不选择其他品牌，在这家商店购买而不在那家商店购买，其原因在很大程度上取决于自己的经济状况和商品的效用、质量、价格、款式、广告宣传、商家信誉、售后服务等各种因素。这些由企业营销行为导致的因素变动，会直接影响消费者的消费选择。

(一) 消费者收入水平的变化

消费者收入，从广义上讲，是指消费者个人从各种来源中所得的全部收入，包括消费者个人的工资、退休金、红利、租金、赠予等收入。消费者的购买力来自消费者的收入，但消费者并不是把全部收入都用来购买商品或劳务，购买力只是收入的一部分。因此，在研究消费收入时，要注意以下几点。

1. 国内生产总值

国内生产总值是一个国家（或地区）所有常设单位在一定时期（通常为一年）内的初始收入分配的最终结果。一般来说，工业品的营销与这个指标有关，而消费品的营销则与此关系

不大。国内生产总值增长越快,对工业品的需求和购买力就越大,反之,就越小。

2. 人均国民收入

这是用国民收入总量除以总人口的比值。这个指标大体反映了一个国家人民生活水平的高低,也在一定程度上决定了商品需求的构成。一般来说,人均收入增长,对消费品的需求和购买力就大,反之就小。根据近40年的统计,一个国家人均国民收入达到5000美元,机动车可以普及,其中小轿车约占一半,其余为摩托车和其他类型车辆。

3. 个人可支配收入

这是在个人收入中扣除税款和非税性负担后所得余额,它是个人收入中可以用于消费支出或储蓄的部分,可构成实际的购买力。

4. 个人可任意支配收入

这是在个人可支配收入中减去用于维持个人与家庭生存不可缺少的费用(如房租、水电、食物、燃料、衣着等项开支)后剩余的部分。这部分收入是消费需求变化中最活跃的因素,也是企业开展营销活动时所要考虑的主要对象。因为这部分收入主要用于满足人们基本生活需要之外的开支,一般用于购买高档耐用消费品、旅游、储蓄等,它是影响非生活必需品和劳务销售的主要因素。

5. 家庭收入

很多产品是以家庭为基本消费单位的,如冰箱、抽油烟机、空调等。因此,家庭收入的高低会影响很多产品的市场需求。一般来讲,家庭收入高,对消费品需求大,购买力也大;反之,需求小,购买力也小。需要注意的是,企业营销在分析消费者收入时,还要区分"货币收入"和"实际收入"。只有"实际收入"才影响"实际购买力"。因为,实际收入和货币收入并不完全一致,由于通货膨胀、失业、税收等因素的影响,有时货币收入增加,而实际收入却可能下降。实际收入即是扣除物价变动因素后实际购买力的反映。

(二)消费者支出模式和消费结构的变化

随着消费者收入的变化,消费者支出结构会发生相应变化,继而使一个国家或地区的消费结构也发生变化。西方一些经济学家常用恩格尔系数来反映这种变化。恩格尔系数表明,在一定的条件下,当家庭个人收入增加时,收入中用于食物开支部分的增长速度要小于用于教育、医疗、享受等方面的开支增长速度。恩格尔系数越大,食物开支占总消费量的比重越大,恩格尔系数越高,生活水平就越低;反之,食物开支所占比重越小,恩格尔系数越小,生活水平就越高。

这种消费支出模式不仅与消费者收入有关,而且还受到下面两个因素的影响。

(1)家庭生命周期的阶段影响。据调查,没有孩子的年轻人家庭,往往把更多的收入用于购买冰箱、电视机、家具、陈设品等耐用消费品上,而有孩子的家庭,则在孩子的娱乐、教育等方面支出较多,而用于购买家庭消费品的支出减少。在孩子长大独立生活后,家庭收支预算又会发生变化,用于保健、旅游、储蓄部分就会增加。

(2)家庭所在地点的影响。如住在农村与住在城市的消费者相比,前者用于交通方面支出较少,用于住宅方面的支出较多,而后者用于教育、医疗、衣食、交通、娱乐方面的支出较多。

恩格尔系数是衡量一个国家、地区、城市、家庭生活水平高低的重要参数。与经济学中很多指标"越高越好"不同，这是一个"越低越好"的指标。比较通行的国际标准是，当一个国家的平均家庭恩格尔系数大于60%进入贫穷阶段；为50%～60%进入温饱阶段；为40%～50%进入小康阶段；为30%～40%进入相对富裕阶段；为20%～30%进入富足阶段；小于20%进入极其富裕阶段。我国改革开放40年来，恩格尔系数一直在稳步下降，已经由1978年的57.5%降至2018年的28.4%，下降了约一半。这一变化既反映中国的经济实力得到了显著提升，也说明人民群众充分享受到了改革开放的红利，从此告别了求温饱的时代，走向了共同富裕的生活。

消费结构是指消费过程中人们所消耗的各种消费资料（包括劳务）的构成，即各种消费支出占总支出的比例关系。优化的消费结构是优化的产业结构和产品结构的客观依据，也是企业开展营销活动的基本立足点。第二次世界大战以来，西方发达国家的消费结构发生了很大变化：①恩格尔系数显著下降，目前大都下降到20%以下；②衣着消费比重降低，幅度为20%～30%；③住宅消费支出比重增大；④劳务消费支出比重上升；⑤消费开支占国内生产总值和国民收入的比重上升。而从我国的情况来看，消费结构还不尽合理。长期以来，由于政府在住房、医疗、交通等方面实行福利政策，这决定了我国居民的支出模式以食物、衣物等生活必需品为主。随着我国社会主义市场经济的发展，以及国家在住房、医疗等制度方面改革的深入，人们的消费模式和消费结构都发生了明显的变化。企业要重视这些变化，尤其应掌握拟进入的目标市场中支出模式和消费结构的情况，输送适销对路的产品和劳务，以满足消费者不断变化的需求。

考察消费结构是衡量居民生活水平、生活质量的一条重要途径。可以从侧面反映一个国家宏观经济发展的基本状况，是联合国划分一个国家经济发展阶段的重要手段之一。我国近年来以改善住、行条件为代表的新一轮消费结构升级开始启动，由消费升级带动的高成长企业成为产业升级和经济增长的重要动力。从某种程度上讲，当前经济增长的拉动力量与居民消费结构的升级有很大关系。它拓宽了企业发展的空间，也扩大了市场化投资的空间，进而支撑了我国新一轮经济的快速增长，促进经济增长由目前的投资主导型向消费主导型转变。对企业来讲，居民消费结构的分析对企业市场营销管理十分重要，是挖掘市场营销机会核心而永恒的主题。

据数据显示，2018年全年社会消费品零售总额380987亿元，比上年增长9.0%，保持了较快增长。商品消费向高品质方向发展是重要的消费趋势，随着质量高、价格不菲的商品开始更多地进入中高收入家庭，服务性消费比重的上升有目共睹。

从消费结构表现来看，我国已经从温饱型、生存型的消费转向了发展型、享受型的消费。从消费方式来看，过去人们大多在线下实体店消费，但近几年随着新经济的发展，消费渠道逐渐增多，线上线下消费早已呈现共同发展趋势。中央党校（国家行政学院）研究员胡敏指出，这种新经济带来的消费方式、消费结构和消费模式的变革，极大地激发了中国消费的增长潜能。

（三）消费者储蓄和信贷情况的变化

消费者的购买力还要受储蓄和信贷的直接影响。

消费者个人收入不可能全部被花费完，总有一部分以各种形式储蓄起来，这是一种推迟了的、潜在的购买力。消费者储蓄一般有两种形式：一是银行存款，增加现有银行存款额；二是购买有价证券。当收入一定时，储蓄越多，现实消费量就越小，但潜在消费量就越大；反之，储蓄越少，现实消费量就越大，但潜在消费量就越小。企业营销者应当全面了解消费者的储蓄情况,尤其是要了解消费者储蓄目的的差异。储蓄目的不同,往往会影响潜在需求量、消费模式、消费内容、消费发展方向的不同。这就要求企业营销者在调查、了解储蓄动机与目的的基础上,制定不同的营销策略,为消费者提供有效的产品和劳务。

我国居民有勤俭持家的传统,长期以来养成储蓄习惯。近年来,我国居民储蓄额和储蓄增长率均较大。据调查,居民储蓄的目的主要用于供养子女和婚丧嫁娶,但从发展趋势看,用于购买住房和大件用品的储蓄占整个储蓄额的比重将逐步增加。我国居民储蓄增加,显然会使企业目前产品价值的实现比较困难,但另一方面,企业若能调动消费者的潜在需求,就可开发新的目标市场。比如,1979年,日本电视机厂商发现,尽管中国人可以任意支配的收入不多,但中国人有储蓄习惯,且人口众多。于是,他们决定开发中国黑白电视机市场,不久便获得了成功。当时,西欧某国电视机厂商虽然也来中国调查,却认为中国人均收入过低,市场潜力不大,结果贻误了时机。

西方国家广泛存在的消费者信贷对购买力的影响也很大。所谓消费者信贷,就是消费者凭信用先取得商品使用权,然后按期归还贷款,以购买商品。这实际上就是消费者提前支取未来的收入,提前消费。西方国家盛行的消费者信贷主要有:①短期赊销;②购买住宅分期付款;③购买昂贵的消费品分期付款;④信用卡信贷等几类。信贷消费允许人们购买超过自己现实购买力的商品,从而创造了更多的就业机会、更多的收入及更多的需求;同时,消费者信贷还是一种经济杠杆,它可以调节积累与消费、供给与需求的矛盾。当市场供大于求时,可以发放消费信贷,刺激需求;当市场供不应求时,必须收缩信贷,适当抑制、减少需求。消费信贷把资金投向需要发展的产业,刺激这些产业的生产,带动相关产业和产品的发展。我国现阶段的信贷消费还主要是公共事业单位提供的服务信贷,如水、电、煤气的交纳,其他方面,如教育、住宅建设及一些商家的信用卡消费正在逐步兴起。

任务设计

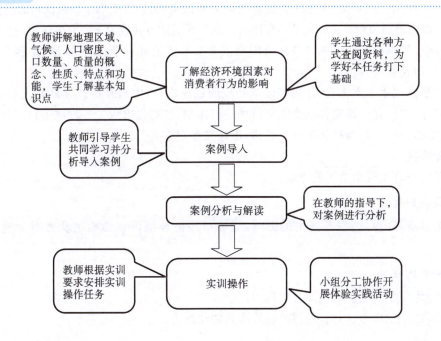

任务实施

◆ 导入案例[①]

1998年5月,在娃哈哈集团的筹划酝酿下,非常可乐诞生了,这就给原本平静的中国可乐市场造成了不小的冲击。1998年下半年,整个非常可乐系列的销售额达到了1.5亿元,中国经济正处于高速增长的时期,国民收入普遍得到提高,人们的消费观念也开始发生改变,新产品在夏季完全处于供不应求的状态。在浙江等一些省份,非常可乐系列市场占有率已达15%,紧跟在销售量第一的可口可乐之后,居于百事可乐之前;而在个别省份如湖南,非常可乐的销售量直逼可口可乐,甚至可能赶超,发展势头迅猛,打破了中国可乐市场被两家洋可乐垄断的局面。次年,娃哈哈集团非常可乐系列在中小城市及农村市场得到进一步扩大,销售量又大幅增加,完全击败了"老二"百事可乐,稳坐中国可乐市场的第二把交椅。同时娃哈哈集团还开发出各种新产品,多样化发展使得其在市场竞争中大获全胜。

我们从宏观的经济环境因素对此次营销活动成功的原因进行分析。

◆ 案例分析[②]

(1)直接影响企业营销活动的经济环境因素主要有消费者收入水平的变化、消费者支出模式和消费者结构变化、消费者储蓄和信贷情况的变化。

从消费者收入水平来看:当时中国经济并不发达,因此物美价廉的商品更容易受到消费者的喜爱。娃哈哈集团的非常可乐系列以低于可口可乐20%的单价推出(超市里600 mLPET包装可口可乐价格一般为2.6~2.7元/瓶,而非常可乐价格仅为2.1~2.2元/瓶),非常可乐具有较大价格优势。1999年末,百事可乐(听装 gtgg)已从每箱的45元降到了37元。

从消费者的结构模式来看:由于更健康、天然的果汁、茶饮等非碳酸饮品对可乐有非常强大的替代作用。近年来,由于人们日益崇尚天然饮食,更倾向于果汁和茶饮料的消费,碳酸饮料市场地位遭到强烈冲击。娃哈哈集团很好地发现了这点并致力于研究多样化的产品。

(2)间接影响营销活动的经济环境因素主要有经济发展水平、经济体制、地区与行业发展状况、城市化程度等。

从经济发展水平上来看:伴随着改革开放的稳序进行,中国经济持续良好发展,各行各业走向复苏,建立并逐渐完善社会主义市场经济体制,政府也出台了各种政策以支持企业的发展,娃哈哈集团很好地抓住了这一机遇,迅速发展起来。

◆ 专项实训

掌握经济环境对消费者的影响。

1. 实训目标

了解经济环境对消费者产生的影响,能够对经济环境因素影响消费者行为进行分析说明。

2. 实训内容

(1)训练学生对经济环境的分析能力。

(2)训练学生思考、归纳、说明及锻炼团队协作能力。

[①②] 吴玥.浅析经济环境对市场营销的影响[J].中小企业管理与科技(上旬刊),2017(07),69-70。

3. 实训步骤

(1)以班(小组)为单位,可以从不同角度思考、确定调查目标。

(2)进行小组交流。

(3)以班级为单位进行全面讨论。

4. 实训要求

收集经济环境对消费者影响的案例,对经济环境因素展开分析。

5. 实训考核

教师评价、学生互评。

◆ **知识链接**

参见 https://baike.so.com/doc/2970418-3133439.html。

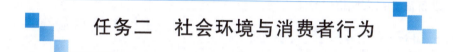

任务二　社会环境与消费者行为

任务目标

了解影响消费者行为的社会环境因素;掌握人口、自然、科技等环境因素对消费者行为的影响,培养学习者正确处理社会环境与消费者的关系。

必学理论

一、自然环境对消费者行为的影响

(一)地理区域的影响

生活在不同区域的消费者,由于所处地域的地理经度与纬度、地形与地貌、南方与北方、城市与农村、内陆与沿海、高原与水乡等方面的不同,在消费需求和生活习惯上会存在多种差异。

城市居民与农村居民对商品需求的种类、数量和购买方式也有着明显区别。除了农村消费者收入增长缓慢的原因外,配套的消费环境也是一大"瓶颈"因素。比如,供水、供电条件的不足,使得农村消费者对洗衣机、电冰箱的购买行为受到限制,还出现了"冰箱变成碗柜,洗衣机变成米缸"的现象。可见,要想实现农村消费市场的扩张,就必须改善农村落后的基础设施建设和生存环境。

同样是农村,平原、山区和水乡的消费需求也不一样。例如,平原农村可以购买大型农机具和交通工具,山区农村只能购买一些小型农机具和简便的交通工具,水乡需要的则是各种船只。

(二)气候条件的影响

不论是地域性的气候条件,还是全球化的气候环境,都在很大程度上制约着消费者的消费行为。从地域的角度来看,不同气候地区的消费者呈现出不同的消费需求。

例如,炎热多雨的热带地区与寒冷干燥的寒带地区相比,消费者在衣食方面的差异非常明显。同样是冬季,热带地区的消费者需要的是毛衣、夹克等轻微御寒的服装。而寒带地区的消费者则需要厚重的大衣、皮衣等服装。热带地区的消费者喜欢清爽解热型饮料,而寒带地区的消费者则偏爱酒精度数高、能御寒的白酒。

(三)理化环境的影响

理化环境主要是指由人为因素造成的消费者生存空间的优劣状况,如空气、水的洁净程度及噪声的强弱程度等。由于理化环境的优劣直接关系消费者的身心健康,因此,对消费者的行为有着重要影响。

例如,我国大城市由于人口的急剧膨胀,严重缺水,不得不依靠抽取地下水供市民饮用。但一般而言,地下水存在离子含量偏高、水质偏硬、细菌超标等问题,并由于受洪、枯季的影响,水质不太稳定。于是,消费者大量购买桶装纯净水或瓶装纯净水,以致纯净水及与纯净水有关的设备需求在大城市中异常火爆。

二、人口环境对消费者行为的影响

(一)人口数量与质量的影响

人口数量只能扩大经济总量,对人均数值的提高作用不明显;人口质量才是决定经济的重要因素;人口质量提高,社会生产率就提高,人均消费也会提高,从而使经济快速发展。人口数量对经济本身影响不大,而是影响资源的供给。

影响人口质量的因素主要包括自然因素和社会因素两大类。①自然因素是指人类个体的遗传因子和其他先天性素质等自然因素,它对人口质量结构影响很大。②社会因素是指政治经济因素、思想文化因素、宗教和道德因素等社会因素,它对人口质量结构施加决定性的影响。此外,人口数量及其变化也影响着人口质量结构。在其他条件不变的情况下,人口数量多,增长速度快,会妨碍人口质量的提高,从而影响人口质量结构向好的方面发展。

(二)人口密度与分布状况的影响

人口密度与分布状况关系到消费者的消费活动空间是否适宜。一些大城市人口集中,密度过大,出现住房拥挤、交通紧张、环境污染等一系列"大城市病",已经严重妨碍了消费者的日常生活和消费活动。而有的地方则相反,人口稀少,交通不便,思想封闭,观念落后,经济上不去,教育水平低,人口质量相对较低,必然严重制约人们的消费需求和消费品位。

(三)人口的年龄、性别、职业、民族构成的影响

年龄、性别、职业、民族构成等人口统计变量直接影响消费者的需求结构和购买方式。

例如,人口老龄化趋势的加快使得保健型消费品的购买量迅速上升,形成独特的"银色市场"。不同性别的消费者的需求结构和购买方式存在的差异是显而易见的。而职业的差别使人们在衣、食、住、行等方面更是有着显著不同。不同职业的消费者在衣着的款式、档次上总会做出不同的选择,以符合自己的职业特点和社会身份。不同民族的信仰不同,风俗习惯不同,消费结构也存在巨大的差异。

受教育程度是人口素质高低的重要标志。随着受教育程度的提高,消费者文明消费、自主消费的意识及筛选信息、选择决策等能力也必然得到相应增强。

任务设计

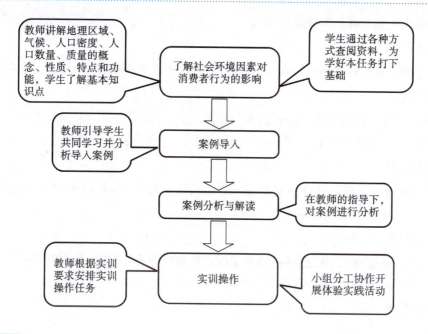

任务实施

◆ **导入案例**

在天堂里,一位中国老太太和一位美国老太太不期而遇,两位老太太情不自禁地谈起了自己一生的辉煌:中国老太太说:"我一生省吃俭用,用了60年的时间终于攒够了钱买一套三室一厅的住房,尽管我只住进去了一年就死了,可我也心满意足,因为我这一生终于有了自己的房子!"美国老太太说:"我倒是比你幸运,我只用了一年的时间就用银行贷款买了一套三室一厅的住房,尽管我住进去了60年,可我一生也还在省吃俭用,直到我死了的前一年才终于还清房子的贷款。我这一生也心满意足了,因为我终于还清了房子的贷款!"一直以来,两个老太太的对话被认作是中国人和美国人消费观念差异的真实写照。但是无论是中国还是美国的百姓都已成为"房奴"。人们在享受有房的心理安慰的同时生活质量却大为下降,不敢轻易换工作,不敢娱乐、旅游,害怕银行涨息,担心生病、失业,更没时间好好享受生活。这就是"房奴"生活的真实写照。

对很多人来说,购房已不是个人行为,甚至是一个家庭、一个家族在为了房子奔波,有人用"六一模式"概括全家买房的情境:六个人,一对青年夫妻、男方父母、女方父母用多年的积蓄共同出资,在城市里购买一套房。他们的一生就是为了这一套房子。在购房外,根本谈不上什么生活质量,人已经成为房子的奴隶。

◆ **案例分析**

消费者行为与心理是一种复杂的社会心理现象,它不仅受消费者自身需要、动机等因素的影响,也受消费者活动外界环境的影响。由人的社会属性决定,每个消费者作为社会成员之一,都生活在一定的社会环境中,并与其他社会成员、群体和组织发生直接或间接的联系。因此,消费者的购买行为不可避免地受到社会环境和各种群体关系的制约和影响。只有从社会环境与消费者相关关系的角度进行研究,才能科学地解释复杂多样的消费心理与行为现象,并为消费行为的预测提供切合实际的依据。

◆专项实训

掌握社会环境对森马消费者的影响。

1. 实训目标

使学生能够分析社会环境对森马消费者的影响(备选品牌:森马、优衣库、海澜之家等)。

2. 实训内容

(1)训练学生对经济环境的分析能力。

(2)训练学生思考、归纳、说明及团队协作能力。

3. 实训步骤

分组讨论(3人一组),选代表进行汇报。上交纸质报告,写上班级、小组成员的姓名和学号。

4. 实训要求

(1)请简要分析经济、文化、年龄等环境因素对森马消费者心理、行为的影响。

(2)为森马的品牌、产品和实体店的经营提供建议。

5. 实训考核

教师评价,学生互评。

◆知识链接

(1)训练学生对经济环境的分析能力。

(2)训练学生思考、归纳、说明及团队协作能力。

任务三　消费情境与消费者行为

掌握消费情境及其核心概念的内涵,培养学习者正确营造消费情境,合理使用营销策略。

一、消费者情境及其构成

所谓消费者情境,是指消费者在发生购买活动时个体所面临的短暂的环境因素,如购物时的气候、购物场所的拥挤程度、消费者的心情等。情境由一些暂时性的事件和状态所构成,它既不是营销刺激本身的一部分,也不是一种消费者特征。

消费心理学研究表明,不同商品会对不同情境下的不同消费群体产生不同的心理刺激,从而导致不同的消费行为。美国学者贝克(Belk)经过研究,提出了贝克情境理论:情境因素是解释消费行为的主要变量,它解释了消费行为 18.7% 的变异量,而个人因素只能解释 3.4% 的行为变异。Sandell 的研究则证明,高达 40% 的消费行为变异可以归因于情境因素,个人因素对行为变异的贡献率仅占 28%；Lutz 和 Kakkar 的研究结论却显示,情境对消费行为的解释力只有不到 6%。贝克(Belk)认为,情境由五个变量或因素构成,它们是物质环境、社会环境、时间、任务和先行状态。

构成情境的上述五种因素,不仅各自单独影响消费者行为,而且彼此之间还相互作用,共同影响消费者行为。所以,在考察情境影响时,还需要考虑各种情境变量的交互作用。

二、消费者情境的类型

(一)沟通情境

沟通情境是指消费者接受人员或非人员信息时所处的具体情境或背景。无论是面对面的沟通,还是非人员性的沟通,其效果均与消费者当时的接受状态存在密切的关系,如是否有他人在场、心情或身体状况如何等。

(二)购买情境

购买情境是指消费者在购买或获取产品时所处的情境,通常涉及做出购买决定和实际购买时所处的信息环境、零售环境和时间压力。

1. 信息环境

(1)信息的可获性。

与某一购买问题相关的信息可能要从市场上获取,也可能已经储存在消费者的记忆中。

(2)适度的信息量。

做选择时,环境中的信息量与被选品的数目及属性个数存在密切关系。

(3)恰当的信息形式与格式。

信息形式是指产品信息以何种方式呈现的形式。

2. 零售环境

零售环境涉及很多方面,如商店的布局、过道的空间、商品的陈列、店堂气氛等。

(1)背景音乐对消费者行为的影响。

梅里曼(Milliman)做过一项研究,调查结果发现,消费者在商场购物时步行速度的快慢取决于音乐节奏的快慢。当播放舒缓的音乐时,以天为基础计算的销售量增加了 38%。

(2)拥挤对消费者行为的影响。

研究结果表明,顾客密度和顾客的选择水平影响感知的控制程度,而感知的控制程度与顾客密度又决定了消费者所体验的拥挤程度；拥挤程度和控制水平共同影响、决定消费者的情感和其是否离开当时的购买情境。

3. 时间影响

在购买情境中,时间对消费者行为的影响尤为突出。

首先,很多产品的购买具有季节和节日的特点。

其次,不同的购买有紧迫程度上的差异。

再次,时间压力会导致非计划性购买的减少和买不到原先准备购买的产品。

最后,时间压力对消费者信息处理过程、对购买方式等均会产生一定的影响。

(三)使用情境

使用情境是指消费者在消费或使用产品时所面临的情境。有时,购买和使用情境是统一的,如饭馆用餐。但更多情况下,使用情境和购买情境是分离的,总是购买以后再使用。因此,使用情境不只是影响产品如何被使用和消费,同样也影响购买决定。

构成使用情境的各种因素(如时间、社会环境等)均会对消费者行为产生重要影响。使用情境在产品定位过程中发挥着重要作用。市场定位和产品细分均可能涉及产品的使用情境。

三、情境与企业营销策略的设计

情境对消费者行为的影响,对企业进行营销策略的设计具有重要的意义。

(一)精心细分市场

不同类型的个体对产品有不同的要求,而且同一类型的个体在不同的情境下所追求的利益也有很大差别。此外,某些消费者个体对特定情境所构成的细分市场还有一些独特的利益要求。例如,成年女性在滑雪时使用的防晒霜,除了要具有防冻、防晒和护肤功能以外,还带有适合时令且为女性所喜爱的香味等。

所有这些,都需要企业精心细分市场的设计。

(二)产品匹配情境

情境和产品之间也存在着交互影响。例如,潜水表适合在潜水或水下作业时佩戴,因为它可以在水下告诉人们时间,在氧气快用完的时候便于提醒人们。然而,它却不适合在一般场合佩戴,因为平时人们佩戴手表除了用于计时,考虑更多的是如何使所佩戴的手表与自己的肤色、着装相匹配,此时手表的美观大方和装饰性成为主要考虑因素。反过来,平时所佩戴的手表因为不能提供潜水表所具有的优点,因此,即便是防水手表在潜水时也不适合使用。这说明,企业的产品一定要与特定情境相匹配。

> **任务设计**

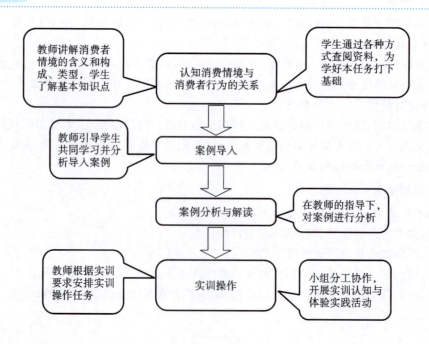

任务实施

◆ **导入案例**

2000年和2001年,以旭日升为代表的冰茶在中国全面旺销,这家饮料企业再想迎头赶上为时已晚,一个明星产品就这样穿过详尽的市场调查,与市场擦肩而过。说起当年的教训,当时该企业的一位市场调查负责人还惋惜地说:"我们举行口味测试的时候是在冬天,被访问者从寒冷的室外来到现场,没等取暖就进入测试,寒冷状态、匆忙的进程都影响了测试者对味觉的反应。测试者对口感和口味表现出了更多的认同,而对清凉淡爽的冰茶则表现出了排斥。测试状态与实际消费状态的偏差让结果走向了反面。"

"驾驭数据需要系统谋划。"好在这家企业并没有从此怀疑市场调查本身的价值,"去年,我们成功组织了对饮料包装瓶的改革,通过测试,我们发现如果在塑料瓶子的外形上增加弧形的凹凸部分,不仅可以改善瓶子的表面应力,增加硬度,更重要的是可以强化消费者对饮料功能性的心理认同。"

◆ **案例分析**

许多顾客是以商店中散发出来的气味来判断商品质量状况的。气味同音响一样,既有积极向上的一面,也有消极的一面。对有益的气味应加以有效利用,会产生更强的促销效果。

◆ **专项实训**

消费情境与消费者行为。

1. 实训目标

使学生能够分析消费情境对消费者的影响。

2. 实训内容

(1)训练学生对消费情景的分析能。

(2)训练学生思考、归纳、说明及团队协作能力。

3. 实训步骤

分组讨论(3人一组),选代表进行汇报。上交纸质报告,写上班级、小组成员的姓名和学号。

4. 实训要求

(1)请简要分析信息、时间、零售等环境因素对消费者心理、行为的影响。

(2)为森马的品牌、产品和实体店的经营提供建议。

5. 实训考核

教师评价,学生互评。

◆ **知识链接**

参见 https://wenku.so.com/d/7e64f19d5677852482bf920cc254f4aa。

任务四　商店环境与消费者行为

任务目标

掌握商店环境及其核心概念的内涵,培养学习者正确设计店铺环境、正确使用环境营销策略。

必学理论

一、微观零售设计

(一)微观零售总体设计

对营销者来说,地点是决定零售组织成功与否的最重要因素。

大多数人购物出行,必然涉及两个思维过程:其一,决定去哪儿;其二,去什么样的商店。

在新兴商厦和大超市布满城市各个区块的今天,人们传统的购物观念也在发生改变。为了节约时间,多数将就近消费作为最佳选择,这一点也充分体现了微观零售业的总体设计原则。在设计中,首先要考虑零售店铺的规模和定位,同相邻商店相比较,要突出自己的特色,以便引起顾客的注意,使顾客产生要光顾、购买的冲动。

零售商业的合理布局是一项科学性很强的工作,它建立在对消费者行为的客观分析基础之上,一经确立,会在相当长的时间内保持稳定,但也不是一劳永逸的,必要时也要做出相应的调整。

(二)微观零售外观设计

消费者对商店的认识,除了广告宣传、传统声望等因素外,多是从商店的外观开始的。

良好的外观形象、和谐的外在氛围,能引起消费者进店浏览、购物的欲望。

1. 店门设计

店门设计主要应考虑商店门面的开放程度。门面开放的大小,原则上是方便顾客出入和购买,满足顾客寻求便利的心理需要,但同时也要考虑商店所经营的商品类型。根据商店类型的不同,门面开放度也可以设计成以下几种形式。

(1)封闭式门面。封闭式门面是指商店门口具有较小的开放度,通常经营贵重和精美的商品。装饰昂贵的店门尽管规模不大,也不会使人感到窄小不便,反而会给人一种精致的心理感受。

(2)半封闭式门面。此种商店比封闭式门面要大,但又不是全面开放。通常经营日用工业品或其他生活用品的大型零售商场,以及近些年在我国各地兴起的大型超市乐于采用这种门面设计。

(3)全开放式门面。全开放式门面是把临街的一面全部开放。这种类型的门面一般不设橱窗,适于经营食品、水果、蔬菜、海鲜品等。

(4)特色门面。特色门面多是指一些中小型的专业商店。

2. 招牌设计

消费者逛商店,购买商品,常常是先浏览商店的招牌,并根据招牌寻找实现自己购买目标的场所。在商店招牌的命名与设计上,要从消费者的消费心理研究方面入手,使商店招牌与名称能够反映出商店的经营特色,能够吸引顾客,引导顾客。

(1)新颖别致,引人注目。

(2)反映经营特色和服务传统。

(3)文字简练、易读、易记、易解。

3. 橱窗设计

橱窗是商店门面的组成部分,橱窗设计与制作要与商店的外观形象、经营品种和建筑风格相协调,这是橱窗设计布置的基本要求。

在市场营销活动中,橱窗设计既是一种商品信息传播的重要形式,也是美化商业环境的重要手段。

(1)橱窗设计的原则。一是要突出所展示商品的品质和特性,激发消费者的欲望;二是要塑造优美的整体形象,满足顾客对美的需要;三是要做到充分利用景物间的间接渲染,引发消费者的联想。

(2)橱窗设计策略的选择。一是直接展示法。运用陈列技巧,通过对商品折叠、悬挂、摆放等方法,充分展示商品的质地、色彩、形态,突出营销的基本目的,让顾客一目了然,迎合大众口味。二是联想法。运用一些象形的道具,以某一环境、情节、人物的形态,唤起消费者的种种联想,使其产生心理上的某种共鸣,诱发其购买兴趣。三是夸张幽默法。可运用合理的夸张给人以新颖独特的心理感受。四是说明法。可恰当地运用简洁明快的文字说明,使主题鲜明突出,可以起到画龙点睛的作用。

二、零售环境与消费者行为

(一)商品陈列与消费者行为

商品陈列是营销手段的重要组成部分。它以各种形式体现在销售规划中。比如,陈列摊位的不同方式、一般的和特别的应用手段、店内位置、季节性应用及陈列的综合效果等。巧妙地地面陈列能够显著增加陈列商品的销售量,而将促销商品置于店内过道远端的销售规划会促进消费者对此类商品的购买。

(二)店内氛围与消费者行为

店内氛围是通过视觉沟通、灯光、色彩、音乐和香味来营造环境、刺激消费者的。

1. 视觉沟通

视觉沟通由商店和橱窗里的图形、标志的组成来实现,它可以促进销售量的增加。

2. 灯光

经验表明,可以通过温暖的白色灯光不均匀的照明来达到营造轻松氛围的目的。特别是利用灯光和色彩之间的关系,能醒目地衬托和装饰商品,吸引消费者的注意。但装饰灯光不可滥用,否则会产生相反的效果,给人以眼花缭乱、紧张烦躁的感觉。可见,视觉和情感反应,最终影响他们的购买行为。

3. 色彩

商店内部的色彩设计是指商店的墙壁、顶棚、地面、货架灯光等方面色彩的搭配和使用。通过色彩设计可以增强商品的陈列效果,烘托营业场所的气氛。不同的色彩对人的视觉刺激强度不同,因而对人的情绪会产生不同的影响。

商家在运用色彩的心理效果去装饰商店内部环境时,应注意以下几个方面的问题:①要根据销售的对象和所经营的商品,设计商店的基本色调;②要根据季节变化和地区气候调配色彩;③要根据商品本身的色彩进行巧妙的搭配。

4. 音乐

商店内音响声音的强弱,音乐节奏的快慢都会对消费者产生影响。设计适当,会吸引顾客;声响强就会使消费者烦躁不安、注意力分散。有些商店为了吸引消费者的注意,在商店内或商店门口大音量地播放歌曲,这不仅起不到促销宣传、吸引消费者的目的,反而会引起消费者的心情烦躁、情绪不安,以致尽快离开商场。

5. 气味

许多顾客是以商店中散发出来的气味来判断商品质量状况的。气味同音响一样,既有积极向上的一面,也有消极的一面。对有益的气味应加以有效利用,会产生更强的促销效果。

任务设计

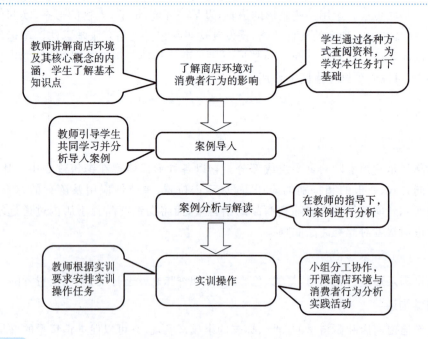

任务实施

◆导入案例

店铺氛围因子创新是要在提供给顾客的视觉、听觉、嗅觉和触觉效果方面寻求改进,以增加氛围魅力。视觉反应来自色彩与光线的影响。店铺的照明是对光线的视觉知觉,人的视觉系统的构成,是一个从眼球到大脑的复杂体系,外界的光线由瞳孔进入眼球,通过水晶体和眼球内的液体,在视网膜上结成映像,再利用从视网膜发出的视神经,传达到大脑而形成知觉。商店照明的目的在于引导顾客入店,突出商品以构成环境气氛,达成顾客的购买意愿。

零售企业应该针对不同的顾客或购买类型采用不同的灯光照明,进行特定空间范围内灯光照明效果的科学决策与评价是必要的。商店的各种色彩更会对消费者的情绪与购买意愿产生影响,暖色调特别适用于商店橱窗、入口与冲动购物相关的地方,而对于顾客在需要时间或做出购物决定有困难的时候,强烈的暖色调的出现将会使购物变得不愉快,使购物过程很快被中断,这时冷色调更为适宜。合理进行色彩设计,对零售店铺绩效的优化起着重要的作用。

◆ **案例分析**

在卖场色彩的安排上,既要考虑各种色彩的性质与特征,更要考虑卖场的空间特点及所经营的商品种类,使色彩安排与卖场及商品的特点相适应。

◆ **专项实训**

1. 实训目标

观察消费者在商店购物行为,分析得出消费者进店购物行为的不同模式,并据此对该店的购物环境给出改进意见。

2. 实训内容

各小组选定一个小型专卖店,按照实训要求的步骤进行消费者行为的观察,进行观察数据的分析,得出消费者进店购物行为的不同模式,并据此对该店的购物环境给出改进意见。

3. 实训步骤

1)准备阶段

(1)搜寻相关基础知识。

(2)集体讨论选定哪一类型的小型专卖店,如何进行观测。

(3)设计观察使用的表格,尽可能详细,便于迅速准确地记录消费者行为。

(4)搜集二手资料,了解相关行业背景。

2)消费者行为观测阶段

(1)绘制该商店的店堂布置示意图,至少观察20位消费者,并分别绘出他们的购物路线。

(2)追踪这20位消费者,详细记录如下信息:店内购物时间,看了哪些陈列,拿过多少物品,是否读了标签,是否查看价格,是否向销售者咨询,是否最终购买商品,消费者的年龄、性别。

(3)在一定的时段内,有多少消费者购买了商品,得出转化比例。

3)调研数据分析

(1)对观察结果进行简单的数据分析。

(2)得出消费者在该店购物的一般模式。

(3)对该店的布置及营销策略给出相应的建议。

4. 实训要求

(1)实训报告于规定日交给老师,逾期不计分。

(2)作业要求用A4纸打印,封面注明小组成员姓名及学号。

(3)调研数据真实可靠。

(4)充分发挥团队精神,互相启发,分工协作。

(5)给出工作流程或成绩排序。

5. 实训考核

小组成绩评分标准如下:

(1)报告的完整性,15分;

(2)表格实用和详细,20分;

(3)观察记录完整细致,40分;

(4)分析准确,15分;

(5)建议有独创性和实际意义,10分。

◆ **知识链接**

参见 https://baike.baidu.com/item/%E6%A9%B1%E7%AA%97/4399171。

习题

项目八　消费者行为与市场营销策略

教学目标

知识目标：(1)熟悉产品、价格、渠道、促销与消费行为的关系。
　　　　　(2)掌握通过产品、价格、渠道、促销等营销组合因素来引导消费者行为的方法。
能力目标：(1)分析市场营销组合因素对消费者行为的影响。
　　　　　(2)能够针对不同的情况及不同的消费者设计不同的营销组合策略。
素质目标：关注营销组合对消费者行为的影响，认识到企业应依据消费者的心理和行为的特点与规律决定营销组合策略，有效地引导需求，促进消费者产生购买行为。

项目描述

本项目包含4个任务，即产品策略与消费者行为、价格策略与消费者行为、渠道策略与消费者行为及促销策略与消费者行为，使读者对消费者行为与营销组合策略有一个全面的认识和理解，为今后工作奠定坚实的理论基础。

思维导图

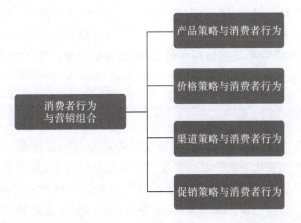

产品、价格、渠道、促销(4P)是常用的市场营销策略。企业在选定的目标市场上，常常以市场需求为导向，全面综合考虑企业自身能力、环境及竞争者状况等因素，从产品、价格、渠

道与促销等方面制定组合策略。企业营销工作的成败往往直接取决于这四个因素的组合，因此，企业应该根据消费者的心理和行为的特点与规律决定营销组合策略，有效地引导需求，促进消费者产生购买行为。

产品命名与消费者心理

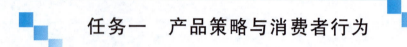

任务一　产品策略与消费者行为

任务目标

通过本任务的学习，读者应了解新产品的含义，掌握新产品设计、开发和推广的心理策略，以及了解产品命名、包装、品牌与消费者购买行为之间的关系，并能充分利用产品的命名、包装与品牌的要素设计以激发消费者产生购买行为。

必学理论

从生产企业的角度来看，产品是进行商业经营的媒介。但真正确定产品成败的试炼石是消费者是否愿意打开钱夹，拿出资金进行交易、购买产品。作为消费者从事消费活动的对象和载体的产品，消费者的各种心理活动、需求动机、购买决策及购买行为都是围绕产品发生与进行的。与此同时，产品也是企业赖以生存和发展的基础。企业的产品能否为消费者认可、接受，并在市场上占据相应份额，直接关系到企业的竞争成败乃至生死存亡。为此，在营销实践中，企业必须根据消费者的心理与行为特点实施产品策略，包括新产品的设计、开发、命名、商标、包装、品牌塑造等。

一、新产品的开发与推广心理策略

(一)新产品的概述

1. 新产品的含义

市场营销中新产品的概念是一个广义的概念。从"整体产品"的角度来看，新产品是指对任何一个产品层次进行创新和变革，使产品有了新的结构、新的功能、新的品种，或增加了新的服务，从而给消费者带来新的效用和利益，使之与原产品产生了差异的产品。

2. 新产品的分类

按照新、老产品的差异程度可将其分为以下三个类型。

1) 全新产品

全新产品一般是指运用新技术或为满足消费者某种新的需要而发明的、功能相近的同类产品中产生了实质性变化的新产品。全新产品无论从设计原理、工艺结构、性能特征及外观造型上都与原有产品完全不同，因而属于整体更新产品。这类新产品的问世和使用一般会引起消费者消费方式和心理需求的变化，需要消费者改变过去的使用习惯和消费方式，建立全新的消费行为。

2) 革新产品

革新产品是指在原有产品的基础上采用新技术或新材料,使产品性能有了重大突破,或将原单一性能发展成为多种性能及用途的产品。这类新产品要求消费者在使用过程中部分地改变已经形成的消费行为和习惯,因而对消费者心理影响较大。

3)改进产品

改进产品是指在原有产品的基础上进行某些改进,仅发生次要或微小的变化,因而对已经形成的消费者购买心理与习惯行为影响很小的新产品。这类产品的特点是在原产品基本用途不变的情况下,或增加某些性能,或增加花色品种,或改进外观造型,使产品结构更加合理。消费者在接受这类新产品时,基本上沿用类似老产品时的消费行为,需要新学习的消费方式只占很少一部分。

(二)购买新产品的消费者类型

由于各种因素的影响,不同消费者对新产品接受的快慢程度会有所不同。根据消费者对新产品的态度与行为差异可将其分为以下五类。

1. 最早消费者

最早消费者也成为新产品的消费带头人,是新产品上市之初最先购买的消费者,约占全部潜在消费者的2.5%。这部分消费者求新、求奇、求美的心理需求强烈,自信心强,社交活跃,对产品信息敏感,富于创新精神,敢冒风险。同时由于经济条件较优越,对风险有较强的承受能力。最早消费者人数很少,但可以起到示范、表率、带动其他消费者的作用,因而是新产品推广的首要力量,是新产品消费的带头人。

2. 早期消费者

他们是新产品上市初期,继最早消费者购买之后,马上投入购买的消费者,约占全部潜在消费者的13.5%。这部分消费者经济条件较好,有较多的社交活动,注意从广告中了解新产品信息。求新、时髦心理对其购买行为影响较大,对新产品的态度积极,常跟在最早消费者之后购买新产品。早期消费者的个性特征是思想活跃,喜欢评论,常是公众意见领导者。

3. 较早消费者

他们是经过最早消费者和早期消费者对新产品的特点、性能、用途等证实之后,而实施购买行为的消费者,约占全部潜在消费者的34%。他们的购买行为基本上发生在产品成长阶段。这部分消费者在消费中具有明显的同步和仿效心理,他们乐于接受新生事物,但是一般比较慎重,一旦证实新产品的特点后,会马上实施购买行为,成为形成某一消费热潮的重要力量。这部分消费者为数较多。他们是促成新产品在市场上趋向成熟的主要力量,是新产品的基本消费群。他们对其他消费者购买动机的形成也有重要作用。

4. 晚期消费者

他们是在大部分消费者接受并使用新产品后才开始购买新产品的消费者,约占全部潜在消费者的34%。晚期消费者的思想保守,多数人经济条件一般,社会活动较少,信息不灵,反应迟钝,担心吃亏上当,总是被动地顺应消费趋势。在看到购买新产品的人数越来越多,并已证实新产品的特点及由此带来新的消费趋势后,他们才开始购买。这部分消费者人数大体同早期大众一样,他们对新产品在市场上达到成熟与饱和状态作用重大。

5. 保守者

他们是最后购买和最终拒绝购买新产品的消费者,约占全部潜在消费者的16%。保守者的个性特征是保守、抑郁,对事物态度趋于稳定,遵从传统观念,文化水平和收入水平都很低,与外界缺乏沟通,信息闭塞。当新产品处于饱和状态或趋于衰退状态时,他们才实施购买。保守者是最后的新产品消费者,随着经济的发展和文化水平的提高,这部分消费者的人数将越来越少。

(三)影响消费者购买新产品的因素

1. 产品的相对优点

产品的相对优点是指新产品优于老产品的程度。新产品的创新程度越高,在市场上的扩散率及占有率也就越高。

2. 产品使用上的一致性

新产品的使用能否与消费者在长期消费过程中逐步形成的消费方式、消费习惯及价值观保持一致,对新产品能否为消费者承认并接受影响较大。

3. 产品结构上的复杂性

对于新产品的属性、性能、用途、使用方法等指标,消费者越容易理解,就越容易引起消费者兴趣,新产品在市场上的发散速度也就越快,发散面积也就越大。因此,企业还需要尽量追求产品结构的简单明了,最大限度地减少消费者理解和掌握新产品所需的时间和精力。

4. 产品的可试性

耳闻目睹不如亲身一试,如果消费者能亲自试用某一新产品,体验新产品特点,比采用其他方式进行宣传的影响程度大得多。

5. 产品的可传达性

新产品一般在性能、用途、工艺及效用上优于老产品。这些优点若能准确明了地为消费者感知、想象和形容,则表明新产品可传达性强。消费者购买新产品,不仅要满足试用上的需求,同时还希望自己购买的新产品的优点也能传达给其他消费者,并得到他们的承认和理解,由此得到心理上的满足。

(四)影响新产品购买的心理策略

新产品问世后,企业面临的重要问题是,如何使消费者尽快认识、承认并接受新产品。美国学者罗杰斯把新产品采用过程看作创新决策过程,其中包括认识阶段、说服阶段、决策阶段、实施阶段和证实阶段五个阶段。通过了解在创新决策各个阶段的消费者心理活动特点,可以设计相应的新产品营销策略。

1. 认识阶段

在认识阶段,消费者受个人因素(如个性特征、社会地位、经济收入、性别、年龄、文化水平等)、社会(如文化、经济、社会、政治、科技等)和沟通行为因素的影响,逐步认识创新产品,并学会使用这些产品,掌握其新的功能。研究表明,较早意识到创新的消费者与较晚意识到创新的消费者有明显区别,一般,前者较后者有较高的文化水平和社会地位,他们广泛地参与社交活动,能及时地收集到有关新产品的信息资料。针对认识阶段消费者的特点,企业在新产品推广中可集中宣传新产品的用途,使具有创新意识的潜在消费者充分认识到新产品的益处,并推动他们进入采用过程的下一阶段。

2. 说服阶段

有时,消费者尽管认识到了新产品并知道如何使用,但一直没有产生喜爱和占有该产品的愿望,一旦产生这种愿望,采用过程就进入了说服阶段。如果在认识阶段,消费者的心理活动尚停留在感性认识上,那么进入说服阶段其心理活动就具有影响力了。在说服阶段,消费者常常要亲自操作新产品,以避免购买风险,不过即使如此也并不能促使消费者立即购买。为此,营销部门应努力让消费者充分认识新产品的特性,包括相对优越性、适用性、复杂性、可试性和明确性,使之真正被说服。

3. 决策阶段

通过对产品特性的分析和认识,消费者开始决策,即决定采用还是拒绝采用该种新产品。消费者拒绝采用有两种可能:一是以后改变态度接受这种新产品;二是继续拒绝采用这种产品。消费者采用新产品也有两种可能:一是在使用之后觉得效果不错,想继续使用;二是使用之后发现令人失望,便中断使用,改用别的品牌或不使用这种产品。在此阶段,销售者应向消费者强调新产品满足消费者需要的重要价值,还可以采用产品试用、价格优惠、服务承诺、额外奖励等多种方式进行促销,促使消费者做出最终购买决定。

在市场成熟阶段,很多品牌产品已经把市场分割得基本没有缝隙,新产品的生存空间非常狭小,新产品上市需要特别注意体现新产品的个性化利益,其市场推广要有严格的定位。许多情况下,企业都是以产品创新的形式进入这个阶段的。产品创新就是在产品直接功效利益的基础上增加结果利益、欲望利益等不同的利益因素,使新产品的利益结构更丰富、更感性、更具有时代性,以便引发新一代消费者的追求和喜爱。这一阶段新产品的市场推广目标是以新消费者为目标群体,通过新消费者的意见和行动影响老一代消费者。市场成熟阶段新产品的推广策略应当是,注重个性化的产品利益和与之相对应的新消费者所关注的品牌概念之间的有机联系。

4. 实施阶段

当开始使用创新产品时,消费者就进入了实施阶段。在决策阶段,消费者只考虑究竟是使用该产品,还是仅仅试用,并没有最终确定。在实施阶段,消费者考虑的主要问题是"怎样使用该产品"和"如何解决操作难题"。此时,营销者要积极主动地向消费者进行介绍和示范,并提出自己的建议。

5. 证实阶段

消费者购买决策的一个显著特征是,在做出某项重要决策之后总是要寻找额外的信息来证明自己决策的正确性。这一特征可以用"认知不和谐"理论加以解释。认知不和谐是指两种或两种以上的认知不一致,或者其中某种认知与个人行为相抵触所产生的紧张不安的心理状态。这些认知包括人们对周围事物所持有的观念、情感和价值取向等。只要认知相互不一致,或者某种认知与个人的行为不吻合,不和谐就产生了。

在新产品购买决策过程中同样存在着认知不和谐。由于消费者面临多种备选方案,每一种方案又都有其优点和缺点,只要选择其中一种方案,认知不和谐就会发生。这种不和谐导致消费者在决策之后,总是要评价其选择行为正确与否。通常在决策后的最初一阶段时间内,消费者发现所选方案存在很多缺陷,反而认为未选方案有不少优点,因而感到后悔,并假设再有机会,一定会选择其他方案。不过,后悔阶段持续时间不长便被不和谐减弱阶段代替,此时,消费者认为已选方案仍然较为适宜。在整个创新决策过程中,证实阶段包括决策后不和谐、后悔和不和谐减弱三个阶段。消费者往往会告诉朋友自己采用创新产品的明智之处,倘若消费者无法说明采用决策是正确的,那么就可能中断采用。因此,在这一阶段企业应给予消费者充分信息,包括其他消费者的使用效果及评价,帮助消费者正确评价新产品,减轻认知不和谐。

二、产品的命名、商标、包装与消费者行为

在购买过程中,商品的品牌名称、商标和包装直接作用于消费者的感觉器官,被消费者首先感知并引起相应的心理反应。根据消费者的心理特点采取适当的命名、商标和包装策略,是企业制定市场营销策略组合的重要组成部分。

(一)产品的命名与消费者心理

产品名称就是企业为产品取的名字,是运用语言文字对商品的主要特性概括反映的称号。从营销心理学的角度来看,产品名称既是顾客借以识别商品的一个标志,同时也是引起顾客情感、联想等心理活动的一种特殊刺激物。

1. 产品命名的心理要求

产品命名的根本目的是使产品的名称与消费者的心理相吻合,对消费者产生积极的影响。所以在命名时也应注意符合下列消费者的心理要求。

1)名实相符

名实相符是指产品名称要与产品的实体特征相适应,使消费者能够通过名称迅速了解产品的基本效用和主要特征。

2)便于记忆

产品的名称主要用来吸引消费者,加深消费者对产品的印象,所以产品的名称应易读易记,以便减轻记忆难度。

3)引人注意

这是产品命名最主要的目的,也是最重要的要求。好的产品命名应能在众多同类产品名称中脱颖而出,迅速引起消费者的注意。

4)激发联想

激发联想是产品命名的一项潜在功能。通过名称的文字和发音使消费者产生恰当、良好的联想,可以引发其良好的心理感受,激发购买欲望。

5)避免禁忌

由于不同国家、民族的社会文化传统不一样,使得消费者的习惯、偏好、禁忌也有所不同;除此之外,语言文字的差异也会造成对产品理解的差异。

2. 产品命名的心理策略

1)以产品的主要效用命名

其特点是名称直接反映产品的主要性能和用途,使消费者能迅速了解产品的功效,加快对产品的认知过程,多用于日用工业品、化妆品和医药品。这种开门见山的命名方法迎合了消费者追求产品实用价值的心理。

2)以产品的主要成分命名

这种命名方法可使消费者从名称上直接了解产品的原料构成,以便消费者根据自己的实际情况选择产品。这些产品名称或强调货真价实,或突出原料名贵,都起到了吸引消费者的作用。比如,从"螺旋藻麦片"的名称可以看出,麦片中加入了螺旋藻;从"复方甘草合剂"的名称可以看出,其主要成分是止咳的甘草;从"靓妃珍珠面膜"的名称可以看出,其原料里

含有养颜增白的珍珠。

3)以产品的外形命名

这种命名方法多用于食品、工艺品类的商品命名。它的特点是形象化,能突出产品造型新奇等的特点,进而引起消费者的注意和兴趣。采用这种方法,应注意名称和形象的统一,否则会弄巧成拙,达不到让消费者从名称联想到商品实体,从而加深对产品印象和记忆的目的。

4)以制作工艺或制造过程命名

这种方法多用于具有独特制作工艺或有纪念意义的研制过程的产品,这是一种经常被采用的方法。如"二锅头"酒在制作过程中要经过两次换水蒸酒,且只取第二锅酒液的中段,酒质纯正、醇厚。以此命名能使消费者了解该酒不同寻常的酿制工艺,从而提高商品声望。

5)以产品的产地命名

以产地命名主要是由于产品具有悠久的历史,尤以产地的商品最具特色,享誉盛名,冠以产地名称可以突出该商品的地方风情、特点,使其独具魅力。这种命名方法符合消费者求名、求奇、求新的心理,可以增加商品的名贵感和知名度,同时使消费者感受到商品所体现的地域文化,从而使消费者产生亲切感和偏好。

6)以人名命名

以人名命名(以发明者、制造者和历史人物等名字给产品命名)为方法。这种方法将特定的产品和特定的人联系起来,使消费者睹物思人,引起消费者丰富的联想、追忆和敬慕之情,从而使产品在消费者心目中留下深刻的印象。以人名命名还可以体现商品悠久的历史和文化,表明产品系出名门、正宗独特,以此诱发消费者的购买欲望。如"李宁""卡迪拉克""皮尔·卡丹""百威""保时捷""西门子""米其林"等品牌。

7)以外来词命名

这种方法在进口商品的命名时常见,用外来词命名主要是满足消费者的求新、求奇、求异的心理,还可以克服翻译上的困难。但这要求商品的名称读起来朗朗上口、寓意良好。

8)以吉祥物或美好事物命名

有些商品为迎合人们图吉利、盼发财的心理,起名为"百合"被、"熊猫"电视机、"吉利"汽车等。而我国的一些中药,由于其成分原来的名字会使消费者感到畏惧,所以常使用能让人产生良好联想的名称来代替原有名称。如"地龙"原指蚯蚓,"天龙"原指壁虎。

9)以色彩命名

这种方法适用于食品类商品。以色彩命名突出了消费者的视觉感受,使之对商品留下深刻印象。

(二)商标与消费者行为

商标是商品的特定标记,是区分不同厂商生产同种商品的一种符号。热门商品的选择,往往是认准商标进行选购的。商标设计是商标发挥心理功能的基础。实践中,商标的设计可以采用文字、符号、图形及其组合等多种表现形式和手法,灵活运用。然而优秀的商标设计又必须考虑商品的特色和消费者的心理,不能随心所欲。

1. 商标的心理功能

商标是产品的标记,是企业信誉的象征,对营销主体和顾客具有重要的心理功能。

1)识别功能

商标是企业及其商品的代表,是商品的直接外在标志。它可以帮助顾客辨认和区分不同的厂商,标识自己中意的品牌。现代社会中顾客的品牌意识已经日益浓厚,人们在市场上往往购买自己喜欢的品牌,这时商标的识别功能就发挥作用了。

2) 印象功能

一个具有特色的商标常常会使人过目不忘,留下深刻的印象,再加上代表的商品若具有优良的品质,就会使人形成品牌忠诚度,坚持多年甚至终生购买、使用该商品。

3) 信誉传播功能

设计出色,名称朗朗上口的商标,能够透过本身鲜明的文字、图案和色彩,通过媒体的宣传,把它所代表商品的信誉最大限度地传播给消费者,并可将信誉延伸到企业所生产的其他系列产品,发挥巨大的信誉传播功能。

2. 商标设计的心理要求

(1) 个性鲜明,富于特色。人们通常对特别的物品记忆深刻,因此,商标的设计应力求有别于其他同类商品的商标。

(2) 造型优美、文字简洁。现代消费者不仅要求商标具有明确的标识作用,而且追求商标的美学价值。此外,人们对简单而符合审美情趣的图形文字往往记忆深刻。所以在设计商标时,语言应做到简洁鲜明,商标图案也要明了简单,以满足消费者的审美要求。

(3) 具有时代气息,反映社会的潮流趋向。作为商品标识的商标与人们的生活息息相关,商标如果能结合特定的历史时期,反映时代的气息,甚至赋予一定的社会意义,可以激起消费者的购买热情,赢得消费者的青睐。

(4) 与商品本身的性质和特点相协调。商标(是商品的代名词)既要对商品所要传达信息进行提炼和精确表达,又要起到提示和强化的作用。这就要求商标能准确地体现所代表商品的性质,突出商品的特色。

3. 商标运用的心理策略

与商标设计一样,巧妙运用商标是商标发挥其心理效应不可缺少的重要环节。为此,在使用商标时,应注意针对消费者的心理特点采用适宜的心理策略。

1) 是否使用商标

好的商标可以起到积极的提示和强化作用,但是对消费者而言,并非所有商品都需要商标。是否使用商标是企业首先要决策和权衡的问题。一般有以下几种情况可以不使用商标:一是商品本身属于无差别商品,只要品种、规格相同,商品的性质和特点就基本相同;二是一些差异较小的日常生活必需品及鲜活商品,消费者没有根据商标购货的习惯,可以不使用商标;三是一些临时生产的一次性商品,或作为商品销售的物品,如纪念品等,也可以不使用商标。

2) 使用统一商标还是使用独立商标

(1) 统一商标。

统一商标是指企业生产的若干类产品都使用同一商标,即同一商标的商品系列化。比如,索尼的 MP3 播放器、随身听、电视等产品,都使用统一的 Sony 商标。首先,统一商标可以强化消费者对该商标的印象,特别是对那些已经树立起良好形象的商标,消费者会很自然地对标有该商标的其他商品抱有同样的好感和信任度,从而激发消费者的延伸购买行为。再者,采用统一商标可以节省设计、注册和推广费用,进而降低产品成本。最后,使用统一商标还可以保持企业在消费者心中的整体形象。

(2)独立商标。

独立商标是指对同一企业的不同商品冠以不同的商标,使各产品之间相对独立。宝洁公司旗下的化妆品有300多个品牌,中国消费者熟知的有"飘柔""海飞丝""沙宣""潘婷"等多种。采用这种策略最主要的目的是突出各个商品的特色,以满足不同消费者的心理需求和习惯偏好。而且,消费者通常不会深究不同品牌是否来自同一公司,一旦一种品牌不能成功,也不会影响该品牌其他商品在消费者心目中的形象。

(三)包装与消费者行为

1. 包装的心理功能

商品的包装最开始是用来承载和保护商品的,以避免其损坏、散落、溢出或变质。随着科学技术的进步和新材料的广泛应用,商品的包装手段和方法日趋多样化,人们对包装的研究也更加深入。美国销售心理专家路易斯·切斯金曾通过一次实验对包装进行研究,结果表明,包装对消费者心理有巨大的影响,甚至可以左右他们对产品的认识和感受,因而被称为"沉默而极具说服力的推销员"。

包装的心理功能有以下几种。

1)识别功能

现代市场上,同类商品的同质化程度越来越高,质量、性能的接近使得包装演变成为产品差异化的重要组成部分。一个设计精良、独具特色、富于审美情趣的包装能使产品在众多的商品中脱颖而出,给消费者留下深刻印象。同时,包装上准确详尽的文字说明,可以向消费者全面展示关于商品的产地、成分、重量、特色等重要信息。

2)便利功能

良好的包装不仅能使商品别具一格,还可以有效地保护商品,有利于商品的长期储存,延长商品的使用寿命。包装的便利性还体现在包装的开启和携带是否方便。总之,根据实际需要,设计合理、便利的商品包装,能使消费者产生安全感和便利感,方便消费者购买、携带、储存和消费。

3)美化功能

俗话说,"好马配好鞍""三分人才,七分打扮"。可见,外部形象对体现事物的内部性质会起到相当重要的作用。具有艺术性的包装,会使商品锦上添花,使消费者赏心悦目,有效地推动消费者的购买。

4)增值功能

设计成功的包装融艺术性、知识性、趣味性和时代性于一身。高雅华贵的商品外观可以大大提高商品的档次,并使消费者自我表现的心理得到满足。

5)联想功能

好的包装应该使消费者产生有助于表现商品特色的美好联想。比如,同仁堂等中国的百年知名品牌,刻意使用古代的包装形式,使人们联想到了老字号商店良好的声誉和突出的品质。

2. 包装对消费者心理的作用过程

1)唤起注意

包装的首要功能即是通过给予消费刺激,引起消费者的无意注意。作为消费刺激的重要表现形式,不同包装物给予消费者的刺激强度有明显差异。为使产品包装引起消费者的无意注意,需要不断提高包装的刺激强度。

2)引起兴趣

包装除了要引起消费者的无意注意外,更重要的是要引起消费者对商品的兴趣,从而产生有意注意。消费者的年龄、性格、职业、文化、经济状况不同,对包装的兴趣也会有所不同。这就要求设计包装时要研究消费者的兴趣偏好,不仅要使包装与商品的风格一致,还要符合消费者的价值标准。

3)启发欲望

启发欲望其实就是刺激需求。消费者产生购买动机后,其购买行动的最终实现还要取决于对刺激物的感受。包装是使商品的味道、性能、使用方法等特性在潜在消费者中形成好感的最好手段。

4)导致购买

导致购买是包装对消费者心理作用的最终目的。别具一格的包装往往会使消费者爱不释手,可以促使其产生试用的想法,一旦消费者对商品形成深刻印象,就有可能导致购买行为的发生。

3. 包装设计中的心理要求

商品的包装设计应符合以下心理要求。

1)色彩协调搭配

消费者接触商品,尤其是与商品有一定空间距离时,首先进入视线的就是商品的色彩。一般来说,在保证商品质量良好的前提下,消费者会首先对商品的色彩喜好做出判断,然后对自己喜爱的色彩的商品产生购买欲望,最终实现购买。

2)符合商品的性能

许多商品由于物理、化学性质不同,其存在状态和保存方法也不同,所以要根据商品的形态和性能设计商品的包装。例如,易燃、易爆、剧毒的液体商品,包装不仅要密封、安全,还应在包装上做出明显的标记。

3)突出商品特征

由于商品的包装形式越来越趋向多样化,而且消费者多数经常通过包装来推测商品的真正品质。商品的包装突出,就会让消费者首先注意。而要使包装形象突出,需要采用适当的包装形式,如"开窗"式、系列式、异常式等。开窗式包装往往能满足那些急于了解商品"真面目"的消费者的求知和好奇心理,也容易引起注意。系列式包装是指企业对其生产的各种品质相近的产品,采用同种包装材料及相似的形态、图案、色彩等。异常包装是指反其道为之或与同类商品的传统包装形式差异很大。

4)方便消费者

商品的包装为消费者观察、挑选、购买、携带和使用提供方便。采用"开窗式""透明式""半透明式"包装会给消费者直观、鲜明、真实的心理体验,故在食品中多被使用。而将相关的商品组合并一起进行包装,也能给顾客带来方便。

5)具有时代感

具有时代感是指在材料的选用、工艺制作、款式造型、图案装饰、色彩调配等方面,都要充分利用现代科学技术,给消费者以新颖独特、简洁明快、技术先进、性能优良的美好印象。另外,包装还要符合和体现时代发展的最新潮流。

6)具有针对性

消费者由于收入水平、生活方式、消费习惯及购买目的的不同,对商品包装的要求也有所不同。有的追求廉价实用,有的喜爱美观大方。

任务设计

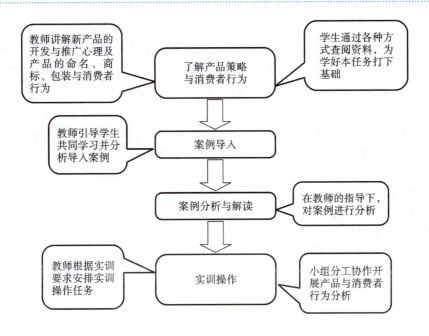

任务实施

◆ 导入案例①

如今的三只松鼠已经开始进军线下实体,全面布局新零售体系。这个线上休闲食品,从坚果到全品类的休闲食品,已然驶入万亿休闲食品赛道。其打造的三只松鼠形象,早已深入消费者的内心。无疑,三只松鼠的角色营销,是非常成功的,同时也让其成为众多媒体纷纷传说的互联网思维案例。

1. 品牌商标的"萌"

"三只松鼠"品牌的商标设计,创新且独特,萌且俏皮的三只小松鼠分别为鼠小贱、鼠小酷和鼠小美。三只松鼠代表了三种不同的风格,且以扁平化萌版设定为主题,突出企业动漫化。同时,三只松鼠肢体动作各有不同,鼠小美张开双手,意味着拥抱和爱戴它们的每一位主人,还隐隐透露着撒娇的气息;鼠小酷则紧握拳头,代表的是"三只松鼠"企业所拥有的强大的团队和力量;鼠小贱是手势朝上,象征着青春活力、永不止步。

2. 店铺设计的"萌"

"三只松鼠"无论是线上的店铺页面,还是线下的实体店铺,从进去的一瞬间就可以感受到一种可爱的"萌"文化。这种视觉上的冲击可以瞬间引起消费者的兴趣,并且具有浓浓的新鲜感。而且这个设计风格淡化了浓重的商业气息,与其他坚果店铺区别开来。同时这种淡化商业气息的设计风格,可以快速消除消费者的距离感,增进消费者的情感体验。

---

① 资料来源:https://zhuanlan.zhihu.com/p/107709880。

"三只松鼠"在店铺风格上将"萌"文化演绎到了极致,但真正能够激起消费者购买欲望的还是商品的图片及文案。如果说图片吸引了消费者的目光,文案就是促进消费者购买的推手,而"三只松鼠"品牌正是抓住了这个点,在图片与文案上耗费了不少的精力,达到了让消费者耳目一新的效果,迅速抓住了消费者的眼球,同时利用文案刺激消费者的购买欲。

3. 客服别具一格的"萌"

看多了淘宝中的"亲",不妨来看看"三只松鼠"家的客服吧。"三只松鼠"的客服在名称上首先就延续了品牌的形象,如鼠小妙、鼠小儿等,名称让消费者体验到从外到内延续的"萌"。其次,从交谈当中,"三只松鼠"的客服称呼消费者为"主人",让消费者在心理上就得到了满足,并且,其交谈也把"萌"文化贯彻其中。这样的客服系统也把"三只松鼠"从一般的电商品牌中区别出来,从而达到了差异化的效果。角色营销在现代市场中已经越来越多,但光有形象还不行,能做到如三只松鼠这种,把卡通形象所拥有的性格特征由外到内都贯穿的并不多见,这或许就是"三只松鼠"能在众多电商品牌中杀出重围的原因吧。

◆ 案例分析

"三只松鼠"以互联网技术为依托,利用 B2C 平台实行线上销售。凭借这种销售模式,"三只松鼠"迅速开创了一个新型的食品零售模式。"三只松鼠"除了是品牌名称之外,还是这家企业的角色形象。"三只松鼠"在营销方式上主要是依靠其卖"萌"文化引来消费者的青睐的。

◆ 专项实训

掌握休闲食品类电商企业的产品策略与消费者行为。

1. 实训目标

通过项目小组选择某一休闲食品类的电商企业作为调查对象,针对此企业收集资料,从该企业品牌建设与宣传、产品系列研发及产品包装设计等角度,分析企业产品策略对消费行为的影响。

2. 实训内容

分小组开展休闲食品类电商企业产品策略与消费者行为分析。

3. 实训步骤

(1)学生分组从网络上搜集休闲食品类电商行业及知名电商企业的资料和信息。
(2)选择一家休闲食品类电商企业来开展线上平台体验。
(3)现场体验线下实体门店,收集资料和信息。
(4)制作完成企业产品策略与消费者心理洞察报告及汇报(采用PPT形式)。
(5)分小组进行汇报。
(6)相互点评,教师总结。

4. 实训要求

分小组从网络上搜集休闲食品类电商行业市场现状的资料和信息,选择一家休闲食品类企业作为研究对象,开展线上网络平台及线下门店调研,完成产品策略研究报告。其主要内容应包括品牌文化、产品系列、卖点分析、包装设计、品牌宣传与客户服务等。

5. 实训考核

学生互评、教师评价。

◆知识链接

商品包装色彩搭配的思路和要求

温和色调：色度较低，对比弱，给人以烂漫、自然、雅致、高贵感。此色彩多用于化妆品、高档礼品和一些医药用品。

清晰色调：多为冷色，给人以纯洁、新颖、清雅高贵之感。此色彩多用于文教用品等。

黑白灰构成的色调：色度极低，但起到了其他色调所起不到的作用。黑色与白色可以调整画面的空间和韵律，能烘托其他色彩，使画面清晰明快。

任务二 价格策略与消费者行为

任务目标

通过本任务的学习，读者应该了解价格对消费者行为的影响，了解消费者对价格的各种心理表现，知晓消费者进行价格判断的途径和影响因素，以及开展价格设计与调整应如何引用消费者价格心理表现来引导消费者购买行为。

必学理论

消费者对某种产品的购买行为，首先要受到该产品价格的影响。随着同类商品选择余地的扩大和价格竞争的加剧，消费者心理因素对价格的影响也日益显著，针对消费者心理，制定相应的价格策略，从而在满足消费者需要的同时获取利润，这是企业必须要考虑的重要问题。

一、价格的感知和认知

琐碎的感官经验往往会影响人们对价格变量的理解，关注和全面掌握的价格信息和由此形成的意义，可以影响消费者的行为。对某些购买活动，消费者往往要在大量的品牌之间进行比较，而且在多种成本和价值之间进行估算权衡。研究者曾多次尝试去概括、总结关于价格对消费者感知、认知和行为的影响的研究结论，但这些研究并没有形成概括性的结论。例如，长期以来，人们相信消费者认为价格与质量有密切联系。事实证明，当消费者仅被告知价格信息而不了解关于该产品的其他信息时，这一联系确实存在。但是，当消费者获悉了有关该产品的其他信息（这与商场的情境更加吻合）时，这种价格-质量的密切联系就消失了。

当前，关于价格对消费行为的影响还没有形成可靠的理论支持，到目前为止关于价格到底怎样影响消费者的选择和行为都还没有形成统一的看法。

价格感知（price perceptions）是指信息如何被消费者理解，并且产生对他们有意义的影响。理解价格感知的一种方法是Jacob Jacoby和Jerry Olson提出的信息处理过程，如图8-1所示。

该模型阐明了在消费者参与度较高的产品或购买情境中，价格对消费者产生影响的过

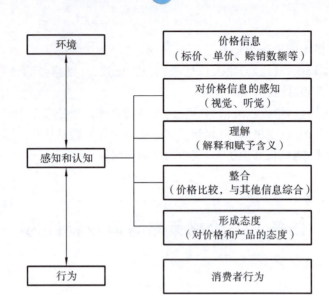

图 8-1　价格信息认知过程的概念模型

程。从根本上讲,价格信息是通过视觉和听觉等感觉器官被消费者接收到的。接下来,信息被理解,即信息被理解并被赋予含义(消费者通过先前的知识和经验理解价格符号的含义)。在价格信息的认知过程中,消费者会把某一商品的标价与他们头脑中已经形成的这一商品的价格或价格范围进行比较。为进行这些比较而形成的价格称为内部参照价格。这一内部参照价格在消费者看来或许是一个公平的价格,它可能是曾经的历史价格,也可能是消费者认为的一个较低市场价格或一个较高市场价格。从根本上讲,内部参照价格起到了一个指导的作用,帮助消费者估算该标价是否可以接受。例如,某一消费者可能认为 2 元是一瓶的矿泉水的合适价格。当产品的出售价格高于 2 元时,这一内部参照价格可能会阻止消费者购买,因为消费者认为要价太高。

　　某一品牌的标价或许被当作一种产品属性。接下来,消费者会把这一信息与同一产品类别中的其他品牌的标价进行比较。最终,对各种品牌形成一个态度,引发可能的购买行为。

　　对消费者参与度较低的产品和购买情境来说,货币价格可能对消费者的感知、认知和行为影响很小或没有影响。消费者对许多产品可能仅有一个不明确的价格范围,只要价格在这一范围内,消费者甚至可能不把价格估算作为购买参照标准。有些产品在没有询问价格的情况下就被消费者购买了。在超市和药店等结账区的冲动性商品通常就是以这样的方式被购买的,消费者购买其他自己忠诚的品牌也是一样的。在后一种情况中,消费者可能仅依据品牌商标就进行了购买,而无须比较货币价格及其他消费者成本或其他因素。

　　有时,消费者会对他们经常购物的商店产生价格印象,因而不用仔细地分析比较价格信息。比如永辉超市,在有的消费者心目中被当作是低价经营超市,因而也就无须再把这些永辉超市的商品价格与其他超市的商品价格进行比较了。

　　消费者并不经常在记忆中仔细地储存那些琐碎的价格信息,即使是他们曾经买过的商品也不例外。研究者对杂货消费者进行调查后发现:有的消费者即使对刚刚进行完的购买活动的价格信息的关心和记忆也是残缺不全的。仅有不到一半的消费者能够回想起他们放在购物车中的商品价格;同样,也仅有不到一半的消费者还记得他们曾挑过一件减价商品。

只有极少数购买到特殊商品的消费者既知道商品价格,又清楚减价幅度。

消费者不在记忆中仔细地储存单个商品的价格,这里有一些可能的原因。消费者可能不想费很大力气去搜集、储存和复查他们所购的大量商品的价格。在许多情况下,除了使用优惠券或讨价还价之外,消费者要么必须按标价支付,要么就干脆放弃购买。这样,如果他们选择了购买,那么价格就不为他们所控了。如果仔细地储存价格信息对节省货币没有太大的帮助,储存价格信息几乎也就没有意义了。总之,消费者经常认为不值得花费认知活动成本、行为努力成本和时间成本来记忆价格信息、仔细选购,以便节省仅仅几元钱。

二、商品价格的心理功能

(一)商品价值认知功能

在现实生活中,人们用价格作为尺度和工具来认识商品。所谓"一分钱一分货",就是这种心态的反应。对非专家型的消费者,两件大衣,质地看上去相似,款式也相差无几,如果一件大衣标价 1800 元,另一件大衣标价 800 元,消费者的第一反应就是 1800 元的那件大衣品质好、价值高,800 元的那件大衣相对品质差、价值低。

在商品更新换代速度日益加快的今天,新产品不断被投放到市场,一般消费者限于专业知识和鉴别能力的不足,难以准确分辨新产品质量的优劣和实际价值的高低,这时价格就成为他们衡量这一商品质地好坏与价值高低的尺度。那么企业是否可以随心所欲地提高价格,以谋取高额利润呢?其实对可比商品来讲这是不可能的,"不怕不识货,只怕货比货",消费者可以通过比较分析来判断这件商品的价格是否合理,是否确实物有所值。

(二)自我意识比拟功能

商品的价格不仅表现着商品的价值,而且在某些消费者的自我意识中还具有反映自身社会及经济地位高低的社会象征意义。这就是说,消费者在购买商品的过程中,可能通过联想与想象等心理活动,把商品价格的高低同个人的品位、偏好、社会阶层、生活方式等联系起来,有意或无意地进行价格比拟,让价格的高低来反映自身的社会经济地位和个性特征,以满足个人的某种社会心理需要。

1. 社会地位比拟

有些人在社会上具有一定地位,穿着用品追求高档、名牌,认为穿着一般衣物有失身份,不愿出入折扣商品市场,即使经济收入有限,宁可在其他方面节约一些,也要保持自己良好的社会地位形象,并以此获得心理满足。

2. 经济地位比拟

有些经济收入较高的人追求时尚欲望强烈,是社会消费新潮的倡导者。他们往往以率先使用高价商品为消费追求目标,对低价商品不屑一顾。

3. 文化修养比拟

有些人喜欢购置、收集、储藏古董,并将其作为家庭摆设,希望通过昂贵的古董显示自己的品位和修养,并乐在其中。

4. 生活情操比拟

有些消费者以具有高雅的生活情趣为荣,即使不会弹钢琴,也要在居室中摆放一架钢琴;即使不十分喜爱音乐,也要购置高档音响器材,以获得心理上的满足。

(三)商品预期功能

1. 商品价格的高低对供求关系有调节作用

特别是对需求性大的商品,商品价格上涨时,销售量会减少;商品价格下降时,销售量会增加。精明的市场营销者往往根据这一规律,适时调整价格,以把握机会,寻找商品价格在供求关系中的最佳调节点。

2. 追涨等跌心理

价格对供求关系的影响还存在一些复杂的情况,如追涨等跌心理。与通常的薄利多销规律不同,有时候人们往往表现出一种反常的行为举止:当商品价格上涨时,出于紧张心理,以为价格还会继续上涨,反而刺激了他们急于购买的心理需求;当商品价格下跌时,消费者又出于期待价格进一步下跌的心理,反而持币待购。

三、主观价格及其心理成因

(一)主观价格与客观价格

1. 主观价格

在购买行为过程中,消费者对商品的客观价格在头脑中依据各自的经验或标准进行相应的评判,做出价格偏高、价格适中和价格偏低的结论。不管消费者是否做出购买决策,这一客观价格在头脑中的反映是一直存在的。消费者在头脑中依据个人感觉判断的价格称为主观价格。

2. 客观价格

商品销售过程中的价格,是消费者为购买商品必须付出的客观货币数量,这是商品的客观价格。商品的客观价格是商品价值的反映,也是依据经济活动规律所形成和确定的。

3. 两种价格之间的关系

主观价格虽然依据客观价格而形成,但是主观价格与客观价格经常会出现相互不一致甚至背离的情况。在消费者心目中常会产生这样的判断:商品的价格太高,或者商品的价格偏低。主观价格是构成商品形象的一个组成部分。对一个有较高自我比拟意识的人来说,购买一件他认为价格偏低的商品会有失身份。如市场营销中的一个经典案例所讲,某珠宝商有一批珍珠一直卖不出去,某天珠宝商外出便嘱托店员将每颗珍珠以98元的价格卖出,但是店员理解错误,将珍珠价格标为980元/颗,市场被打开了,其消费者多为富人,他们认为购买这样高档的珍珠才符合他们的身份地位。

(二)主观价格的心理成因

主观价格并非人们主观臆想出来的,它受到人们经验和心理需求强度的影响,具有深层次的心理形成原因。

1. 心理定位值

消费者在购买过程中对商品价格的高低首先有一个心理定位值,认为高档商品、时令商品、名牌商品应该价格高,而挂出"促销"等字样商品、一般商品应该价格低。如果出现与其心理定位不符的情况,就会认为此时的价格不实而不予购买。

2. 相对性比较

人们在购物中也会对商品价格做相对性比较。

(1) 相对于其他场合。在新加坡购买某品牌某系列某色系口红只需要 280 元一支，但是在重庆该口红却要 320 元一支，从新加坡回到重庆的人购买该口红就自然感觉新加坡的口红要便宜一些。

(2) 相对于其他时间。如果去年的鄱阳湖大闸蟹价格是 120 元/斤，而今年的却是 160 元/斤，就会让人感觉非常贵。但这种比较常限于短期内，随着时间的流逝，人们心目中的印象会逐步淡化，渐渐地对现时价格习以为常。

(3) 相较于个人收入。同样一个花瓶，现在花费 500 元购买却不觉得昂贵；而在 20 年前，该花瓶只需 50 元，人们却舍不得购买，因为那时人们的收入一般很低，当然就觉得 50 元的花瓶就非常昂贵。

3. 敏感度因素

敏感度是消费者对商品价格是高还是低的感觉变动程度。敏感度越高，对商品价格高低的感觉变动程度越强。敏感度与消费者购买频度有关。购买频度越高，敏感度就高；购买频度越低，敏感度就低。学生每天在学校食堂餐厅就餐，饭菜价格哪怕只是变动了 0.5 元，他们也会议论纷纷；而市场上一台冰箱价格就是上涨了 500 元，他们也不会放在心上。

四、产品定价的心理策略

(一)"求新""猎奇"的撇脂定价法

撇脂定价法借喻在鲜牛奶中撇取奶油，先取其精华，后取其一般，即在新产品进入市场的初期，利用消费者的"求新""猎奇"心理，高价投放商品，其目的在于从市场上"撇取油脂"——赚取丰厚的利润，以期迅速收回成本。当竞争者纷纷出现时，"奶油"早已被撇走，企业可根据市场销售状况逐渐调低价格，此时企业利润只是低一些罢了。

采取这种定价方法使企业能尽快收回成本、研究开发费用和投资；能迅速获得大量利润，利润可用来改良产品，当竞争者进入市场时，还可以支持其他各种竞争性活动；高价可以提高新产品身价，塑造其优质产品的形象；扩大了价格调整的回旋余地，提高了价格的适应能力，有助于增强企业的盈利能力。但同时该种方法在一定程度上有损消费者的利益；在新产品被消费者认识之前，不利于开拓市场；如果产品容易被模仿，复制或缺乏专利保护，则会因利润过高迅速吸引其他竞争者的进入，加剧竞争，最终迫使企业降价；采用这种方法，市场销售量和市场占有率可能无法得到相应提高。除非有绝对优势的产品迎合目标市场的需要，才能在快速赚取暴利的同时，提升市场占有率。

(二)"求实""求廉"的渗透定价法

这种定价方法与撇脂定价法相反，即在新产品进入市场初期，迎合消费者的"求实""求廉"心理，低价投放新产品，给消费者以物美价廉、经济实惠的感觉，从而刺激消费者的购买欲望。待产品打开销路、占领市场后，再逐步提高价格。其目的在于渗透新市场，立即提高市场销售量与市场占有率，快速而有效地占据市场空间。此种定价策略以高市场占有率为主要目标，利润反而退为次要目标。

采取这种定价法能迅速将新产品打入市场，让无法支付高价的消费者成为实际购买者，使现有消费者增加使用量，提高市场占有率；物美价廉的商品有利于企业树立良好形象；低

价薄利信号不易诱发竞争,低价可阻止实力不足的竞争者进入市场。这种扩大市场的定价政策,使企业可在竞争压力最小的情况下,长期占领市场。但同时也造成投资回收期较长,且价格变动余地小,难以应对在短期内骤然出现的竞争或需求的较大变化;逐步提高价格,消费者会产生抵触心理,不忠诚的消费者会去寻找替代商品等问题。

(三)利用心理错觉的尾数定价法

这种方法是指保留价格尾数,采用零头标价,如 9.98 元,而非 10 元。实践证明,在一定程度上,消费者更乐于接受尾数价格。他们认为整数是一个概略价格,不十分准确,而尾数价格会给人以精确感和信任感。此外,尾数可使消费者感到价格保留在较低一级的档次,从而减轻心理抗拒感。

采取这种定价方法能使消费者产生价格便宜的心理错觉。可使消费者相信企业制定的价格是科学、合理、有根据的。给消费者一种数字寓意吉祥的感觉,使消费者在心理上得到一定的满足。但同时尾数定价法并非在任何情况下都适用。例如,对于一般商品,消费者并不喜欢标价 0.98 元、或 98 元的商品;而对于高档商品,消费者更乐意接受整数价格。

(四)增值折价法

这种方法是指在制定商品的折价价格时,采取"花低价买高价的商品"的宣传手段,而不是"高价的商品卖低价的钱"的宣传手段。这种定价方法针对的是消费者"降价没好货"的购买心理。

(五)最小单位定价法

最小单位定价法是指企业把同种商品按不同的数量包装,以最小包装单位量制定基数价格,销售时,参考最小包装单位的基数价格与所购数量收取款项。通常,包装越小,实际的单位数量商品的价格越高;包装越大,实际的单位数量商品的价格越低。

该定价法能满足消费者在不同场合下的需求,如 250 克装的酒对旅游者很方便,这利用了消费者的心理错觉。因为实际生活中,消费者往往不愿花费时间和精力去换算实际重量单位或计量单位商品的价格,小包装的价格会使人误以为价格低廉。但这个定价方法并不是在每个国家都奏效的。在美国,法律规定商品包装上必须标明每一最小单位的价格,因此消费者很容易比较出商品价格的高低,最小单位定价法就无法起作用了。

(六)分级定价法

这种定价法是把不同品牌、规格及型号的同一类产品划分为若干个等级,对每个等级的商品制定一种价格,而不是一物一价。这种方法简化了购买过程,便于消费者挑选,从而大大简化了价格管理,经营者也可从分级定价中获益。不足之处在于等级间的差价不好把握:若差价过小,消费者会怀疑分级的可信度;差价过大,一部分期望中间价格的消费者会感到不满意。

(七)折扣定价法

这种定价法是指在特定条件下,为了鼓励消费者大量购买或淡季购买,企业以低于原定价格的优惠价格将产品销售给消费者。这一定价法的作用基础是利用消费者"求实""求廉"的心理。具体折让形式有以下几种。

1. 现金折扣

在消费者进行分期付款购买商品时,商店对提前一次付清的消费者给予一定的现金折扣。在促销活动期间,可实行现金折扣优惠。

2. 数量折扣

百货商场可根据消费者购买商品的数量给予不同的折扣,如买1送1、买10送3等。

3. 季节折让价格

为了鼓励消费者在淡季购买季节性商品而给予的价格优惠。例如,空调、电扇、羽绒服、皮衣等季节性商品,在换季时,商家以3~7折的原时令价格进行折价销售,以尽快处理这些商品。

4. 新产品推广折让价格

这是为了打开新产品的销路,鼓励消费者积极购买新产品而制定的优惠价格。如2000年11月"金山毒霸.net"杀毒软件上市之初,市场正式价格为158元,而推广价仅为78元。这种做法就是依靠新产品推广折让价格来开拓市场的。

(八)处理价格定价法

在商品流通过程中,由于经营不善、决策失误、国家法规限制或者技术方向发生转变等原因,企业会出现商品滞销压库和商品品质下降的现象。对于这种情况,必须采取处理价格策略。为了制定合理的处理价格,需要考虑消费者对廉价处理商品的心理反应,以期达到降价的目的。

第一,降价幅度要适宜,幅度太小,不足以吸引消费者;幅度太大,容易让人产生疑虑。

第二,价格要保持相对稳定,切忌连续波动。若连续降价,消费者会产生等待进一步降价的心理预期而推迟购买。

总之,价格的确定既要实事求是,又要注意消费者的心理要求,切实把握好降价的幅度和时机。

五、调整价格的心理策略

在企业的经营实践中,商品价格的变动与调整是经常发生的。调价的原因除了生产经营者自身条件变化以外,还包括受市场供求状况、商品价值变动、商品属性、商品的需求弹性、竞争者的价格政策、市场货币价格与货币流通量变动、国际市场价格波动、消费趋向变化等多方面因素的影响。企业在调整商品价格时,既要考虑这些因素的影响,又要考虑消费者对商品调价的心理要求。

(一)消费者对价格调整的心理及行为反应

消费者对企业调整价格的动机、目的的理解程度不同,会做出不同的心理反应。通常情况下,消费者无法直接了解企业调整价格的真实原因,因此,对价格调整的理解不易深入、准确,在心理和行为反应上难免出现偏差。

1. 调低商品价格

调低商品价格通常有利于消费者,理应激发消费者的购买欲望,促使其大量购买。但在现实生活中,消费者会表现出与之相反的各种心理和行为反应,具体反应如下:

(1)"便宜等于便宜货,等于质量不好",从而引起心理不安;

(2)买便宜货有损于自己的自尊心和满足感;

(3)可能有新产品即将问世,所以厂家降价抛售老产品;

（4）降价商品可能是过期商品、残次品或低档品；

（5）商品已经降价，可能还会继续降价，暂且耐心等待，以求购买更便宜的商品。

2. 调高商品价格

调高商品价格通常对消费者来说是不利的，理论上会抑制消费者的购买欲望，挫伤其购买积极性，减少实际购买需求。但在现实生活中，消费者同样会做出与之相反的各种反应，具体反应如下：

（1）商品涨价，可能是因其具有某些特殊的使用价值，或具有更优越的性能，好商品应该赶快购买；

（2）商品已经涨价，可能还会继续上涨，应尽快抢购，以防将来购买会更亏本；

（3）商品涨价，说明它是热门商品，有流行的趋势，应尽早购买；

（4）商品涨价，可能是限量发行，说明它有升值的潜力，不如多购买一些商品并囤积起来，待价而沽；

（5）商品涨价，可能是出现了断货，为避免急用而预先购买。

（二）价格调整的策略

1. 降价策略

通过降价实现的薄利多销是企业经常使用的竞争策略。随着新技术的普及，产品价格会随之下降。薄利多销就是降低单位产品的利润，以较低的价格吸引消费者，提高产品的销售量，从而扩大企业的生产规模，降低单位产品的成本。成功的降价策略可以使买卖双方都从中受益；对消费者而言，以低廉的价格购买产品不仅能得到经济上的实惠，而且能感受到心理上的满足，对生产企业而言，降价策略是开拓市场的重要手段，它能提高企业的市场占有率，巩固产品的市场地位。

在现实生活中，商家的降价往往会使消费者持币待购，即"越降价越不买"。针对这种心理，降价应采用如下策略。一是充分说明降价理由，让消费者感到确实得到实惠。二是把握好降价的时机和幅度，真正激发消费者的购买欲望。三是坚持一次性降价，以防消费者"买涨不买跌"，期待进一步降价。实践证明，商品降价过于频繁会造成消费者对降价不切实际的心理预期，或者对商品的正常价格产生不信任感。四是降价幅度要适宜。降价幅度应足以吸引消费者购买。幅度过小，激发不起消费者的购买欲望；幅度过大，企业可能会亏损经营，或造成消费者对商品品质的怀疑。经验表明，降价10%～30%有利于刺激消费者购买；降价超过50%时，消费者的疑虑会显著增加。

2. 提价策略

一般而言，商品价格的提高会对消费者利益造成损害，因此，消费者通常会对商品提价持消极的心理反应，但在营销实践中，企业经常迫于各种原因（如市场商品供不应求，资源稀缺或劳动力成本上升造成了产品成本提高，开发新市场，经营环节增多等）而不得不提价。

为使消费者接受上涨的价格，企业应针对不同的提价原因采取相应的心理策略，包括做好宣传解释工作，组织替代品的销售，提供周到的服务，尽量减少消费者的损失等，以求得消费者谅解和支持。总之，商品提价要充分考虑消费者心理要求，提价幅度应与消费者对商品的觉察价值基本相符，只有这样，商品提价才会被消费者接受。

3. 还价策略

还价是中国消费者的一种独特的消费心理。消费者还价的心理有以下几种：一是基于以往的购物经历形成不还价就吃亏的心理;二是还价使消费者获得一种心理满足,甚至比优惠能带来更大的满足。因此,采用弹性价格,允许消费者讨价还价,不但可以提高消费者的购物兴趣和企业的经营收入,而且能让善于讨价还价的消费者得到更多的实惠和心理满足。

4. 促销策略

促销是一种变相的降价或还价形式。促销降价不像还价,它把消费者的还价心理用另一种更规范、更容易操作的形式表现出来。促销与降价是企业常用的两种提高短期销售量的手段,但促销与降价有很大的区别。促销与降价两种营销方式给消费者带来的实际利益基本相同,但给消费者带来的心理利益大不一样。促销给消费者的两个心理暗示:一是商品价格没有下调,消费者由此判断商品的品质和成本没有下降;二是由于意外地获得了该促销品,消费者认为自己获得了原本应该由企业获得的利益,这个利益就是消费者获得的心理利益。降价与促销有所不同,它给消费者三个心理暗示:一是成本有所下降;二是产品形象(或档次)降低,继续购买会影响自己的形象;三是产品质量出了问题。总之,降价能够给消费者带来实际利益,但不能带来心理利益。促销能够给消费者同时带来实际利益和心理利益。从消费心理分析,降价时,消费者购买的是便宜商品,没有获得溢价收益;促销时,消费者购买的是"占便宜的商品",获得了额外的溢价收益。

任务设计

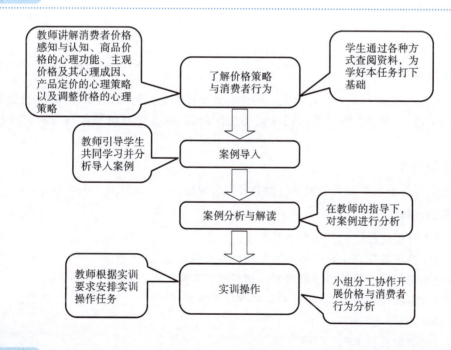

任务实施

◆导入案例

中国奢侈品市场近年来一直是世界奢侈品行业关注的焦点,几乎所有的奢华品牌都纷纷涌向中国,希望从中国奢侈品市场这块蛋糕中获取属于自己的一块蛋糕。连续多年的高速增长不断刺激着众多品牌的神经,各大品牌门店的迅速扩张更是让人眼花缭乱。2011年,中国奢侈品消费首度突破1000亿元人民币大关,2012年中国人奢侈品消费总额达3600

亿元人民币,成为全球第二大奢侈品市场,仅次于美国。奢侈品在短短的几年中,就在中国这个大市场上快速成长和传播,对奢侈品的需求早已远远超过了经济学理论中的均衡量。这也就有了一些现象:时尚女郎背着奢侈品牌的包挤公交、地铁,也听说有人宁愿啃一个月的面包,也只为购买一件名牌衣服。近日,有网站发起了关于"白领奢侈品购买"的调查报告,发现九成以上的白领人群购买过奢侈品,其中有接近16%的白领拥有10件以上的奢侈品。大部分的白领在接受调查时表示,女性白领更容易受打折促销的影响,42%的女性白领在购买奢侈品时容易受打折促销所驱动,而男性白领购买奢侈品时多是固定的消费行为,比例达到40%。

问题:

结合上述案例,谈谈消费者在购买奢侈品时的价格心理及其价格判断,如何营销购买行为。

◆案例分析

经济发展使消费者群体个人的收入水平不断提高,这为奢侈品消费奠定了坚实的经济基础。当然在消费过程中消费者对奢侈品的渠道选择也很重视,实体店成为主要途径;对购买时机的选择如案例所述,42%的女性会选择促销时机,并且很在意奢侈品的外观、品牌、产地、包装等。由于购买奢侈品的群体多数为白领,群体压力带给奢侈品消费的动力不可忽视,这就会逐步培养这一群体习惯性、倾向性的价格心理,不断促使奢侈品购买群体潜能增加及队伍壮大。

◆专项实训

企业产品价格策略与消费者行为洞察。

1. 实训目标

通过项目小组选择某一行业及企业的产品价格作为研究对象,收集资料,在激烈的行业竞争环境下,分析该企业的目前价格策略的应用情况,掌握企业价格策略对消费者行为的影响。

2. 实训内容

分小组开展企业产品价格策略与消费者行为洞察。

3. 实训步骤

(1)学生分组选择以上某一行业及企业。

(2)网络搜集整理该企业产品系列及定价等资料和信息。

(3)分组撰写该企业价格策略消费心理洞察报告及汇报(采用PPT形式)。

注意:分析报告应具备:企业目前系列产品价格调研、竞争者系列产品价格调研、企业竞争优势分析、问题与建议等。

(4)分组演示汇报PPT。

(5)相互点评,教师总评。

4. 实训要求

本次实践,每个小组选择一个常见的日常生活消费品品牌,对其系列产品价格策略实施状况展开分析,其是否针对不同的目标客户群制定产品价格?其在激烈的竞争环境下,是否有价格优势?

备选行业及企业如下。

洗化用品行业：宝洁公司、上海家化、佰草集、珀莱雅、拉芳等。
手机行业：苹果、三星、华为、小米、OPPO、8848、金立等。
服装行业：阿迪达斯、耐克、彪马、NewBalance、安踏、李宁等。
食品饮料行业：娃哈哈、蒙牛、伊利、统一、农夫山泉、汇源等。
酒水行业：贵州茅台、五粮液、青岛啤酒、郎酒、泸州老窖、国窖1573等。

5.实训考核

学生互评，教师评价。

◆知识链接

价格阈限是指消费者心理上所接受的价格底线，即所谓的绝对价格阈限。绝对价格阈限可分为上绝对阈限和下绝对阈限。绝对价格阈限的上限或下限会因为因素的不同作用而不同，也可能因为消费者的不同而不同。这两种阈限虽然在一定条件下处于相对稳定，但又都可以通过市场力量加以改变。在现实生活中，价格阈限是一个随着时间变化而变化的动态心理因素。差别价格阈限是指刚刚能够引起消费者差别感觉的两种价格刺激之间的最小强度差称为差别价格阈限或差异阈限。研究表明，消费者对价格上涨要比价格下降更加敏感，并会因为商品的不同而不同。价格的适应水平理论认为，消费者价格知觉的基础是最后所付出的实际价格，即可接受的价格或公平的价格。

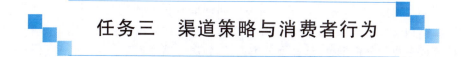

任务三　渠道策略与消费者行为

任务目标

通过本任务的学习，读者应该掌握营销渠道的一般基础知识，了解消费者渠道环境的认知与行为，并在此基础上能够熟练运用渠道设计以迎合消费者心理，引导购买行为的产生。

必学理论

一、营销渠道基础知识

(一)营销渠道定义

美国市场营销学家菲利普·科特勒认为："营销渠道是指某种货物或劳务从生产者向消费者移动时，取得这种货物或劳务所有权或帮助转移其所有权的所有企业或个人。简单说，营销渠道就是商品和服务从生产者向消费者转移过程的具体通道或路径。"

按照有无中间环节，传统营销渠道可以分为直接分销渠道和间接分销渠道两种。由生产者直接把产品销售给最终用户的营销渠道称为直接分销渠道，即直销；至少包括一个中间商的营销渠道则称为间接分销渠道，即分销。还可以根据中间商的数量对传统营销渠道分类，直接分销渠道两端为生产者和消费者，没有中间商，称为零级渠道；间接分销渠道则根据中间环节的环节数量分为一级、二级、三级甚至多级的渠道。

(二)营销渠道功能

市场营销渠道的主要功能有如下几种。

(1)研究,即收集制定计划和进行交换时所必需的信息。

(2)促销,即进行关于所供应的商品的说服性沟通。

(3)接洽,即寻找可能的消费者并与其进行沟通。

(4)配合,即使所供应的商品符合消费者需要,包括制造、评分、装配、包装等活动。

(5)谈判,即为了转移所供商品的所有权,而就其价格及有关条件达成最后协议。

(6)实体分销,即从事商品的运输、储存。

(7)融资,即为补偿渠道工作的成本费用而对资金的取得与支用。

(8)风险承担,即承担与从事渠道工作有关的全部风险。

(三)营销渠道的结构

营销渠道的结构(又称为渠道变量),可以分为长度结构、宽度结构及广度结构三种类型。三种营销渠道的结构构成了渠道设计的三大要素。进一步来说,渠道结构中的长度变量、宽度变量及广度变量完整地描述了一个三维立体的渠道系统。

营销渠道的长度结构,又称为层级结构,是指按照其包含的渠道中间商(购销环节),即由渠道层级数量的多少来定义的一种渠道结构。通常情况下,根据包含渠道层级的多少,可以将一条营销渠道分为零级、一级、二级和三级渠道等。

渠道的宽度结构,是根据每一层级渠道中间商的数量的多少来定义的一种渠道结构。渠道的宽度结构受产品的性质、市场特征、用户分布及企业分销战略等因素的影响。渠道的宽度结构分成密集型分销渠道、选择型分销渠道、独家分销渠道三种类型。独家分销渠道是指在某一渠道层级上选用唯一的一家渠道中间商的一种渠道类型。

渠道的广度结构,实际上是渠道的一种多元化选择。也就是说,许多公司实际上使用了多种渠道的组合,即采用了混合渠道模式来进行销售。比如,有的公司针对大的行业客户,公司内部成立了大客户部直接销售;针对数量众多的中小企业用户,采用广泛的分销渠道;针对一些偏远地区的消费者,可能采用邮购等方式。概括地说,渠道结构可以笼统地分为直销和分销两个大类。

(四)营销渠道决策

营销渠道决策是企业的重要决策之一,会影响到其他的营销决策,如定价会随着采用大型经销商或高水准委托的变化而不同。企业的直接销售者,也根据渠道的强弱而配备不同的人数。此外,企业的营销渠道决策是一项对其他公司的长期承诺而必须遵守的协议。例如,营销区域经销授权后,必须遵守当初的协议。营销渠道靠外部力量的结合,要投入大量的时间才能建立起来,它代表企业与中间商之间的长期承诺,也代表企业的一项营销组合策略的选择,因此,我们在选择营销渠道时,必须要注意营销环境的趋势变化,关注目标消费者,以长期的眼光来规划企业的营销渠道。影响营销渠道决策的因素主要有以下几个。

1. 产品性质

产品性质包括很多方面,如产品的生命周期、易腐性、季节性、流行程度、体积、重量、价格、附加服务、购买频率等。一般而言,便利品的密集分销与长渠道相互关联,而特殊品在特定区域的选择性分销决定了渠道较短。

2. 消费者特点

渠道设计在很大程度上同样受消费者特点的影响。消费者的特点多种多样,如消费者的数量、分布状况、购买心理、文化特征、态度倾向等。当企业与进入一个大规模或消费者分布广泛的市场时,一般选择长渠道以满足其随时购买,反之则可采取较短渠道。

3. 企业状况

这主要取决于企业控制渠道的愿望和能力。企业本身的规模、能力与信誉等直接影响渠道的选择,因为这涉及企业能否控制销售渠道,中间商是否愿意与企业合作。若企业的财务状况良好,营销管理能力强,则可承担一部分或全部的渠道管理的营销职能,若企业内部状况不允许或没有直接管理渠道的愿望,则可委托中介机构对其进行管理,当然这些中介机构是要分享利润的。

4. 市场环境

从微观环境看,新产品的分销渠道最好与其代用品采取不同的渠道,新产品经理必须有一个概念就是渠道的选择也可以创新。另外,零售商规模的大小也与渠道选择密切相关。如果某市场上零售商规模大,进货多且频率高,制造商完全可以不通过批发商而直接卖给零售商,采取较短渠道;相反,如果中小型零售商数目多,竞争激烈,则通过批发商的长渠道,以取得较高的营销效益。从宏观环境分析,经济形势对企业营销渠道的决策也有较大影响。在通货膨胀的形势下,市场需求降低,企业的关键是控制和降低产品的最终价格,避免不必要的流通费用,因此大部分企业都采取短渠道销售。若经济形势良好,企业选择营销渠道的主动权会更大一些。

二、消费者对渠道环境的认知与行为

在此,我们重点研究零售店中消费者的感知、认知、行为和环境之间关系。

(一) 与商场相关的感知和认知

1. 商场形象

商场形象是指消费者对某一店铺的印象,其中包括通过五种感官对店铺内陈列产生的感觉和态度。从操作层面来讲,商场形象通常可以通过询问消费者零售店运营的各个方面是否良好或者是否重要来进行评估。商场形象中常常被研究的维度包括商品、服务、顾客、硬件设施、促销活动和便利性。商场氛围通常也被看成是商场形象的一个组成部分。

2. 商场氛围

商场氛围主要是指消费者在店铺内购物时感受到的情感状态,而这种状态往往是消费者意识不到的。因而,许多的对照研究无法确定商场氛围对消费者行为产生显著的影响,这是因为这些情感状态很难被消费者表述出来,这些情感状态转瞬即逝,并以消费者可能没有意识到的方式影响他们在店铺内的行为。

(二) 与商场相关的行为

1. 商场接触

商场接触包括消费者找到商店、前往商店和进入商店。在商场选址的时候需要考虑商场是否能被消费者看到,与消费者的距离等其他变量。这些变量会增加商场接触的概率。

对许多小型零售连锁店和一般商场来说,选择在大型商场周围开店能够大大提高消费者接触他们的可能性。事实上,在成功的购物中心或大型商场内开店的一个主要优势在于步行的消费者在前往其他商店的时候会经过这些商店,从而增加消费者商场接触的概率。从消费者的角度来看,这种布局提供的一站式购物模式能够节约购物的时间和精力。

2. 商场忠诚

多数零售店不希望消费者仅光临一次,他们希望消费者能光临多次。店铺内环境的布置对消费者忠诚,即对消费者重复光临的意图和行为有着极大的影响,尤其是零售店内能强化这种行为的布置,对消费者的影响更大。比如,店铺内的刺激物和商场的形象都是用来影响消费者忠诚的主要变量。

另一个策略也可以提升消费者的商场忠诚度:店铺内无广告特价品。这些特价品通常采用醒目的色彩标签。消费者去一家商场是为了购买某种商品或者仅仅是购物休闲。这些商品并未出现在广告中,但是却能大大提高消费者在此光临同一家商场的概率。因为也许还可以发现其他未出现在广告中的特价品。结果是,消费者未必在每次光临该店铺的时候都能找到合适的无广告特价品,这种变化的概率却非常强大,能够促使消费者形成很高的商场忠诚度。在这种情况下,消费者光顾这家商场时会体验到其他的强化特征,如快速的结账服务,愉悦的、有吸引力的店内氛围,或者高质低价的产品。总之,商场的强化策略和积极的特征都可用来提升商场的忠诚度。

(三)商场环境

此部分在前面已经介绍,在此不再重复。

(四)非店面消费者行为

伴随着现代科学技术的不断发展,越来越多的消费者逐步接受、体验并喜爱非店面购物方式,如目录和直邮、自动售货机、直销、电视购物、直销及电子交易(如网上购物等)。

1. 目录和直邮

大多数消费者都很熟悉目录和直邮以及宣传册,这些材料被寄送到消费者家中,上面有商品的介绍,用于订购商品。随着双职工家庭的增加,消费者需要节约时间,目录和直邮方式随之大量增加。除了享受便利的家中购物,许多消费者还喜欢浏览产品目录,寻找独一无二的商品。然而,产品目录对消费者也有一些不利之处。第一,目录上的价格通常要比商场内类似商品的价格更高,消费者必须支付运费。第二,尽管目录提供商品的照片和描述,但消费者无法调动各种感官去直观感受、试用。第三,尽管消费者试用目录可以节省购物时间,但必须等待商品方能够收货。而在实体店购物时,消费者通常可以直接收到商品。第四,如果通过目录购买的商品不合心意,消费者通常必须重新包装好该商品,并将其运回公司,这往往需要消费者支付运费。

2. 自动售货机

大多数自动售货机都出售热饮和冷饮、食物。自动售货机的主要优点在于其在便利的地点提供商品,通常24小时全天售卖。但是,自动售货机的商品通常会高于商场里的同样商品。而且,有时自动售货机会失灵,商品无法出售,这时消费者往往无法收回支付的钱款。因此,消费者往往只是在偶尔图方便才会选择自动售货机购买商品。

3. 电视购物

电视购物包括播放购物、广告信息和直销广告。通过这种模式购物的消费者主要购买廉价珠宝、服饰、化妆品和健身器材。这种方式让消费者只需在家打个电话即可享受便利的购物体验,还能够展示商品。这种方式比商品更能提供良好的视觉展示。但是,对消费者而言,也有一些缺点。第一,消费者必须在提供某种商品的时候收看这一频道;如果没有收看,他们就无法得知当时电视购物售卖的商品。第二,消费者必须支付运费,因此如果他们对商品不满意,就会面临着与目录购买同样的问题。第三,尽管视觉展示要比静止的画面更好,但仍然不如商场直接体验能了解更多的商品信息。

4. 直销

消费者在家中或工作单位与销售者面对面或通过电话进行直销购买。以这种方式购买的产品最常见的有化妆品、装饰品、家用电器、厨具等。直销方式对消费者是有益的,因为销售者能提供使用方面的详细信息。但是,直销商品的价格往往比商场的类似商品价格更贵。而且,消费者必须花大量时间观看销售者的演示,与销售者讨论产品。最后,消费者有时会感到过分热情的销售者带来的巨大压力,迫使消费者购买并不真正需要的产品。

5. 电子交易

电子交易是指消费者从互联网上收集信息,选择并购买的过程。这是增长最迅速的购买方式。电子交易是卖方和买方通过以互联网为主的电子手段交换信息、货币和商品的过程。对从事市场营销者来讲,电子交易有许多优点,因为大量的信息和种类繁多的商品都可以有效传播给世界各地的人们。电子交易与传统的方式有所不同,传统营销中营销者将信息和商品提供给消费者,而电子交易只需要在网络上主动搜索信息即可。电子交易既可以在传统的媒体上打广告,也可以在互联网上打广告。与传统营销不同,传统营销是把商场和广告放在消费者所处的环境中以影响其行为。

三、营销渠道设计

当设计有效的销售渠道以便为消费者服务时,营销经理需要做出许多决策。比如,营销经理必须决定是通过企业自己的商场或连锁店向消费者直接销售,还是通过零售商、批发商和代理商等中间商间接销售;还是采取实体店零售,或者采取非实体店零售,或者采取多渠道零售;还需要决定企业的选址、产品的运输方式、在一个渠道中负责营销功能的人。在某些情况下,生产商会在自己名下的商场出售商品。但是,大多数的生产商会通过独立的零售商和零售连锁店来销售自己的产品。

通过独立的零售商来销售产品会导致双方(生产商和零售商)的目的冲突。也就是说,尽管生产商关心的是提升消费者的品牌忠诚度(消费者喜爱并会重复购买该品牌的产品的程度),而零售商关心的是提升消费者对商店光临频度(消费者喜爱并会重复光顾商店频率)。比如,零售商可能不太关心消费者购买的是哪个品牌的咖啡,只要他们在自己店铺里购买就好。这种情形下导致许多生产商将营销预算的一大部分用于针对零售商的促销活动(如零售商每买 10 盒商品就赠送 1 盒商品)。促销活动会使零售商给这一品牌提供特殊展示、更多货架空间,让利于消费者,并赞助这一品牌在当地打广告。和综合营销战略的其他元素一样,设计有效的销售渠道的第一步是分析消费者与商品的关系。在此,我们至少需要考虑以下几个基本的问题。

(1)每年市场有多少潜在需求?即在一定的营销战略下,有多少消费者可能会购买这一商品?会多久购买一次该商品?

(2)市场的长期增长潜力怎么样?

(3)市场的地理分布如何?

(4)从地理上看,哪些市场最有潜力?

(5)消费者会在哪里购买这种商品和类似的商品?怎样购买?

(6)某一销售渠道对消费者可能产生什么影响?即这一渠道是否会对消费者的感知、认知和行为产生足够大的影响,从而达到营销的目的。

尽管这些问题强调的是销售渠道设计的焦点,找到解决的办法则需要对其他因素进行分析。这些因素必须从几个角度加以分析,包括与消费者的关系,对消费者产生的影响,与其他变量之间的关系。在此,我们将简要谈论每一个因素。

(一)商品

所谓商品就是指向消费者提供的产品和服务。不同的产品和服务在许多方面存在差异:是否有形、保质期、体积、标准化程度、需要的服务量、单价等。这些差异会决定是直接向消费者销售商品(如理发服务)还是通过一些中间商间接销售商品(如服装)更有效。

在考虑产品或服务的性质时,一些关键问题和消费者相关:①产品或服务能为目标市场产生哪些结果或提供哪些价值;②目标市场的消费者愿意花费多少时间和精力去寻找、发现并购买产品和服务;③目标市场消费者会多久购买一次这种商品。因此,重要的是消费者、商品和渠道之间的关系,不能割裂地分析这些关系。

(二)环境

环境是指企业运营所在的而经济、社会、政治和法律环境的现状和预期变化。这一信息对营销渠道的设计至关重要,因为渠道通常是企业的长期努力目标,改变起来非常困难。例如,导致A&P超市的市场份额急剧下降并被吞并的一个主要问题在于A&P超市在市中心与许多家小商店签订了长期租约。消费者逐渐搬到郊区居住,在其竞争者的商场中购物。这些商场位于郊区,规模更大,货物充足,交通便利。因此,对大环境的具体分析在设计销售渠道时至关重要,需要为可能出现的问题和机会留有余地。

(三)竞争

一家企业的竞争者的规模、财务和营销优势、市场份额都是设计有效的营销战略时必须考虑的问题。设计销售渠道时的一个关键问题是主要的竞争者如何销售其产品,其销售系统会如何影响消费者。在有些时候,效仿行业中主要竞争者的销售渠道是唯一可行的选择。例如,许多便利商品都需要向所有能找到的零售商大量派货。在一些情况下,企业可以通过选择非传统的渠道来获得竞争优势。例如,玫琳凯化妆品公司和特百惠公司最初成功的一个原因是他们在顾客家中销售产品,而不是在传统的零售店中销售产品。

(四)成本

尽管渠道策略通过一定的形式、时间、地点和占有设施来影响消费者的感知、认知和行为,这些策略受到销售成本的制约。总体来说,根本的目标是设计一种能够促进企业和消费者之间交易的销售系统,而且要节约成本。销售成本包括交通运输、处理订单、为成功交易的成本、存货搬运成本、材料处理费用。因此,成本可以被看作是制约企业销售产品和服务、限制企业为消费者服务并影响消费者的因素。

(五)覆盖程度

覆盖程度这一术语在渠道策略中有两种不同的含义。第一,一些目标市场的每一个成员几乎都曾感到市场覆盖程度不足,难以进行交易。因为需要考虑成本,即使大型消费品公司也无法负担将其产品销售到服务对象只有较少人口的商店中。第二,覆盖程度是指在某一地理区域存在多少家商店,商品或服务可以从这些商店里销售出去。销售覆盖程度可以看作是一个持续渐变的范围,从密集型到选择型,再到独家销售。密集型销售是在尽可能多的商店中销售产品,选择型销售则在有限的几家商店中销售产品,而独家销售则是在一个地区只有一家商店销售该产品。

(六)分销能力

在设计渠道时有一个要素经常被忽视,那就是企业在各个级别掌控渠道和完成渠道任务以保障销售渠道畅通的能力。财力和营销技巧都非常重要,但许多以生产为主的企业既极大地低估了营销的重要性,又过高地估计了自己的营销能力。而且,许多生产商不具备足够多的产品种类来建立自己的零售商店。这些企业会选择一家合适的中间商。最后,在一个市场行之有效的营销技巧并不总适用于其他市场。部分营销评论家经常指出,中间商会增加产品的成本,因为这些批发商和零售商的利润会加在消费者购买商品的花销上。这些评论家没有意识到这些中间商的存在是因为他们能够比生产商更有效、更廉价地发挥营销功能。

(七)控制

设计营销渠道时的一个重要管理要素,就是有效的产品营销所需的控制程度。总体来说,直接渠道的控制程度较高,因为没有中间商的参与。连锁店渠道的控制程度也比间接渠道要高,因为总店通常会对连锁店的经营加以强大的合同控制。这种控制非常重要,它将连锁店的优势(标准化的产品和服务)传递给了消费者。

(八)中间商的特征

在设计销售渠道时,最后但也是极其重要的一点,就是愿意并能够销售生产商产品的中间商的特征。如果找不到合适的中间商,企业就必须直接销售,鼓励中间商代为销售,或者放弃这个市场。除了中间商的规模、财力、营销技巧之外,消费者对中间商的印象在渠道中占了非常重要的位置。例如,许多消费者认为折扣店出售的商品质量很好,但不一定很有名。而名牌产品的生产商的产品在这些折扣店销售就会有损自己的形象。因此生产商(零售商)必须考虑消费者和商场的关系,商场环境、消费者感知和认知、消费者行为之间的关系。

任务设计

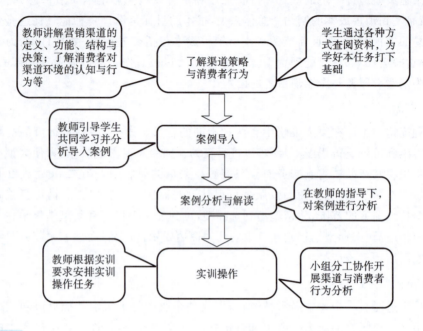

任务实施

◆导入案例①

相比李宁等国内品牌纷纷选择在二、三线城市建立销售网络门店，专注于品牌营销的战略转型，百丽却始终坚持"深耕市场"与"渠道扁平化"并重的战略核心。一方面，从"做品牌"的角度看，目前，百丽已拥有五大鞋类品牌：Belle、Staccato、Teenmix、Tata、FATO。通过对"中等收入以上，年龄在25～50岁的白领阶层"的消费者进行细分，对应五大品牌分别进行精细化的人群定位和品牌营销。此外，百丽还代理经营着五个著名国际品牌——Nike（耐克）、Adidas（阿迪达斯）、Levis（李维斯）、Joy & Peace（真美诗），并独家代理全球分布最广泛的鞋类品牌Bata。通过进一步增强多品牌经营，百丽将以往以鞋类业务为主的产品线逐渐拓宽。2006年百丽获得了运动服饰品牌，同时成为全球顶尖运动品牌在中国最大的合作伙伴，从而实现产品经营档次的提升和增长规模提速。

另一方面，从"做渠道"层面看，通过品牌商的协助，各地经销商以股权为纽带整合为一体，独家经营品牌商系列产品，借资源整合来促使品牌销售规模迅速增长。确定"同一市场同一类产品不同客户群，同一市场同一品牌不同产品，同一品牌同一产品不同市场"的细分策略。2020年，百丽在美国成立分公司，初步完成海外市场的拓展。

行业研究人士认为，"销售渠道越来越短，销售网点则越来越多。"这使得国内零售企业的竞争过于白热化。销售渠道短，要求企业加强对渠道的控制力；销售网点多，则要求企业对产品的销售量和知名度提出了更高要求。百丽2003年产值仅7亿元时，零售额就突破28亿元。眼下，百丽又带出鞋业最大的自营连锁销售网络，覆盖国内150多个主要城市，零售网点超过3000个。

---

① 资料来源：陈俊.消费者行为分析与实务[M].北京：教育科学出版社，2013。

由"经营"变为"精营",由"广耕"变为"深耕"。业内人士分析认为,百丽的成功首先在于向扁平化销售渠道架构的成功确立。另外,百丽的网络实施开放式、分权式管理,降低了职业风险和通路风险,采用买断式的雇佣关系,诚信互动的企业文化,得失相宜的利益机制,使其网络逐渐走向健全。企业—自营办事处—终端(商场、专卖店、鞋业超市),使企业对渠道的了解和管理处于非常主动的地位,还避免了多层次的销售网络瓜分渠道利润和经销商不规范的操作手段,如压价、弃货等严重的网络冲突现象的出现。

另外,在伙伴式的分销渠道中,百丽与经销商结成一体化经营,拓宽企业对渠道的集中控制,树立整体利益最大化的原则,使分散的、无向心力的经销商形成一个整合体系,渠道成员为实现自己或大家的目标而共同努力,达到双赢。

最后,百丽解决了销售的两个主要问题:一是如何把产品铺到消费者的面前,让消费者看得到;二是如何把产品铺到消费者的心中,让消费者愿意购买。在零售市场由"经营"变为"精营",由"广耕"变为"深耕"的新形势下,百丽选择直面终端,以终端市场为建设中心来运作市场。由于百丽在整合品牌与渠道的过程中形成了良性互动,特别是形成了国内二、三线城市庞大的终端网络,使得其逐渐从原本位于产业链低端的鞋类生产企业中脱颖而出,以至于吸引法国LVMH集团以战略投资者身份入股。从百丽蜕变中不难发现,百丽依托于庞大的自营连锁销售网络而构建的相对宽泛的品牌群体定位,与LVMH集团考察中国市场欲进一步拓展内陆市场所需条件已形成不少的暗合,从这一层次上看,百丽与LVMH集团的资本合作也许还能走得更远。

问题:

(1)使百丽得以强势成长的分销渠道策略有哪些?

(2)百丽的渠道成员具有什么样的心理特点?

◆案例分析

分销渠道的设计与决策是分销渠道开发与管理工作的重要内容之一。当一个公司需要调整和改革原有渠道时,它首先必须清楚分销渠道设计的需求及分销渠道成员的目标和心理。然后,需要对影响分销渠道的心理因素等进行分析,设计可行的分销渠道结构。最后,在综合企业内部资源、组织文化与结构的基础上,选择适合自身需要的分销渠道。

◆专项实训

认识消费者行为与分销策略。

1. 实训目标

通过本次实训,使学生明确消费者心理行为与渠道策略的关系,能够根据消费者的心理与行为制定相应的渠道策略。

2. 实训内容

针对某一区域,开展"专升本"培训分销渠道调查与分析。

3. 实训步骤

(1)调查"专升本"培训宣传的各种途径。

(2)调查"专升本"培训的学生市场和培训机构。

(3)分析其中结构。

(4)针对其中结构成员的特点和"专升本"学生的特点设计分销渠道结构,选择成员。

(5)构建"专升本"培训消费的分销策略报告的框架。

4. 实训要求

基于项目撰写一份不少于 500 字的消费者心理渠道策略报告,内容要求包括渠道结构分析、渠道成员构成等基本框架。

5. 实训考核

学生自评、教师评价。

◆ 知识链接

直播示意图如图 8-2 所示。

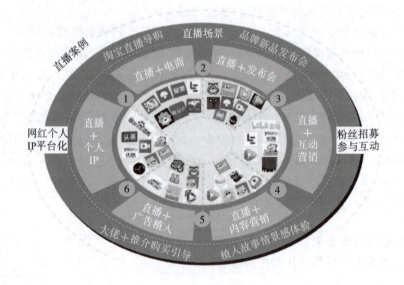

图 8-2 直播示意图

任务四 促销策略与消费者行为

任务目标

通过本任务的学习,读者能够熟知广告、销售促进、人员推销及公关宣传等促销手段对消费者行为的影响,了解促销环境,掌握广告的心理策略和广告的心理效果测定,解释人员推销过程及策略。

必学理论

从市场营销的角度来看,促销非常重要!通过促销可以使大多数产品与品牌创造和维持相较于竞争者的差异性优势。

一、促销的类型

促销分为广告、销售促进、人员推销和公关宣传活动四种类型。四者结合起来构成了营销者为实现组织目标而进行全面战略管理的一种促销组合,广告是其中最为常见的一种类型。

(一)广告

广告是一种非人员性的,有关一种产品、品牌、公司或商店的信息展示。广告以影响消费者的感知和认知(消费者对产品和品牌的评价、感觉、了解、意义、信念、态度及印象),并最终影响消费者的购买行为目的。

广告的特点就是形象管理,创造并维持产品在消费者心目中的形象和意义。广告可以通过各种媒体(如网络、电视、广播、印刷物、大型广告牌等)进行传播。据不完全统计,每个消费者每天都会接收上百个广告,但鲜有广告能够真正被消费者记住。因此,营销者的主要挑战是设计广告信息并选择能将信息传达到消费者的媒体,吸引消费者的注意力,使消费者产生恰当的理解并记忆。

(二)销售促进

销售促进是指促进销售的行为和手段,能够直接引导消费者进行购买。迄今为止,学界都还没有具有充分说服力的一个关于销售促进的定义。销售促进有广义和狭义之分,广义的销售促进是指整体意义上的促销,狭义的销售促进是指促销组合中的营业推广促销手段。在此,我们主要探讨的是狭义范围的销售促进。销售促进的形式有很多,如通过优惠券暂时降价、打折、打包销售;竞赛及抽奖活动;换货印花;商品展示与展览;购买点现场展示;免费样品;奖金和礼品。

(三)人员推销

人员推销是一种最古老的推销方式,即企业派专职或兼职的推销人员直接向可能的消费者进行的推销活动,是涉及一个潜在的消费者和一个销售者之间的直接互动。人员推销能够成为一种强有力的促销方法,至少有两个原因:第一,消费者同销售者的面对面交流可增加消费者对产品或决策过程的参与度,这样可以让消费者更主动地关注和了解销售者介绍的有关产品信息;第二,这种相互交流的方式可以让销售者调整销售展示方式,以适应每个潜在消费者的信息需求。

(四)公关宣传

公关宣传是介绍营销者的公司、产品或品牌情况的不需要付费的交流形式。公关宣传分为正面和负面两种。有时候,宣传报道比广告更有效。因为人们会认为公关宣传更加可信。然而,公关宣传管理起来很困难,营销者有时通过上演"媒体炒作事件"来得到免费的公关宣传。

在理想状态下,营销者应制定全面而连贯的促销策略,这种策略把四种类型的促销整合为一种有效的促销组合。在市场营销领域内,人们一直就广告和销售促进谁更重要而一直争论不休。许多广告代理商坚持广告是强化消费者和品牌关系的最好途径。其他营销者认为销售促进能增进消费者和品牌的关系,并更能促进消费者购买和使品牌最终成功。

二、促销环境

促销环境包括消费者体会到的与促销战略相关的物质环境和社会环境中的所有因素。这些因素会影响促销的成功。在此,我们主要讨论两种能影响广告和销售促进的环境因素,即促销氛围和竞争水平。

(一)促销氛围

促销的一个关键目标是增加消费者接触、注意和理解促销信息的可能性。然而,近年来,市场促销活动的数量如此之多,以至于任何一种促销策略的有效性都会被促销氛围的混乱(环境中大量增加的竞争性战略)所削弱。

广告商担心已久的问题是,商业广告和电视节目中插播的多种广告所造成的混乱将会削弱每个广告的沟通效力。有充分的理由警告人们:越来越少的消费者能记住他们见过的广告。在对一项有2万名消费者的调查中发现,竟有40%的消费者不能识别出单个的"已发布的"商业广告。这些消费者无法记住一则广告里的足够多的细节,因此也无法回忆起这则广告。混乱也影响其他类型的促销战略,尤其是销售促进。

(二)竞争水平

某类产品的竞争水平是促销环境的一个关键方面。由于竞争加剧,营销者所使用的促销方法通常也在增加。我们发现在放松管制之时,各个企业都试图使用大量的促销方法,这样环境中的竞争就更加激烈了。此外,促销战略的类型也因竞争压力加大而改变。

在激烈的竞争环境中,促销战略在营销者竞争的武器中常常变成关键利器。比如,各类早餐的营销者了解复杂的营销组合,包括优惠券、包装内礼品、奖金、广告、降价、竞赛和公关活动。

三、对促销的感知和认知

在此我们将介绍与广告的效果有关的两个概念:消费者对广告的态度和劝说过程。

(一)对广告的态度

一直以来,广告商都非常重视消费者对广告的评价。根据前期调查研究,我们发现,消费者对广告的态度、对广告本身在感情上的评价能影响他们对广告中产品或品牌的态度。相较于消费者不喜欢的广告,他们对喜欢的广告似乎更能产生正面的品牌态度和购买意图,但无法确定消费者对广告的喜欢会在多大程度上影响他们的品牌态度与购买意图。与此同时,消费者所喜欢的广告也可能会影响他们的注意力和理解力。与此同时,当前尚有很多问题亟须解决,如什么样的广告表现最能促使消费者对广告产生积极向好的态度。

(二)劝说过程——详细说明可能性模型

1. 模型简介

劝说是指由促销沟通引起的信念、态度及行为意图等方面的改变。在多数情况下,营销研究者研究了广告沟通的劝说作用。但是销售促进、人员推销和公关宣传活动也能劝说消费者。

2. 认知过程

详细说明可能性模型经常用于解释促销沟通(如广告)来劝说消费者的两个认知过程:

劝说的中心路径和劝说的外围路径。图 8-3 所示的为这两个认知过程到底是如何发挥作用的,而消费者对产品信息参与度是决定两个劝说过程到底是哪一个起了关键作用。当消费者的参与度较高时,可能是劝说的中心路径起作用;当消费者的参与度较低时,劝说的外围路径起作用的可能性更大。

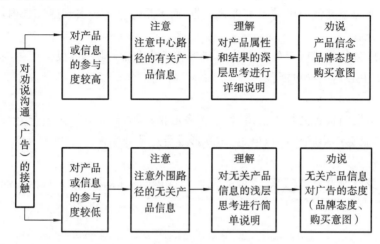

图 8-3　详细说明可能性模型的两条劝说路径

在劝说的中心路径上,消费者对产品或促销信息的参与度较高,注意核心的、和产品相关的信息的动机明确,且对其理解较为深刻、详细。消费者对产品相关信息的理解是通过他们对促销信息的认知反应类型来显示的。支持论据是对产品属性和产品用途的自我相关结果的正面想法(如飘柔洗发水能使头发更加柔顺)。支持论据的形成更有利于形成关于产品信念、品牌态度的正向评价、增强消费者购买行为说服力。在理解的过程中,消费者产生对产品不利的想法,这称为反论据。反论据是通过不利的产品信念、负面的品牌态度和微弱的购买意图或无购买意图来削弱说服力的。

劝说的外围路径差异很大。对产品信息的参与度较低的消费者没有注意和理解广告中的核心产品信息的动机。因此,直接劝说效果低下,因为这些消费者只能形成少许品牌信念,不可能形成品牌态度或购买意图。但是这些消费者可能会在促销沟通的外围方面给予关注,诸如对印刷广告的图画或电视商业广告中的风景、演员所给予的关注可能只是为了他们的娱乐价值。这也正是各个品牌产品或企业聘请明星为其做广告、代言,希望达到吸引消费者的目的。消费者对这些外围特征的感知和认知反应可以被结合起来形成一种对广告的态度。这些信息会在消费者决策过程中需要评价某个品牌的时候而被激活,并被用来形成品牌态度或购买意图。

3. 影响因素

1)广告媒体

消费者越能控制广告展示步骤,就越能遵循中心路径。例如,印刷广告比传播速度较快的电视广告和广播广告使消费者能达到更高的认知,广播媒体更可能形成外围途径态度。

2)参与或动机

消费者对广告内容越有兴趣,参与度就越高,就越能产生总体更详尽的认识,从中心途径形成态度。如果消费者不在意广告内容,那么就可能从外围途径形成态度。

3)项目的知识水平

知识丰富的人比缺乏知识的人可以产生更多的与信息相关的思想,将更倾向于从中心途径形成态度。如果消费者不太清楚广告内容,那么就可能从外围途径形成态度。

4）理解

不管是因为其知识水平较低还是时间不允许,只要消费者无法理解广告内容,他们就将倾向于从广告来源或其他外围暗示去理解广告,而不是通过广告去理解广告内容。

5）注意力分散

如果观看广告的环境或广告本身使消费者注意力分散,他们将很少产生与信息相关的思想,这将减少中心途径的可能性。

6）情绪

如果广告引发消费者的积极情绪,使消费者心情舒畅,他们则一般不愿花费精力去思考广告内容,这样就会产生较少认识思想,态度形成更遵从外围途径。

7）认识的需要

一些人本身就愿意思考问题（也就是说他们认识问题的需要较大）,他们经常产生与信息相关思想,其态度形成更遵从中心途径。

四、促销行为

从根本上讲,促销不仅要影响消费者的认知,而且还要影响他们的行为。一个公司的销售量、利润和市场份额目标,只有在消费者履行了种种行为（包括完成购买行为）之后才能被实现。不同类型的促销可以被用来影响购买-消费序列中的各种行为。在此我们重点关注信息接触和口碑宣传。

（一）信息接触

促销想要成功,消费者必须能够接触到促销信息。伴有促销信息接触可以是有意识的接触（如消费者为得到优惠券而浏览报刊或网站）,但在更多情况下是偶然的接触（消费者在做别的事情时碰巧接触到促销信息）,有时促销接触甚至能引发购买决策过程。例如,消费者偶然遇上一次大减价或者其他促销活动。正因为如此,营销者必须把促销信息放在目标消费者的可触达的环境中,以最大限度地增加信息接触的机会,而且必须要精心设计促销策略,使产品能够受到关注。对广告促销来说,这就需要营销者了解目标市场的媒体习惯——他们爱看什么电视节目？他们访问什么样的网站？他们爱看什么类型的直播？等等。当目标消费者能被精确识别时,把信息放在消费者能接触到的环境中就很容易了。例如,通过大数据分析,我们可以很清楚地了解购买某种产品的网络消费者的区域、年龄、性别等基本信息,之后,我们便可以通过分析,将促销信息有效地投送到目标消费者可触达的环境中。

（二）口碑宣传

菲利普·科特勒将21世纪的口碑传播定义为:由生产者以外的个人通过明示或暗示的方法,不经过第三方处理、加工,传递关于某一特定或某一种类的产品、品牌、厂商、销售者,以及能够使人联想到上述对象的任何组织或个人信息,从而导致受众获得信息、改变态度,甚至影响购买行为的一种双向互动传播行为。口碑宣传是目标,产品是基石。但事实上,口碑宣传一词的走俏来源于网络,其产生背景是博客、论坛这类互动型网络应用的普及,并逐渐成为各大网站流量最大的频道,甚至超过了新闻频道的流量。市场营销者可以鼓励消费者进行促销信息的口碑宣传。这有助于将促销信息传达给没有直接接触促销信息的消费者。消费者总是乐于和朋友分享关于某些产品的好消息。诸如他们会介绍他们的朋友认识一个特别和善、消息灵通的售货员,或一个能为顾客省钱的售货员。又或者他们会把自己对一家新饭店、零售店或电影的印象转告给他们的朋友。正因如此,营销者应该试着设计鼓励口碑宣传的促销方案。

任务设计

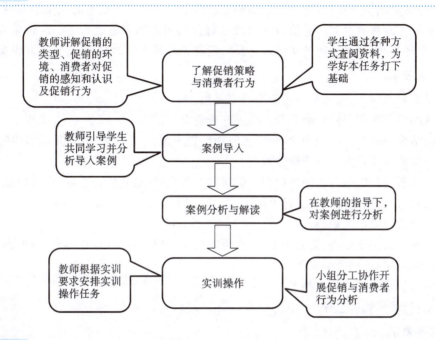

任务实施

◆ 导入案例

某国出版公司有一批滞销书久久不能售出。销售者想出了一个主意,他给总统送去一本书并征求意见。总统忙于政务便回了一句话"这本书不错",销售者便大做广告,"现有总统喜爱的书出售"。书即被抢购一空。不久,又有书卖不出去,销售者又送给总统一本书,上过当的总统便"回敬"一句:"这本书糟透了",转天该公司发出广告:"现有总统讨厌的书出售"。结果,书又售罄。第三次,该公司又如法炮制,总统接受教训,不予答复。于是该公司再发出广告:"现有总统难下结论的书出售,欲购从速。"书仍被抢购一空。

问题:

请分析本案例中某国出版公司运用了哪些增强广告效果的心理策略?

◆ 案例分析

利用总统的权威,引起好奇心,吸引注意力,运用了广告刺激策略。广告语言简洁、直观、易懂,在变化中重复主题,运用了广告效果策略;增强了广告的可信度,运用了广告说服策略。

◆ 专项实训

企业广告策略的消费心理及行为洞察。

1. 实训目标

通过项目小组选择某一行业与企业的广告策略应用作为研究对象,收集资料,针对广告定位、广告创意、广告诉求、广告信息、广告效果等内容展开分析,参与实践训练,掌握广告应用对消费者心理及行为的影响。

2. 实训内容

在现代的商业社会中,商品经济的发展日趋迅速,各种广告层出不穷,每个消费者每天都要接收来自各种媒体数以万计的广告信息,但真正能被消费者记住的广告却屈指可数。销售是广告活动的根本目的,哪个商家能够在这场争夺消费者注意力的竞争中获胜,便赢得了市场,赢得了开局的胜利。对消费者心理及行为的研究越来越成为企业广告策划中最为关键的一个环节,而广告活动的实质就是要对消费者心理产生影响,促使其采取购买行动。

3. 实训步骤

(1)学生分组讨论,选择某一企业为研究对象。

(2)从网络上搜集、整理、研究分析相关广告资料。

注意:结合产品生命周期理论,分析各时期广告主题、广告信息、广告目标等内容。

(3)分组撰写该企业广告策略分析报告。

注意:分析报告应包含不同生命周期阶段的广告案例,对其广告主题、广告信息、广告目标、竞争策略、广告效果等内容进行分析。

(4)制作拍摄某产品视频广告。

注意:视频拍摄要原创,需有情节,广告诉求可采用感性诉求、理性诉求、惠顾诉求等,片头片尾完整,有字幕、语言解说等。

(5)分组演示汇报广告作品。

(6)相互点评,教师总评。

4. 实训要求

本次实践,每小组选择一个国内知名的企业(品牌),从网络上收集该企业发布的系列广告,针对广告创意、广告目标、广告信息、广告效果等内容展开分析,这些广告是否起到了良好的促销效果?

为该企业设计一个视频广告,该广告内容应包含品牌、广告语、广告信息、代言人、视频拍摄团队等内容。

根据搜集的资料,完成一份某企业广告策略分析报告(该报告应包含一份文字报告,将该企业发布的3~5个视频或平面印刷广告作为佐证资源),一个视频广告。

5. 实训考核

学生互评、教师评价。

◆**知识链接**

常见的广告诉求如下。

利益:让消费者指导产品能使他们省钱、赚钱或不浪费钱。

健康:吸引那些关注自身健康的人群。

爱与浪漫:通常用于化妆品。

害怕:集中在社交尴尬、变老或失去健康等方面,这种作用要求广告商在表述中运用关心的情感。

羡慕与钦佩:这就是为什么名人经常做广告、代言人的原因。

方便:通常用于宣传快餐店或者超市。

趣味与愉快:度假、啤酒、公园、游乐场等广告的关键。

对环境的关注和觉悟:围绕环境保护和为社区着想。

◆**知识链接**

基于消费者共性特征的传播假设如下。

懒惰而无耐性→传播应简单化

只有尝试而无知识→传播应简明

健忘而无记性→传播应连续持久

感性直觉优先,理性居后→传播应从感觉入手

喜欢悠闲,讨厌说教→传播应轻松

喜新厌旧→传播应差异求新

从众跟随以保安全→传播应重视意见领袖

习题

References 参考文献

[1] 王惠琴.消费心理学[M].南京:东南大学出版社,2006.
[2] 申纲领.消费心理学[M].北京:电子工业出版社,2007.
[3] 臧良运.消费心理学[M].北京:电子工业出版社,2007.
[4] 靳敏.中国绿色消费政策研究[M].北京:中国人民大学出版社,2020.
[5] 杨莉.居民生活消费与生态环境协调发展研究[M].江苏:南京大学出版社,2019.
[6] 费璇.消费心理学[M].江苏:南京大学出版社,2019.
[7] 赵宝春.消费伦理研究[M].北京:中国人民大学出版社,2014.
[8] 文静.城市居民健身消费力及其影响因素研究[M].北京:北京体育大学出版社,2008.
[9] Kerry James Hinton,Robert Ayre,Jeffrey Cheong. Modeling the power consumption and energy efficiency of telecommunications networks[M].CRC Press,2021.
[10] Alberto do Amaral Junior, Lucila de Almeida, Luciane Klein Vieira. Sustainable consumption[M]. Springer, Cham, 2020.
[11] Posel Deborah, Van Wyk Ilana. Conspicuous consumption in africa[M]. Wits University Press;2019.
[12] National Academies of Sciences, Engineering, and Medicine, Health and Medicine Division, Food and Nutrition Board. Strategies to limit sugar-sweetened beverage consumption in young children[M]. National Academies Press;2018.
[13] 王弈俊.市场营销策划[M].北京:中国人民大学出版社,2011.
[14] 陈俊.费行为分析与实务[M].北京:教育科学出版社,2013.
[15] 江林,丁瑛.消费者心理与行为[M].北京:中国人民大学出版社,2019.
[16] 符国群.消费者行为学[M].北京:高等教育出版社,2011.
[17] 王曼,白玉苓.消费者行为学[M].北京:机械工业出版社,2018.